スタンダード法学

【改訂版】

松嶋隆弘・鬼頭俊泰・松井丈晴

【編著】

芦書房

はしがき

　本書は，その題名のとおり，大学，短大，専門学校等において，法律初学者が最初の一冊として手にすべき「スタンダード」な本として編まれたものである。今回，改訂を機に，急逝された川端に代わり，新たに，鬼頭，松井が編者に加わることとなった。

　本書は，初学者にも受け入れやすくすべく，奇をてらわずになるべくオーソドックスな内容・文章構成を採用したものであり，かかる本書のコンセプトは，本書の前身である茂野隆晴編著『プライマリー法学』（芦書房）以来，変わっていない。

　現在，法律の業界（＞法曹界）は大きなうねりの中にある。事の発端は，2004年に創設された法科大学院制度にあるといってよいだろう。法科大学院の創設により，法学部の教育内容をはじめとした法教育の存在意義が見直されるとともに，結果的には法科大学院進学と比べて，研究大学院進学者数の低下が生じている。また，いわゆる旧司法試験時代と比べて法曹資格を有する人口が増加したことにより，弁護士業界を中心に競争が激しくなり，一方でコンプライアンス（法令遵守）の要請の高まりにより，弁護士を企業で雇用する企業内弁護士（インハウスローヤー）の増加といった現象も発生している。さらに，コンプライアンス（法令遵守）意識の社会的向上は，社会で何かしらの不祥事が起こるたびに，当該不祥事の検証や対策のためという名目で法曹メンバーを中心とした「第三者委員会」の設置という事象をもたらした。こうした各事象は，あくまで複雑多岐にわたる社会のごく一部分で発生しているのであるが，多種多様な現場でも法を適切に用いて問題を解決することが実際に求められている点で共通するといえよう。

　社会において複雑化・多様化した問題が生じている中で，これが最初に押さえるべき法学の「スタンダード」である，と称すること自体，ともすればおこがましいのかもしれない。本書の構成を見ても，法の基礎・一般理論について概観したのち，法の領域を5つに細分化したうえで解説を行っているが，法曹実務においてそれら領域のすべてに専門的かつ日常的に関わっている者は稀で

あろう。実際，日々の実務において，国際法と密接に関わっている者にはなかなかに巡り合わない。これはつまり，本書がオーソドックスと思われるものを「スタンダード」であるとして提供しているが，本書の読者にとっての「スタンダード」は変容しうることを意味する。もっとも，本書を通読すれば分かるところであるが，法において不変的に押さえておかなければならない勘所があることも事実であるし，法に携わるのならば，法の解釈方法や適用に当たってのルールを知らなければお話にならない。同様に，わが国で活動する以上，日本国憲法の内容を押さえておくことは必須であるし，他者と取引をするということであれば，取引に関する法律（例えば，民法，商法など）を知っておかなければならないことは言を俟たない。

その意味では，本書はオーソドックスと思われる内容を"パッケージ"で「スタンダード」であるとして提示・解説するものであり，前の章から順繰りにかかるパッケージの通りに読み進めることも，あるいは，読者の志向に応じて，各章をモジュール（部品）として取捨選択・組み合わせたりすることで，読者なりの「スタンダード」として再構成・理解するのに役立てることもそれぞれ可能である。読者の志向やステージに応じて本書を適宜活用してもらえれば執筆者一同，望外の喜びである。

本書の刊行に当たっては，版元である芦書房・中山元春社長から，多大なるご助力を賜った。最後に，執筆者を代表して，心より御礼申し上げる次第である。

松嶋隆弘
鬼頭俊泰
松井丈晴

目 次

はしがき　*1*

第1編　序　論

第1章　法学を学ぶ意義　*16*
- 第1節　法律学を学ぶ意義と法学を学ぶ意義　*16*
- 第2節　法学を学ぶ際のコアとなるもの　*17*

第2章　法学の学び方　*19*
- 第1節　法律解釈学の特色―「唯一の正解」が存在しないこと―　*19*
- 第2節　法律学の勉強の仕方　*20*
  1　講義の聴き方 *20* ／ 2　教科書の選び方, 読み方 *21* ／ 3　六法について *22* ／ 4　判例集 *22* ／ 5　演習, ゼミナールについて *23* ／ 6　裁判傍聴 *23*

  ●コラム①条文の読み方 *25*

第2編　法の基礎理論

第3章　法と他の社会規範の関係　*28*
- 第1節　社会生活と社会規範　*28*
- 第2節　法の本質　*29*
  1　法の本質 *29* ／ 2　法の行為規範性 *29* ／ 3　法の国家規範性 *30* ／ 4　法の強制規範性 *30*
- 第3節　法と慣習　*31*
- 第4節　法と道徳　*32*
- 第5節　法と強制　*33*

第4章　法の歴史　34
- 第1節　日本法の背景　34
- 第2節　欧法――ヨーロッパ大陸法の形成　34
  - 1　古代――ローマ法の形成――34／2　中世――ゲルマン法，カノン法の形成――35／3　近代法典の編纂　36
- 第3節　英米法　37
- 第4節　近代以降のヨーロッパ　38

第5章　日本における法の受容　40
- 第1節　西洋法との出会い　40
- 第2節　西洋法の受容に向けて　42
- 第3節　国家機構の整備と法典の編纂　43
  - 1　国家機構と司法制度　43／2　刑法　47／3　民法　48
- 第4節　不平等条約の改正と日本における西洋法の受容　50

第3編　法の一般理論

第6章　法の存在形式　54
- 第1節　本章で学ぶこと　54
- 第2節　さまざまな法の分類　54
  - 1　さまざまな法　54／2　成文法と不文法　54／3　その他の法の区別　55
- 第3節　法の存在形式　57
  - 1　法源について　57／2　成文法　57／3　不文法　59

第7章　法の適用　63
- 第1節　法と他の規範　63
- 第2節　制定法の構造　64
  - 1　法律の構造――権利義務の体系――64／2　権利・義務と要件・効果・法律　65
- 第3節　制定法の適用　66

1　制定法の適用とは *66* ／ 2　法的三段論法 *66*
  第 4 節　法の適用に関するいくつかのルール *70*
    1　制定法の適用における優先関係(1)―制定法間の上下関係― *70* ／
    2　制定法の適用における優先関係(2)―同位の制定法間の関係― *72* ／
    3　制定法の適用を排除できる場合―強行法と任意法― *72*

第 8 章　法の解釈 *74*

  第 1 節　法の解釈とその必要性 *74*
  第 2 節　法解釈の方法・種類 *74*
    1　有権解釈 *75* ／ 2　学理解釈 *75* ／ 3　その他 *81*
  第 3 節　裁判実務における法の解釈 *81*
    1　事実認定と法適用 *81* ／ 2　裁判における法適用の困難性と法解釈の必要性 *82*
  第 4 節　法解釈の新たな地平 *83*
    1　立法論 *83* ／ 2　法と経済学 *84*

第 9 章　法の効力 *86*

  第 1 節　法の妥当性，実効性，効力の根拠 *86*
  第 2 節　法の効力範囲（法の適用範囲） *87*
    1　時に関する効力 *87* ／ 2　場所に関する効力 *89* ／ 3　人に関する効力 *90*

第 10 章　裁判と法 *92*

  第 1 節　日本の裁判制度 *92*
    1　裁判制度の概観 *92* ／ 2　裁判を進めるための条件 *93* ／ 3　海外の裁判制度と裁判管轄 *94* ／ 4　国際裁判 *95*
  第 2 節　民事訴訟と刑事訴訟 *96*
    1　民事訴訟と刑事訴訟の違い *96* ／ 2　国民の訴訟への参加と裁判員制度 *97*
  第 3 節　判例の意義と読み方 *99*
    1　判例の意義 *99* ／ 2　判例の読み方 *100* ／ 3　判例の見つけ方と深め方 *101* ／ 4　裁判所の判断方法 *102*
    ●コラム②レイシオ・デシデンダイの見つけ方 *104*

第4編　法の各領域1　国家と法

第11章　日本国憲法制定の経緯とその基本原理　*108*

第1節　大日本帝国憲法から日本国憲法へ　*108*

1　大日本帝国憲法（明治憲法）の制定とその特色　*108* ／ 2　日本国憲法の制定過程　*110* ／ 3　憲法改正をめぐって　*112*

第2節　日本国憲法の基本原理　*113*

1　憲法とは　*113* ／ 2　日本国憲法の基本原理　*115*

第12章　日本国憲法における人権保障1　人権総論・自由権・包括的権利　*118*

第1節　人権総論①─日本国憲法における人権保障─　*118*

1　人権概念の歴史的展開　*118* ／ 2　人権論の用語法─「人権」と「憲法上の権利」の区別─　*121* ／ 3　憲法上の権利の種別　*122*

第2節　人権総論②─憲法上の権利の享有主体と適用範囲─　*123*

1　憲法上の権利の享有主体─外国人と法人の人権─　*123* ／ 2　憲法上の権利の適用範囲─人権規定の私人間効力─　*124*

第3節　自由権　*126*

1　自由権に分類される憲法上の権利　*126* ／ 2　自由権の制限とその違憲審査の構造　*128*

第4節　包括的権利　*130*

1　包括的権利と個別的権利の関係　*130* ／ 2　幸福追求権のもとで保障される権利　*131* ／ 3　法の下の平等　*133*

第13章　日本国憲法における人権保障2　財産権と社会権　*135*

第1節　財産権　*135*

1　財産権の保障　*135* ／ 2　財産権の制限　*136* ／ 3　正当な補償　*137*

第2節　社会権　*137*

1　社会権の意義　*137* ／ 2　生存権　*138* ／ 3　教育を受ける権利　*139* ／ 4　勤労の権利　*140* ／ 5　労働基本権　*141* ／ 6　不当労働行為　*144* ／ 7　労働協約　*145*

第14章　わが国の統治の仕組み1　立法権　*146*

第1節　統治原理としての権力分立　*146*

第2節　国会の憲法上の地位 146
1　国の唯一の立法機関 146 ／ 2　国権の最高機関 147 ／ 3　国民の代表機関 148

第3節　国会の構成 148
1　二院制 148 ／ 2　国会議員の定数・任期 148 ／ 3　国会議員の特権 149 ／ 4　国会議員の選挙 149

第4節　国会の活動 154
1　会期 154 ／ 2　国会の権能 155

第15章　わが国の統治の仕組み2　行政権 159

第1節　行政権・行政法とは 159

第2節　行政権（内閣）159
1　内閣の組織と権限 160 ／ 2　独立行政委員会 161 ／ 3　議院内閣制 162

第3節　行政法の内容 163
1　行政法の全体像 163 ／ 2　行政作用法 164 ／ 3　行政救済法 166

第4節　行政法と他の分野との関連 168
●コラム③待たせるのは（どれくらいまで）許される？ 169

第16章　わが国の統治の仕組み3　司法権 170

第1節　司法権 170
1　司法権の独立と裁判官 170 ／ 2　司法権の限界 172

第2節　裁判所の機能と裁判権 174
1　裁判所の組織 174 ／ 2　裁判所の人々と判断するための仕組み 175 ／ 3　裁判権の対象 175

第3節　違憲立法審査権 176
1　違憲立法審査権と司法消極主義 176 ／ 2　合憲限定解釈 178

第4節　司法権に対する国民の関与 179

第17章　わが国の統治の仕組み4　平和主義と憲法9条の解釈 181

第1節　憲法における戦争と平和 181
1　平和主義の理念 181 ／ 2　平和的生存権 182 ／ 3　国際関係の問題としての平和 184

第2節　憲法9条の解釈 187

1　憲法9条とその解釈の背景 *187* ／ 2　憲法9条の条文解釈 *189*

第5編　法の各領域2　市民と法

第18章　取引関係をめぐる規律1　財貨の移転について *194*

第1節　民法の構造 *194*
第2節　民法の三大原則 *194*
第3節　権利義務の主体としての人 *195*
1　権利能力 *195* ／ 2　意思能力 *196* ／ 3　行為能力（制限行為能力者制度） *196*
第4節　法律行為 *198*
1　法律行為と意思表示 *198* ／ 2　法律行為または意思表示の効力が否定される場合 *198* ／ 3　無効と取消し *200*
第5節　代理 *201*
1　代理制度の概要 *201* ／ 2　無権代理 *201* ／ 3　表見代理 *202*
第6節　契約 *202*
1　契約の成立 *202* ／ 2　契約の効果 *203* ／ 3　履行の強制 *203* ／ 4　債務不履行に基づく損害賠償および契約解除 *204*

第19章　取引関係をめぐる規律2　財貨の帰属について *207*

第1節　物権制度の必要性 *207*
第2節　所有権を中心とする物権制度 *207*
第3節　他物権と物権法定主義 *208*
第4節　物権変動――契約に基づく所有権の移転―― *208*
1　意思主義（民法176条） *209* ／ 2　対抗要件主義（民法177条・178条） *209*
第5節　不動産登記制度 *212*
1　登記と登記簿 *212* ／ 2　登記の手続 *212* ／ 3　中間省略登記 *214* ／ 4　仮登記 *214*
第6節　登記をしなければ対抗できない第三者 *215*
第7節　契約以外の原因による物件変動 *215*

1　取消しと登記 *215*／2　解除と登記 *216*／3　相続と登記 *216*
　第 8 節　担保 *217*
　　1　物的担保（典型担保）*217*／2　非典型担保 *219*／3　人的担保 *221*

第 20 章　取引関係をめぐる規律 3　賠償と保険 *223*
　第 1 節　身近な事故と損害賠償―自転車事故― *223*
　第 2 節　賠償法―不法行為法を中心に― *224*
　　1　損害賠償 *224*／2　民法 709 条に基づく損害賠償請求 *226*／3　責任無能力者の監督者責任（民法 714 条）*227*／4　具体例―第 1 節の裁判例― *228*
　第 3 節　保険 *230*
　　1　保険契約について *230*／2　損害保険と請求権代位 *231*／3　具体例―第 1 節の裁判例― *232*

第 21 章　家族関係をめぐる規律 *234*
　第 1 節　家族 *234*
　　1　家族とは *234*／2　親族 *236*／3　婚姻 *237*／4　離婚 *238*／5　親子 *238*／6　親権 *240*／7　後見 *241*／8　扶養 *241*
　第 2 節　相続 *241*
　　1　相続人 *241*／2　相続欠格と廃除 *242*／3　相続の効力 *243*／4　遺産分割 *243*／5　相続の承認・放棄 *244*／6　遺言 *244*／7　遺留分 *245*／8　贈与分・特別の寄与 *245*

第 22 章　民事紛争と裁判 *247*
　第 1 節　民事訴訟の意義 *247*
　第 2 節　民事訴訟の概略と基本原理 *248*
　第 3 節　代替的紛争処理手続 *250*
　第 4 節　民事執行と民事保全 *252*
　　1　民事執行手続 *252*／2　民事保全手続 *253*
　第 5 節　倒産処理 *254*
　第 6 節　手続保障の必要性 *256*

第6編　法の各領域3　ビジネスと法

第23章　企業関係をめぐる規律1　商事法 *260*

第1節　企業関係をめぐる法 *260*
第2節　企業組織法 *261*
1　会社法とは *261* ／ 2　株式会社の運営 *262* ／ 3　株式会社の資金調達 *263*
第3節　企業取引法 *265*
1　商法の適用―「商人」と「商行為」― *265* ／ 2　消費者との契約 *266*
第4節　支払決済法 *267*
1　多様な支払手段 *267* ／ 2　約束手形から電子記録債権へ *268*

第24章　企業関係をめぐる規律2　知的財産法と競争法 *271*

第1節　知的財産法 *271*
1　知的財産とは *271* ／ 2　知的財産と知的財産権 *272* ／ 3　知的財産の発生 *273* ／ 4　知的財産の保護期間 *273* ／ 5　知的財産の保護対象 *274* ／ 6　知的財産の効力 *277*
第2節　競争法 *280*
1　競争法の目的 *280* ／ 2　独占禁止法 *280* ／ 3　他の法律 *282*

第25章　企業関係をめぐる規律3　労働法制と社会保障法 *283*

第1節　労働法の意義 *283*
第2節　労働法の体系 *283*
第3節　個別的労働関係法 *284*
1　労働基準法と労働契約法 *284* ／ 2　労働者 *284* ／ 3　労働契約 *285* ／ 4　非正規雇用 *288*
第4節　労働市場法 *289*
第5節　社会保障 *289*

第7編　法の各領域4　犯罪と法

第26章　犯罪と刑罰 *292*

第1節　刑法の基礎 *292*
1　刑法とはどのような法なのか *292* ／ 2　刑法の機能 *293*

第2節　刑法の基本原則 *293*
1　罪刑法定主義 *293* ／ 2　責任主義 *295* ／ 3　謙抑主義 *295*

第3節　犯罪の成立要件 *295*
1　犯罪の一般的成立要件 *295* ／ 2　構成要件該当性 *296* ／ 3　違法性 *299* ／ 4　有責性 *301*

第4節　刑罰を拡張する事由 *302*
1　陰謀・予備 *303* ／ 2　未遂 *303* ／ 3　共犯 *303*

第5節　刑罰論 *304*
1　刑罰の本質 *304* ／ 2　刑罰の種類 *305*

第27章　各種の犯罪 *306*

第1節　犯罪の分類 *306*

第2節　個人的法益に対する罪 *307*
1　生命に対する罪 *307* ／ 2　身体に対する罪 *309* ／ 3　自由に対する罪 *313* ／ 4　名誉・信用・業務に対する罪 *315* ／ 5　財産に対する罪 *315*

第3節　社会的法益に対する罪 *317*
1　公共危険罪 *317* ／ 2　取引の安全に対する罪 *318* ／ 3　風俗に対する罪 *319*

第4節　国家的法益に対する罪 *319*

第28章　刑罰を科する手続 *320*

第1節　刑事手続とは *320*

第2節　刑事手続に関与する者 *320*
1　被疑者・被告人，弁護人 *320* ／ 2　捜査機関 *321* ／ 3　裁判所・裁判官 *321*

第3節　捜査 *323*
　　1　概要 *323* ／ 2　逮捕・勾留 *324* ／ 3　捜査の終了・公訴の提起 *325*
第4節　公判手続 *325*
　　1　概要 *325* ／ 2　証拠 *326* ／ 3　判決 *327* ／ 4　上訴 *327*
第5節　裁判傍聴のすすめ *328*
　　●コラム④裁判員制度 *329*

第29章　犯罪者の処遇と犯罪の予防 *330*

第1節　刑事手続と少年法 *330*
第2節　少年法の対象，管轄裁判所 *330*
　　1　少年法の対象となる者 *330* ／ 2　管轄裁判所 *331* ／ 3　審判の対象 *331*
第3節　少年審判の流れ *331*
　　1　家庭裁判所への送致までの過程 *331* ／ 2　家庭裁判所の調査過程 *334* ／
　　3　家庭裁判所の審判の過程 *336*
第4節　少年の刑事事件 *339*
　　1　刑事手続の特則 *339* ／ 2　刑事処分の特則 *339* ／ 3　特定少年の特例 *339*
第5節　最近の犯罪の情勢と予防 *340*

第8編　法の各領域5　国際社会と法

第30章　国際法1 *344*

第1節　国際人権法の発展 *344*
第2節　国際人権法の実体的内容 *344*
第3節　国際人権法の国内的実施 *346*
第4節　国際人権法の国際的実施 *346*
　　1　国連の制度 *346* ／ 2　人権条約の制度―人権条約機関― *347* ／
　　3　地域的人権条約の制度 *349*
第5節　現代における人権の重層的保障 *349*
　　●コラム⑤出入国管理及び難民認定法（入管法）*351*
　　●コラム⑥ビジネスと人権 *351*

第31章　国際法2 *352*

第1節　国際法とは *352*
第2節　国際法総論 *352*
　1　国家 *352* ／ 2　国際法の制定過程および存在形式(法源) *353* ／ 3　国家の基本的権利義務 *353* ／ 4　国家責任 *354*

第3節　さまざまな分野に関する国際法 *354*
　1　海洋法 *354* ／ 2　国際環境法 *355* ／ 3　国際経済法 *356* ／ 4　武力紛争法・国際人道法 *357* ／ 5　国際刑事法 *358* ／ 6　紛争の平和的解決 *358*

第4節　国際法の観点から国際社会の問題に取り組むには *359*

索　引　*361*

凡　例

参照条文を括弧内に示す場合の用法はつぎのようにした。

例

（民法 13 条）　　民法第 13 条

（会社法 309 条 1 項・2 項）　　会社法第 309 条第 1 項，同 2 項

（商法 14 条・511 条，鉱業法 109 条）　　商法第 14 条，同 511 条，鉱業法第 109 条

判例を引用する場合の用法はつぎのようにした。

例

（最大判昭 48・4・4 民集 27・11・1536）　　最高裁判所大法廷判決昭和 48 年 4 月 4 日，最高裁判所判例集〔民事〕27 巻 11 号 1536 頁収載

（最大決昭 44・11・26 刑集 23・11・1490）　　最高裁判所大法廷決定昭和 44 年 11 月 26 日，最高裁判所判例集〔刑事〕23 巻 11 号 1490 頁収載

（大連判明 41・12・15 民録 14・1276）　　大審院連合部判決明治 41 年 12 月 15 日，大審院民事判決録 14 輯 1276 頁収載

（大判昭 3・6・7 民集 7・443）　　大審院判決昭和 3 年 6 月 7 日，大審院民事判例集 7 巻 443 頁収載

（東高判昭 28・12・9 高民集 6・13・868）　　東京高等裁判所判決昭和 28 年 12 月 9 日，高等裁判所民事判例集 6 巻 13 号 868 頁収載

（東京地判昭 39・4・14 下民集 15・9・2317）　　東京地方裁判所判決昭和 39 年 4 月 14 日，下級裁判所民事裁判例集 15 巻 9 号 2317 頁収載

（公取委平 17・4・13 審決集 52・341）　　公正取引委員会審決平成 17 年 4 月 13 日，公正取引委員会審決集 52 巻 341 頁収載

法律雑誌

判時　　判例時報

判タ　　判例タイムズ

労判　　労働判例

第 1 編

序 論

第1章
法学を学ぶ意義

はじめに

本章では,「法学」という科目にとどまらず,法律学全般につき,どのように学んでいくべきかについて,述べることにしたい。「法学」という科目の位置づけについては,バリエーションがあるものの,いずれにせよ,多くの学生にとって「法学」が法律学の勉強へのスタートとなるはずであり,「最初が肝心」と思うからである。講義への取り組み方,教科書,条文,判例の使い方などについては,次の第2章でできる限り具体的に述べてみたい。

第1節　法律学を学ぶ意義と法学を学ぶ意義

なぜ法学を学ぶのかという問いの答えは,なぜ法律学を学ぶのかという問いにどう答えるかによって変わってくる。

例えば,弁護士,司法書士等のような士業に就きたいと願う者にとっては,資格取得のために試験が課されるのが通例だから,それぞれの資格ごとに定められた試験科目(憲法,民法等)をマスターする必要があり,法学はそのためのイントロダクションという性格を持つことになる(Aタイプ)。Aタイプの者からすると,極端な話,個々の法律科目(試験科目)を勉強するに必要な最低限の知識(条文や判例の読み方,解釈の仕方等)さえ押さえればそれでよいということになる。この場合の法学とは,要するに法学入門,料理で例えるならばオードブルに相当する。

他方,専門的に法律を学ばない者(Bタイプ)にとっての法学は,これとは異なる。後に続く専門的法律科目がない以上,社会を取り巻く法律の全体像を,要領よく,まんべんなく概観していくのが目的となる。Bタイプの者に対する

法学は，要するに法学概論，料理で例えるならお子様ランチや幕の内弁当に相当する。

オードブルとお子様ランチ・幕の内弁当との間に優劣がないのと同様，法学入門と法学概論との間に優劣の差はない。要は，それぞれの目的に応じて，法学を学んでいただければよい。ただ，料理には，ベースとなる料理の技法や出汁・ブイヨンがあるように，法学の世界にも基本となる一群のものがある。これが法学を学ぶ際のコアというべきものである。

第2節　法学を学ぶ際のコアとなるもの

　法学は，多くの場合，政治学，経済学等と一群の科目としておかれており，それらは社会科学と呼ばれる。人は一人で生きられず，集団となり社会を構成せざるを得ない。その社会を対象として，学問的に分析するのが社会科学である。その際，政治学は，社会を権力的に統治する政治現象に着目し，経済学は，社会運営にあたっての効率性に着目する。これに対し，法学では，社会を統制するルールというものに着目し，社会を分析しようとする。言い方を変えると，法学とは，社会のもめ事を解決するルールを学ぶ科目ということになる。

　ただ，所与のルールをただ丸暗記すれば，それで勉強は終わりというものではない。政治学において権力を取り扱う際には，なぜその権力が正統として支持されるのかについて掘り下げて検討する必要があるし，経済学において効率性を取り扱う際には，そもそも効率性といってもその内容はさまざまである。効率によって無視されるものごとに対する目配りも欠かせない。

　そして法学においてルールを学ぶ場合においても，ルールの正統性を支える正義や公正，公平というものが何かについても，思いを致す必要がある。もめ事を解決する際には，話し合いで解決する場合でも裁判で解決する場合でも，ルールという物差しが必要となる。そうでないと力と力の対決になってしまう。そして紛争の解決に対し，紛争当事者が曲がりなりにも納得するのは，紛争当事者が当該ルールを，積極消極の差があれ，納得・受容しているからである。さらになぜ納得・受容がなされるのかを考えていくと，当該ルールが正義や公正，公平という一定の価値に支えられているからであるということができる。法学の科目において，法と道徳との違い，法と正義との関係といった，一見抽

第1章　法学を学ぶ意義　17

象的な論点を勉強するのは，ルールの前提となるこれらの価値につき深く考えてほしいからである。そして，多くの大学でこれらの社会科学を並行して学習させるのは，こういったメタな議論をすることで，社会を複眼的に眺め，分析できる力を涵養させたいからにほかならない。

　Aタイプ，Bタイプいずれの者であれ，せっかく法学を大学で学ぶ以上，上述の一定の価値につき，どこかの段階で一度は立ち止まって考えてみてほしい。最初が肝心ということわざがあるので，せっかく勉強する以上，最初にこれらのコアについて，頭の片隅に入れてほしい。多くの大学等で，法学を初年次の科目としてカリキュラム配置しているのは，このような願いがあるからなのである。

（松嶋隆弘）

第2章

法学の学び方

第1節 法律解釈学の特色—「唯一の正解」が存在しないこと—

　法学の学び方についてお話しするとともに，「法学」（ここでは，大学の講義において中心となる「解釈論」を前提とする）の学習が，これまでの諸君の高校までの勉強とどのように違っているのかについて，一言しておこう。

　諸君は，既に日本国憲法について高等学校までの公民，あるいは政治経済の教科のなかで，ある程度勉強したことがあるはずである。そこでは，日本国憲法の基本原理を学んだ後，基本的人権の内容や統治機構の概要を理解することが求められていたであろう。では，「法学」の勉強は，それらとどこが異なるのであろうか。

　この疑問に対する答えとしては，さまざまなものがありえよう。ただ，筆者としては，「法の解釈においては，『唯一の正解』というものはない」というところにあると考えている。

　例えば，法学系の講義で，先生がある問題（法律の世界では，「論点」という言葉が使われる）につき，A説，B説と紹介したうえで，A説を採ると話したが，諸君が使っている教科書では，B説が採用されていたとする。この場合，先生と教科書のどちらかが間違っているのだと考えてはいけない。どちらかが正しいというのではなく，そもそも「唯一の正解」というもの（真理値）は存在しないのである。A説，B説間の優劣は，「正しいか正しくないか」ではなく，「どちらがより説得的か」という「議論としての説得力」により判定されるのである。だから，先ほどの例でいえば，諸君の先生は，A説がより説得的であると考え，教科書の執筆者は，B説がより説得的であると考えたにすぎない。これ

は，法律学というものが，法廷における雄弁術（法廷において，原告，被告それぞれが自己の言い分を述べ，判断者である裁判官が，より説得的である方を勝たせた）からはじまったからであるといってよい。

だから，先生の見解と教科書の見解が違っていても何ら問題はないのであり，むしろ，いろいろな角度から検討ができてありがたいと前向きに考え，自分としてはどちらがより説得的であるかと考えてほしい。その積み重ねが，自身の解釈論の力を育てるのである。

第2節　法律学の勉強の仕方

1　講義の聴き方

　大学の講義は，高校までの授業と違い，担当する教員の裁量に委ねられる部分が大きく，同じ科目であっても，担当者ごとにずいぶんと差異がある。ただ，講義の「形式」という観点からは，大きく，レクチャー方式とケース・メソッド方式とに大別することができる。前者は，諸君が想像するような方式であり，教室の黒板の前で教師が一方的に，当該科目の内容を話し，受講者である学生がそれを聞いてノートするといった態様である。黒板における板書が多いか少ないか，レジュメ（講義の要点を書いたプリント）を配布するかしないかといった点に違いはありうるものの，教師が一方的に話し，学生がこれまた一方的に聞くということでは，違いがない。なお，最近では黒板を使わず，パワーポイントを使う教師も増えてきたようである。他方，ケース・メソッド方式は，法科大学院やアメリカのロースクールで採用されている双方向の教授方式である。この方式においては，毎回，講義前に課題が示される。課題は，たいていの場合には，個々具体的なケース（判例から素材が作られることが多い）である。講義では，学生が予習をしてきたことを前提として，一般論は省略し，いきなり課題について，学生をあてて，学生に答えさせる。教師は自らは意見を述べず，できる限り学生を誘導し，学生が自ら考え，自力で答えを出せるように仕向ける。その過程では，当然，学生（あてられた学生だけでなく，他の学生も含む）からも教師に意見が出され，教師とのあいだで双方向的なやり取りがなされる。

　時間の制約上，大学における講義は，レクチャー方式によりなされることが多いであろう。その場合，受講者である学生が自覚を持って，主体的に講義に

取り組む姿勢が重要となる。具体的には，講義に出席することは当然のこととして，毎回の予習と復習を欠かさないことである。私見であるが，その際，予習よりも復習を重視し，さらに「完璧を目指さないこと」が大事なように思う。法律学は，とっつきにくいので，予習段階で十分に理解することは期待できない。また民法や訴訟法のように，体系的で，全体を理解しないと部分も理解できないという科目の場合，当該部分の予習・復習だけですべて理解しつくすことは不可能である。

　なお，最近は，技術の発達により，スマートフォンなどの機器を使い，板書を取ったり，講義を録音することも簡単になった。しかし，取っただけで，後で復習しなければ，勉強したことにはならない。また講義の録音は，教師によっては，禁じていることもあるので，注意してほしい。

2　教科書の選び方，読み方

　教科書は，シラバスなどで指定されていることが多いであろう。その場合には，それを用意するのがベストである。教師は，教科書の記述を前提として，講義内容にアクセントをつけているので，指定されている教科書は，講義との相性が一番良いはずである（近時の教科書では，章末に学習課題が付されているものもある）。

　ただ，教師によっては，特定の教科書を使用しないこともある。その場合には，自身で教科書を選ぶ必要がある。先生や先輩などからアドバイスを受けつつ，気に入ったものを選ぶとよい。司法試験科目の場合には，定評がある教科書が「基本書」と言われ，多くの学生に利用されている。それらを用いるのが無難であると思う。

　なお，講義担当の教師の見解と教科書の見解が違っていたとしても，前述のとおり，問題はない。「法典」がある実定法学の場合，条文という枠に制約され，講義内容も教科書の記載も，多かれ少なかれ平準化されており，さほど違いはないといってよい。

　ただ，基礎法学のように，法典という枠組みがない科目の場合，講義内容も教科書の記載も，人によってバラバラであるので，注意が必要である。この場合は，できる限り講義担当教師のアドバイスに従うしかなかろう。

3　六法について

　実定法科目の場合，教科書だけでは足りず，法律も参照することが必要不可欠である。そのためには，法令集を用意する必要がある。

　幸いにしてわが国には，六法という便利なものがあるので，これを用意し，毎回講義に持参するのみならず，予習・復習の場合にも，教科書に条文が出てくるたびごとに，六法で確認すべきである。六法は，英語の勉強における辞書に等しいといってよい（本章末尾コラム①参照）。

　少し勉強が進んでくると，個々の条文の横に書いてある参照条文を頼りに，他の条文も当たってみるとよい。例えば，同じ用語を用いていたり，類似する規制を有していたりする他の条文を，六法編集者が丁寧に挙げてくれている。これらを「引き」こなせるようになると，法律学の勉強は楽しくなってくるはずである（ただ，そこにいたるまでに相当な忍耐が必要であることも，指摘しておかなければならない）。

　各社から種々の六法が出されている。それらは，特殊なものを除くと，コンパクトサイズのものと中型のものに大別でき，それらはさらに判例要旨つきのものとそうでないものに大別することができる。アドバイスとしては，少なくともコンパクトサイズのものを用意し，毎年買い換えることを強く勧めたい。近時は法令の改正が著しいので，数年前の六法では全く役に立たない。

　なお，近時は，法令データベースのようなものが，有償・無償を問わず普及しており（図書館でデータベースの利用ができるようになっている大学も多い），それらをスマートフォンなどの機器を使い，適宜参照して，六法に代替させる学生も多いようである。法令改正の頻度が早い領域（知的財産権法，税法など）では，それはとても有用であろう。一長一短あるので，各自の好みに応じて使い分けられるとよいと思う（私見としては，その場合でも，少なくともポケットサイズの六法は，用意し，そのうえでネット情報と使い分けをするとよいと考えている）。

　なお，授業中に，法令をスマートフォンでチェックする行為は，教師からは，授業をサボって，よそ見しているようにも見られかねないので，注意してほしい。

4　判例集

　少し勉強が進んでくると，判例集のようなものを用意する必要が出てこよう。

簡単なものとしては，判例つき六法の判例要旨があるが，その他に，「〇〇法判例百選」といった具合に，個々の法領域ごとに，代表的な判例 100 程度を，事実の概要，判旨に分けて整理したうえ，解説を加えた教材も刊行されている。これはこれでなかなか便利な教材であるので，学習の進展に応じ，利用されるとよい。

また，裁判所のウェブサイトや各種のデータベースを利用すると，最新の判例を比較的容易に入手することができる。

5　演習，ゼミナールについて

大学によっては，講義のほかに，演習科目を用意している場合がある。〇〇法演習，ゼミナールなど名称はさまざまである。要は，講義と違い少人数で，教師と学生がひざ詰めで勉強できる場である。大学によっては，演習がクラスとなっている例もある。

内容は，まさに教師と学生次第といってよい。担当者を決めて問題集や演習書を解いていくものもあれば，判例を元に，ケース・メソッドのように議論をするものもある。教師だけでなく，学生の能力・適性・意欲にも大きく影響されうる。

大学は，高校までと違い，大教室の講義で一方的に教師の話を聞くことが多いと思う。それはそれで大事なのだが，より少人数の場で，双方向的な議論ができると，一生の友人ができるだけでなく，講義で得た知識をより深めることができ，かつ，必要に応じて教師から個別のアドバイスがもらえ，有益である。是非，積極的に参加するとよい。講義では見られない先生の人間性を，演習の場で垣間見ることができるので，刺激になると思う。

6　裁判傍聴

最後に，やはり座学だけでは，理解に限界があるので，是非一度，裁判所に出向き，裁判傍聴をしてほしい。刑事裁判で被告人が拘束されている様子をみると，まさに「権力」の姿をビビッドに目に焼き付けることができる。

裁判所の法廷は，原則，開廷時間であれば，誰でも傍聴することができる（一部例外はありうる）。裁判所の受付で確認するとよい。

私見だが民事事件は事案が複雑であり，かつ書面のやり取りが大部分なので，

刑事事件を傍聴するとよい。短期間で結審するため手続の全体像が見られる事件（不法滞在に関する事件，薬物の現行犯逮捕に関する事件）で，流れを理解した後，イメージがわきやすい事件（殺人罪，強盗罪などに関する事件）で，法廷における「ドラマ」を味わうのがお勧めである。裁判員裁判にかかる事件であれば，なおのこと理解しやすいと思われる。どのような事件にめぐり合えるかは，まさに運と縁である。

（松嶋隆弘）

コラム① 条文の読み方

1. はじめに

　法律を勉強するに際しては，六法との「お付き合い」が欠かせない。六法は英語学習における英和辞典のようなものである（ただ，英和辞典と異なり，毎年買い換える必要があるが）。ここでは，六法のなかに収録されている「条文」の読み方について，述べることにしたい。

2. 実際の条文を素材とした説明

　まず，下記条文をみてみよう。

手形法 75 条　約束手形ニハ左ノ事項ヲ記載スベシ
　一　証券ノ文言中ニ其ノ証券ノ作成ニ用フル語ヲ以テ記載スル約束手形ナルコトヲ示ス文字
　二　一定ノ金額ヲ支払フベキ旨ノ単純ナル約束
　三　満期ノ表
　四　支払ヲ為スベキ地ノ表示
　五　支払ヲ受ケ又ハ之ヲ受クル者ヲ指図スル者ノ名称
　六　手形ヲ振出ス日及地ノ表示
　七　手形ヲ振出ス者（振出人）ノ署名

手形法 76 条
　前条ニ掲グル事項ノ何レカヲ欠ク証券ハ約束手形タル効力ヲ有セズ但シ次ノ数項ニ規定スル場合ハ此ノ限ニ在ラズ
　②　満期ノ記載ナキ約束手形ハ之ヲ一覧払ノモノト看做ス

　漢字カタカナ交じりの文語文であるが，手形法は，立派な現行法である。このような文語文の漢文読み下し調の条文は最近こそ少なくなったが，まだまだ健在である。法学を学ぶ者としては，読めるようになっておく必要がある。

3. ポイント

　以下，簡単にポイントについて述べておく。

　(1) 法文に「第」を付けるか否かは，人による。概して，行政官庁（内閣提出法案は，行政官庁で立案される）には，第を付け，裁判所（判決文など）では，付けない傾向にある。ただし，後述のとおり，条文に枝番号が付く場合には，「区切り」として「第」を付する（例えば，特許法 36 条の 2 第 2 項といった具合）。

　(2) 「左」は，「ひだり」でなく，「さ」と読んでほしい。なぜ「左」かというと，これは元々縦書きであったからで，横書きが主流の現在では，徐々に使われなくなってきつつある。ちなみに「右」は「う」ではなく，「みぎ」と読むこと。

(3)「一二……」とあるのは,「1号2号」であり,「いちごう,にごう」と読むこと。「号」を付けないといけない。「第」を付すか否かは,前述のとおり。
(4)「①②」は,「1項2項」であり,「いっこう,にこう」と読むこと。「項」を付けないといけない。「第」を付すか否かは,これまた,前述のとおり。
　ちなみに,どういうわけか,①は付さないようだが,②以下がある場合には,①と書いてなくても,きちんと「1項」と付して読む必要がある。
　また,項と号の関係であるが,「項→号」の順に小さくなってくる。
(5)漢文読み下し調であるので,各自で文脈を読んで,適宜句読点を付する必要がある。例えば,手形法76条は,「効力ヲ有セズ」の部分で「。」を付して文章が切れ,そのあと「但シ」として,別の文が続く。前者(但シの前)を「本文」といい,後者(但シ以下)を「但書」(ただしがき)という。
(6)「みなす」と「推定する」
「看做ス」は,「みなす」と読む。これは,(誰がなんといおうと)反証を許さずに,「そのように取り扱う」という意味である。ちなみに「一応そのように取り扱う」が,別に取り扱うべきことにつき立証がなされた場合には,別に扱うことが可能である場合には,「推定する」という。その例としては,「民法188条　占有者が占有物について行使する権利は,適法に有するものと推定する。」を挙げたい。
(7)枝番号
　例えば,次のような例がある。

> 民法32条の2　数人の者が死亡した場合において,そのうちの一人が他の者の死亡後になお生存していたことが明らかでないときは,これらの者は,同時に死亡したものと推定する。

　後から,条文を追加した場合,そのまま挿入してしまうと,条数がズレてしまう。それを避けるために,上記のように「枝番号」を用いる。中には,枝番号が,何重にも使われた上,前記の「項」「号」がたくさん付されている条文もあるので(税法,金商法等),よく確認し,間違えないようにする必要がある。
(8)「若しくは」と「又は」,「及び」と「並びに」
「若しくは」「又は」は,いずれも意味はorであり,「及び」「並びに」は,いずれも意味はandである。数学でいう小かっこ,大かっこに相当すると理解すれば,まあ間違いがない。そして,複数の項目を並べるときは,「、」(横書きのときは,「,」を使うときもある)で並べて,最後に,「若しくは」「又は」「及び」「並びに」のいずれかを付する。「,」がorかandかは,最後に付する前記各語がorかandのいずれであるかによる。
　例えば,A,B若しくはC並びにD及びEは,[A or B or C] and [D and E]である。

(松嶋隆弘)

第 2 編

法の基礎理論

第3章
法と他の社会規範の関係

第1節　社会生活と社会規範

　歴史法学派のゲルマニステンの1人であるオットー・ギールケが「人の人たる所以は、人と人との結合にある」と説いたように、われわれ人間は、家族、市町村などの自治体、国家といった団体に属し、また友人関係や仕事関係などにおける人間関係などを形成している。このように人間は、複数以上の人間で構成される関係、すなわち社会を形成し、社会生活を成り立たせている。

　しかし、人間は社会を形成し、生活を営む一方で、多かれ少なかれ欲望をもち、それに基づく行動を行う利己的な存在でもある。各人が利己的にその欲望やそれに基づく行動に従って生きるとなれば、他人の欲望やそれに基づく行動と衝突し、混乱し、社会生活を営むことは不可能となる。

　それゆえ、人間が社会を形成し、平穏に社会生活を成り立たせるためには、一定のルールを必要とすることになる。このような社会生活上のルールを社会規範といい、人間が形成する社会生活において「～すべき」、「～してはならない」といった人間の行動に対する規律、当為（Sollen）の法則として社会規範は存立することになったのである。

　原始社会においては、霊力やそれにより権威付けられた習俗や慣習が規範として、社会の秩序の平穏と安定を確保するものであった。しかし、人間社会が複雑になるにつれ社会階層が形成され価値観が多様化していくなかで、習俗や慣習のみでは社会秩序を維持することができなくなっていった。習俗や慣習のなかには、社会の倫理観と結びついて道徳を形成するものもあれば、信仰と結びついて宗教的戒律といった社会倫理を形成していくものもあったのである。

道徳や宗教的戒律といった社会倫理は、人の行動の準則となり、内心における意思形成をも規律し、それに反する行為は社会的制裁の対象とされることになった。しかし、道徳や宗教的戒律に反する行為をすべて社会制裁の対象とすることは、あたかも宗教裁判のごとく過度な個人の内心に対する干渉へとなることから、社会秩序を確保することはできても、社会に属する人々の平穏な生活を確保することにはならないことになる。それゆえ、道徳、倫理、宗教戒律といった社会倫理のなかから、国家権力によって、社会秩序の確保・維持に反する行為が類型化され、この類型化された行為のみを違法とする法規範が制定され、社会的制裁の対象が形成されることになったのである。
　本章では、まず規範としての法の本質、次いで法と法以外の社会規範の関係について学んでいきたい。

第2節　法の本質

1　法の本質

　法と他の社会規範を区別するために、法とは何かということ、つまり法の概念が明確にされなければならないが、これは困難な問題である。法の概念は考察方法の相違により結論が異なることから、いまだ明確な定義は得られていないのであり、法学にとって法の概念は永遠の課題といもいえるものである。しかしながら、法は他の社会規範と同様に行為規範であるが、国家規範であり、強制規範であることにより、他の社会規範と区別することができる。

2　法の行為規範性

　先に言及したように、法は社会規範の1つであり、人が社会生活を送るために定立した規範の1つである。それゆえ、「〜すべき」、「〜してはならない」という人の行動の基準（準則）を示す行為規範性を有すものである。つまり、人はその行為を行う際に、その範囲内において、国家や他人による干渉を受けることなく自由に行動できることを予測し得るし、その範囲内で行動する限り違法の責任を問われることにはならないのである。法の行為規範性は、法以外の社会規範である道徳や倫理と関連する側面が存在している。刑法199条の「殺人罪」によって「人を殺してはならない」ということを要求することは道徳や

倫理と関連する側面であり，刑法235条の「窃盗罪」によって「汝，盗むなかれ」ということを要求することも，道徳や倫理と関連する側面である。また，民法732条の「重婚の禁止」と刑法184条の「重婚罪」は，一夫一婦制を前提とした倫理と関連する側面であり，民法820条の「監護及び教育の義務」は未成年の子に対する親の扶養義務という倫理と関連する側面である。法は行為規範性を有するが，このように他の社会規範との関連性を有している，とみることができる。

3　法の国家規範性

　法は国家権力との結合を不可欠の要素としている。つまり，法は国家権力によって保障され存立している点が，他の社会規範と性格を異にしている。国とは，組織化された社会のなかにおいても，最も組織化され，統一的な組織的強制力を有しているものである。法は，統一化を志向する組織的強制力である国家権力により効力を有す，国家規範性という性格を有している。国家権力により法の効力は担保されることになるが，法の効力が担保されるためには，国家機関が法により組織化され，その発動の条件，手続が法により組織化されなければならない。すなわち，法は国家権力によって国家規範性を付与されるものである一方で，法自体が国家機関を組織化することによって，法としての規範力を有することになるのである。

　国家の統治機構の仕組みや統治の原則を定める「憲法」の諸規定に基づいて，国家機関である国会，内閣，裁判所に関して規定する国会法，内閣法，裁判所法，地方公共団体の公共団体に関して規定する地方自治法などは，法の国家規範性を有していることを示している。

　法秩序を形成する共同体にとって，その社会の根本的組織や原則を定める法規範は不可欠なものであることから，法の国家規範性は，法の性質において中核を占めるものということができる。

4　法の強制規範性

　社会生活を送るうえで守るべきものとして存在する法は，それに反する行為（違法行為）が行われる前提で作成されたものであっても，人々が守ることがなければ，法は社会規範としての存在価値を失ってしまうことになる。したがっ

て，人々を法に服従させ，法を守るようにするために，法に強制力をもたせることが必要となる。社会生活において紛争の解決手段は，裁判所によって行われることになる。その際，法は裁判官がその解決のための基準（準則）としての役割，すなわち裁判規範としての性格を有しているが，一方で違反者に対する強制的な法的効果である強制力を有す「行為規範」としての性格を有している。

訓示規定のような強制力を伴わない形式もあるが，法は強制力を伴う強制方式をとることにより実効性を確保しているのである。

第3節　法と慣習

ある社会集団において長期間にわたって無意識のうちに反復継続されてきた同一行為のことを慣習という。すなわち，社会集団において模倣されることにより無意識のうちに発生・成立した社会生活の準則のことである。慣習は，無意識のうちに発生・成立したものであることから，他の社会規範である道徳が倫理，宗教が信仰的確信，法が正義という理想や目的をもつのに対し，慣習には理想や目的というものは希薄であり，反倫理的な，あるいは違法な要素を包括する慣習も存在し得ることになる。慣習は，人々の生活に密接に結びつき，「今までこのようにしてきたのだから」という理由から，人々の行動を慣習に倣わせるというものであるから，それに違反したからといって国家権力により制裁を受ける性格のものではないが，その社会集団における非難という制裁を受けることがあるのである。

慣習は，法と同様に人の行為を規律する外面的な規範であり，その慣習の存在する社会集団においては強制され得る規範である。道徳のように，良心とは関係なく，外面的な行為が慣習に合致しているかが問題となるものである。慣習は，組織化された権力（国家）によって定立される法と異なり，非組織的な社会における規範であることから，制裁の方法としては非難や排斥のように漠然としたものであるし，非難という制裁が全く効果のない場合もあるように，必ずしも効果あるものにならない場合もあるのである。

法と慣習は，異なる側面ももつものであるが，全く関係ないものではない。法が発展するなかで，慣習が国家権力によって保障され，法として転化する場

合もある。また，現在国家権力によって法として明文化されていない慣習であっても，国家権力により担保されることで法（慣習法）となり得ることもあるのである。法の適用に関する通則法3条が，公の秩序または良俗（善良の風俗）に反しないものであり，法令の規定により認められた慣習か，法令に規定されていない事項に関する慣習である場合に慣習は法律と同一の効果を有する，としているが，慣習法が成立するためには，まず社会生活において同一の慣行が反復して行われていることに加えて，人々のあいだにその慣行に従うことが社会秩序の維持のために必要であると認識されていること，その内容が公序良俗に反しないことが要求されるのである（第6章3－2参照）。

慣習法は，原則として成文法を補充する効力を有するものであるが，商法1条2項で商慣習が民法に優先することを規定しているように，法令がとくに慣習に従うと明記している場合には，慣習法が例外的に成文法に優先することになる。

第4節　法と道徳

人が遵守すべきもの，すなわち人の良心と内心の義務意識によって，「正しい」行為を求める社会規範のことを道徳という。法は，社会的に正しく行為することを求める社会規範であることから，「正しさ」を要求する社会規範という意味で，法と道徳は密接な関係を有するものである。

刑法199条の殺人罪や235条の窃盗罪，民法1条の信義誠実の原則や90条の公序良俗の規定などの内容は，道徳と一致するものであり，道徳が法規範化したものである。また，憲法13条の個人の尊厳や24条の両性の平等の規定が，家庭道徳となる場合があるように，道徳のすべてが法になるわけはないが，法と道徳は相互関係を有するものである。

法と道徳は「正しさ」を要求する社会規範であるが，法の目的や理念が道徳と必ずしも合致しない場合がある。民法166条以下で消滅時効の諸規定や民法550条の書面によらない贈与の解除は，不道徳な側面があるものであるが，法的安定性の確保すなわち社会生活の安全という目的によるものである。

第5節 法と強制

　慣習や道徳など社会規範もその規範が守られなければ，法と同じく強制（制裁）が伴うものである。法の強制は，①既になされた犯罪行為や不法行為に対する死刑，無期および有期懲役，罰金，損害賠償，懲戒罰などの強制（制裁），②警察官によって行われる警告や制止のように犯罪防止を目的とする心理的・物理的強制，③税金滞納に対する強制徴収などの義務が履行されなかった場合に義務があったものと事実上同じ状態を実現させる作用，④民事執行法上の間接強制のように司法機関などによる自発的な義務履行の促進，により行われる。
　慣習や道徳などの社会規範と法の強制の違いは，強制の方法が具体的かつ詳細に規定されていることである。すなわち，法的強制とは，法の実効性確保のために違法行為の事前・事後にとられる強制力の行使である。

【参考文献】
団藤重光『法学の基礎』有斐閣，1996年。
伊藤正巳『近代法の常識（第3版）』有信堂高文社，1992年。
高梨公之『法学（全訂版）』八千代出版，1965年。

（槇　裕輔）

法の歴史

第1節 日本法の背景

　日本の文化が，初期は中国，近代に至っては欧米の影響を受け，独自の文化，社会を形成していったように，日本法も中国，さらには近代に至り欧米法を継受することによって，欧米法の影響を受け，今日につながる日本法を形成するに至った。それゆえ，日本法の形成に大きく寄与した欧米法に関する知識は，日本法の理解をより深めるものである。そこで，本章では，日本法に影響を与えた欧米法の形成とその特色について学んでいきたい。

第2節　欧法─ヨーロッパ大陸法の形成─

1　古代─ローマ法の形成─

　19世紀の法学者イェーリングが，その著『ローマ法の精神』において，「ローマは3度世界を征服した。最初は武力によって，つぎに宗教によって，最後に法によって」と記しているが，これはヨーロッパの法文化が何らかの形で，文化的遺産としてのローマ法を基盤として築かれていることを示している。
　ヨーロッパの文化や歴史に大きな影響を与えた古代ギリシャ人がもっぱら法哲学に寄与したのに対し，古代ローマ人は社会の法的問題を解決する現実的方法として，法を発展させていった。前449年にローマ古来の慣習法を成文化した十二表法が制定されたが，農業都市国家から地中海帝国へと発展していくなかで，ローマ市民と非ローマ市民たる外国人との紛争が生じることになった。十二表法は市民法であったことから市民間の紛争にしか適用され得なかった。

つまり，外国人が関わる紛争を解決することには困難であった。そのため，外国人係法務官により，審判手続の指図書としての諸国民に共通する法としての万民法の基礎となる法務官法（法務官職が名誉職であったことから名誉法とも呼ばれる）が，形成されることになったのである。万民法は，もともと外国人関係の訴訟の必要性から生じたものであったが，地中海商業帝国へと発展したローマにとっては，市民法よりも万民法の方が社会のニーズに柔軟に応えるものだったのである。その後，市民法と万民法の並立と区分は，212年にカラカラ帝が帝国領域内すべての自由人に対してローマ市民権を付与したことによるローマ市民権の拡大により意味を失い，万民法は市民法に吸収される形で終焉を迎え，市民法としての法が一元的に適用されるに至ったのである。

　法制度を発展させ，地中海帝国へと発展したローマ帝国であったが，次第にその国力には衰えがみられるようになった。帝国維持のためにさまざまな努力が続けられたが，テオドシウス帝により395年にローマ帝国は，最終的に東西に分割されることになった。476年西ローマ帝国はゲルマン人のオドアケルにより滅ぼされてしまったが，東ローマ帝国はその後も1453年まで存続し続けることになった。その東ローマ帝国において，ユスティニアヌス帝により528年から「法学提要」，「学説彙纂」，「勅法彙纂」，「新勅法彙纂」からなる，いわゆる「ユスティニアヌス法典」（「市民法大全」もしくは「コルプス・ユリース」）が編纂され，ローマ法は集大成されることになった。歴史的大事業であったこのユスティニアヌス法典は東ローマ帝国領域でしかその実効性をもたなかったが，後世，学識法曹の誕生と学識法曹による法生活の学問化，すなわち学識法の成立にとって重要な役割を果たすことになった。そして，神聖ローマ帝国における聖職者叙任権闘争と11世紀イタリアにおける政治的ローマ理念の発露に基づく「ローマ法の再発見」を背景として，ローマ法は，文化的ローマ理念を表象する「書かれた理性」として尊重されることになったのである。

2　中世—ゲルマン法，カノン法の形成—

　ゲルマン民族の大移動の結果，ローマ帝国領域内には数々のゲルマン諸王国が建国されることになった。ゲルマン諸王国の国王達は，ローマ帝国（東ローマ帝国）の存在を認め，その権威を利用しつつその王国を統治することを試み，ローマ法を範としてゲルマン諸民族の古来の慣習を整理し，ゲルマン法として

「サリカ法典」や「西ゴート法典」などのゲルマン部族法典を編纂していった。この部族法典には，部族のみを対象とするもの，ローマ人を対象とするもの，双方を対象とするものがあり，その形は一様なものではなかった。ゲルマン諸王国においては，しばしば自民族とローマ人が異なった法により統治されていたため，限定的ながらもローマ法がゲルマン諸王国においても効力を持ち続けることになったが，それはかつての技術性をもったローマ法ではなく，独自の解釈や変更がなされたものであった（「卑俗ローマ法」）。

　ローマ法と同様に学識化されたものがカノン法である。カノン法は，婚姻や一定の刑事事件，若干の民事の問題に関して裁判管轄権を有していた中世カトリック教会において，当初ローマ法やゲルマン法の影響を受けながら学問的に整理され，ローマ法学に対しても影響を与え，ローマ法と並ぶ地位を獲得することになった。12世紀にボローニャに作られたボローニャ大学は，カトリック教会と密接な関係があったことから，ローマ法とともにカノン法は，ヨーロッパ各地から集まる学生を通じて，ヨーロッパ各地に影響力を及ぼすとともに，ヨーロッパ共通の基盤としての普通法（ユス・コムーネ）として，ヨーロッパの法文化形成に寄与していくことになったのである。

3　近代法典の編纂

　ローマ法とカノン法という学識法学の発展は，出自ではなく知識によって名声と地位を得る法律家，学識法曹を出現させることになった。学識法曹は，各国宮廷にその活動の場を得て，普通法を支配することで司法や行政に大きな影響を与え，この学識法曹を通じてヨーロッパ各地にローマ法学が，影響を及ぼすことになった。いわゆる「ローマ法の継受」である。ローマ法の継受の結果，慣習法を発展させた法（コモン・ロー）が成立していたイングランドを例外として，ローマ法は各地の法廷で地域固有法を補完する一般法としての機能を果たすことになったのである。

　1618年に勃発した30年戦争以降，ヨーロッパ諸国は近代国家形成へと動き出すことになる。ルネサンスの人文主義の影響の下に成立した人文主義法学によりローマ法は相対化される一方で，地域固有法を整備し，学識化し，裁判で適合できるものにしようとする傾向が強まっていくことになった。このような動きのなかで，ローマ法を書かれた理性とみることをやめ，固有法と普通法の

融合を図り，実務に役立てようとする動きが「パンデクテンの現代的慣用」である。「事前変更の法理」（予見しえなかった事実の変更があれば契約その他の債務負担行為は効力を失う），「合意は守られるべし」などの原則は，ドイツ的法原則とローマ法の原則との調整，パンデクテンの現代的慣用の成果であり，後の近代的法典編纂の立法素材を提供することになった。

　世俗的人間性を拠り所として普遍的な法体系の構築を目指した近世自然法論は，18世紀に入ると人間性に基づいた実践的行動を提唱する啓蒙主義と結びつき諸々の革新をもたらすことになった。すなわち近代法典編纂事業である。18世紀には思想的潮流としての自然法論のピークは過ぎ去っていたが，自然法的法典編纂事業は，一元的・体系的な統治を施行したフリードリッヒ2世やレオポルト2世のような啓蒙絶対君主，そして革命の理念の定着を試みたナポレオン1世により推し進められることになった。その結果，編纂されたのが，1794年のプロイセン一般ラント法，1811年のオーストリア一般民法典，1804年のフランス民法典（コード・シビル）である。プロイセン一般ラント法はかなり早い段階でその効力を失ったが，オーストリア一般民法典はハプスブルク君主国を形成していた国家の民法に，フランス民法典はナポレオンが支配下においたヨーロッパ諸国の民法典編纂の際の模範とされることになった。また，ビスマルクにより統一された後のドイツにおいては，「ロマニステンとゲルマニステンの争い」と呼ばれる論争を経て，後に日本の民法に対して強い影響をもたらし，日本民法を通じて中華人民共和国，中華民国，大韓民国まで影響を及ぼすことになるドイツ民法典が編纂されることになった。

第3節　英米法

　1066年，ノルマン朝の創始者であるウィリアム1世によるイングランドの征服以降，歴代のイングランド国王は，国王裁判所を設置し，慣習法によって裁判を行わせていった。イングランドひいては英国では，この裁判所による判例が積み重ねられ，法律として確立していくことになった（判例法主義）。いわゆる，コモン・ローである。ローマ法がヨーロッパ各地に及んだように，その理論はイングランドにも持ち込まれたが，このコモン・ローが発展していた英国においては，大陸の普通法（ユス・コムーネ）を取り込む必要性は乏しかった

のである。コモン・ローは大陸諸国と異なる法体系を発展させていったが、裁判所による先例を変更することができない先例拘束主義がとられていたことから、コモン・ローは次第に硬直化していくことになった。それゆえ、コモン・ローにより救済されない場合、国王の最高顧問である大法官によって救済が図られ、その結果、集積されたエクィティ（衡平法）が成立することになったのである。コモン・ローとエクィティは、それぞれ独自の裁判所を有し、独立の法体系として成立することになった。この二元主義は、1875年の裁判所法によって裁判所が統合され緩和されることになった。

イングランドの植民地であった北アメリカの東岸諸州では、本国による課税などの諸政策に対する反発から、独立戦争が引き起こされた（1775年）。1776年の独立宣言において、人が生まれながらにして自由かつ平等であること、生命、自由、幸福を求める権利をもつことが唱えられ、近代人権理念の体言化が宣言されることになった。独立戦争の結果、1783年アメリカは独立し、1787年には州の自治を広く認める連邦制と国民から選ばれた大統領が元首となる大統領制を採用する「合衆国憲法」が成立することになった。アメリカはイングランドの植民地であったことから、イングランド法（英国法）も引き継がれたが、先に言及した「先例拘束主義」は厳格にはとられず、緩やかに、判例変更が認められるなど、イングランドの法文化の影響を残しながらも独自の法文化を形成しているのである。

第4節　近代以降のヨーロッパ

アメリカ独立やフランス革命の結果、人間の自由と平等が重視され、所有権の絶対性が認められることになった。これは、一方で資本主義社会の形成に大きく寄与することになったが、他方で持てる者と持たざる者との実質的な不自由と不平等化、著しい貧富の格差をもたらすことになった。そのため実質的な自由と平等の確保のために、自由主義と資本主義の修正を必要とし、ワイマール（ヴァイマル）憲法においては社会権が保障され、さらには福祉国家を志した社会主義国家（共産主義国家）の建設が行われることになったのである。

また、第二次世界大戦後から欧州共同体（EC）、さらには欧州連合（EU）へと統合の動きが進むなかで発展してきたEU法に関しても留意しなければなら

ない。国家主権の制限を伴う超国家的統合的側面がある一方で，主権国家である加盟国からなる EU を理解するためには，EU 法と加盟国の法，両者の関係などを個別的に理解していかなければならないであろう。

【参考文献】
勝田有恒・森征一・山内進『概説西洋法制史』ミネルヴァ書房，2004 年。
スタイン，P『ローマ法とヨーロッパ』(屋敷二郎監訳／関良徳・藤本幸二訳)
　　　ミネルヴァ書房，2003 年。
コーイング，H『ヨーロッパ法史論』(佐々木有司編訳) 創文社，1980 年。
村上淳一『近代法の形成』岩波書店，1979 年。

(槇　裕輔)

第5章
日本における法の受容

第1節 西洋法との出会い

　私たちは現在，西洋諸国と共通する法制度・理念のもとで生活を営んでいる。わが国が伝統的に培ってきた法制度，例えば古代に継受した中国の律令制度や，中世以降に蓄積された固有法から離れ，西洋と同じ原則に基づく法制度を導入したのは，わが国が「近代」国家へと変貌を遂げる明治時代のことであった。それではなぜ，当時のわが国は西洋法を受容する方向へと舵を切るに至ったのか。本章では，歴史的経緯を踏まえつつ，わが国に近代西洋法が導入される過程を追いかけてみたい。

　江戸時代のわが国は，現在とは異なる法体系を有していた。幕藩体制と呼ばれる政治体制のもとでは，全国一律の法制度や裁判が保障されていたわけではなく，各藩は独自に法を制定・運用していた。また，法の中心は刑罰・行政法規であって，私人間の紛争解決は慣習法に委ねられる部分が大きかったとされる。いわば，固有法に基づく統治であったといってよいだろう。

　しかし，西洋諸国で生じた産業革命と，これに伴う海外進出が，日本にも影響を及ぼすことになる。17世紀半ば以来，西洋との接点を長崎の出島におけるオランダとの交易に限定していたわが国の近海にも，19世紀以降，西洋諸国の船があらわれるようになる。国際環境の変化を受けた江戸幕府は，アヘン戦争による清国（中国）の敗北を契機として1842年に薪水給与令を出すなど，徐々にその政策を見直しつつあった。

　そうしたなかで迎えたのが，アメリカの東インド艦隊司令長官ペリーの来航である。ペリーは4隻の軍艦を率いて来日し，開国と通商を求めた。アメリカ

の強硬な姿勢の背景には，鯨油を求めて太平洋で活動する捕鯨船の補給・避難に適した港の確保が求められていたこと，資本主義発展のために新たな市場が欲しかったこと，などの理由があったとされる。

　翌年再来日したペリーとのあいだで幕府は日米和親条約を締結する。この条約には片務的最恵国待遇が規定されていた。片務的最恵国待遇とは，幕府が別の第三国とのあいだでより有利な内容の条約を結んだ場合に，その内容がアメリカに対しても認められることを片務的に約束したもので，アメリカとわが国とが対等でないことを示す不平等条約であった。さらにアメリカは1858年，わが国とのあいだで日米修好通商条約を締結する（英・仏・露・蘭とも同様の条約を結んだため，当時の元号を冠して「安政五カ国条約」とも呼称される）。この条約によってわが国は，相手国の治外法権（領事裁判権）を認容するとともに，関税自主権を喪失した。また，同条約でも片務的最恵国待遇は継続しており，以後，これらの条約の効力が持続する限り，わが国は国際関係において不利な立場に立つことを決定づけられたのである。

　その後，時を経ずして幕府は倒れ，1868年に明治政府が成立する。明治政府は諸外国に対して，幕府が締結した不平等条約の継承を通告した。しかし，条約の問題点はすでに明らかとなっており，不平等条約の解消が，政府の重要な政治的課題として位置づけられることとなった。

　ところで，西洋諸国の側が不平等条約の締結を求めることには，近代国際法という根拠があった。当時の国際法は世界を「文明」・「半文明」・「未開」に3区分しており，「文明」国同士は対等な国際関係を結ぶことができる。「未開」と認定された地域は無主の地として先占が認められ，植民地化も肯定される。「半文明」は，制度は整っているものの「文明」国と共通の原則に基づいていない国家が該当する。「半文明」の国々に対して「文明」国の側は，原則の異なる（予期せぬ）法適用による刑罰から自国民を保護するために，治外法権を求めることができるのである。わが国は清国（中国）やトルコと同様に「半文明」に位置づけられたため，この位置から脱しない限り，不平等条約の解消は見込めない情勢にあった。幕末から明治初期のわが国では，こうした近代国際法，すなわち「万国公法」の存在が，海外への留学や翻訳書を通じて理解されたのである。

　つまり，不平等条約を解消するには何らかの方法で，わが国が「文明」国の

仲間入りを果たさねばならない。そのために政府が採用した方法は、西洋諸国と同じ原則に拠って立つ、すなわち泰西主義(western principles, 欧米主義)に基づく国家・法制度を築くことであった。これが、明治時代に西洋法が受容された一番の理由である。また、これに加えて、西洋の列強と対峙するには富国強兵を図る必要があり、そのために西洋諸国の制度を参照して中央集権的な国家を早急に作りあげようとしたことなども、要因の1つに数えることができるだろう。

第2節　西洋法の受容に向けて

　前節で触れたように、明治政府が西洋法の受容を図った背景には、不平等条約の解消という目標があった。それでは、政府は具体的にどのような手段で、西洋法の受容を試みたのであろうか。

　政府はその成立後間もない時期から、西洋法の翻訳に取りかかっている。広く知られるのは、1869年に政府から命じられて洋学者の箕作麟祥(みつくり・りんしょう)が着手した『仏蘭西法律書』の翻訳であろう。フランスには、19世紀初頭にナポレオンのもとで編纂された完成度の高い法典が存在し、政府はその翻訳を試みるとともに、わが国の法典編纂に活かそうとしたのである。こうした外国語の翻訳にあたっては、いくつか有名なエピソードが残されている。例えば、当初翻訳された法律は、憲法・民法・商法・刑法・民事訴訟法・刑事訴訟法(治罪法)の六法典であり、これが「六法」の語源とされる。現在、法令集の意味で「六法」の語が用いられるが、これは「六法」がすべての法律を指していた時代の名残なのである。また、西洋法に登場する概念には、日本を含む東洋法とは異質なものが多数存在し、その訳語を充てる際も試行錯誤が繰り返されている。当時、フランスの民法をもとに日本民法を編纂する試みがあったが、翻訳者の箕作が仏語の"droit civil"(「私権」の意味)に「民権」の語をあてたところ、これを審議する政府の会議で、「民に権があると云ふのは、何の事だ」との発言があって議論が紛糾したという。東洋において「権」は為政者に帰するものと考えられていたため、当時の政府関係者にとって、人民に権利があるという西洋法の前提は理解しがたいものだったのである。

　こうした試行錯誤と並行して、政府は西洋諸国の人材を招き、法学の教育に

携わってもらうとともに，法的な助言や法典編纂への助力を仰ぐようになった。いわゆるお雇い外国人である。法学に関しては，1873年に来日してわが国の法制度に多大な足跡を残したボアソナードの名を欠かすことはできない。ボアソナードはパリ大学で講義を担当するフランスでも有力な学者であったが，明治政府の要請を受けて来日し，以後1895年までわが国に滞在して法制度の近代化に向けて尽力した。「日本近代法の父」とも呼ばれる彼の功績は，刑法・治罪法や旧民法の起草，法学教育，外交に関する助言，拷問廃止の建言など多岐にわたる。また，かつて和仏法律学校と呼ばれていた法政大学の創設者の1人にも数えられる。

　以上述べてきたように，明治初期の政府はフランス法に関心をもち，同法を参照しながら日本法の編纂を行ったが，その流れは長くは続かなかった。1880年代になると，法学をはじめとするさまざまな学問・技術の参照先が，ドイツへと移ったのである。その理由はいくつも挙げられるが，例えば1871年の普仏戦争においてプロイセン（後のドイツ）がフランスに勝利して注目されたこと，英仏に比べて後発国といえるドイツは当時，中央集権国家を築き上げる途上にあり，幕末から明治期にかけてのわが国の歩みや直面する課題とのあいだに類似点があったこと，君主制やこれを前提とした法学・制度がわが国にとって受け入れやすかったこと，などが指摘されている。そのため1880年代からは，多くの日本人留学生がドイツへ渡り，また法典編纂に参画するお雇い外国人にもドイツ人の名が目立つようになる。

　そうした背景のもと，わが国は西洋法の継受（けいじゅ），すなわち法制度・法典の近代化・西洋化を具体的に進めていくことになる。次節では，わが国の法制度が整備されてゆく過程を，国家機構と司法制度，刑法，民法に分けて紹介しておきたい。なお，憲法については第4編第11章以下で後述する。

第3節　国家機構の整備と法典の編纂

1　国家機構と司法制度

　1867（慶應3）年12月に，「王政復古の大号令」が出された（わが国は明治5年まで太陰暦を採用しており，「王政復古の大号令」が出されたのは厳密にいえば1868年1月のことである）。これは，幕府の廃止と新政府の設置をうたうものであっ

第5章　日本における法の受容　43

たが，「王政復古」であったことに留意する必要がある。発足した明治政府は天皇が自ら政務を執った古代の制度に範を求めたのであり，そのため法制度も，復古的な側面を少なからず抱えてスタートすることになる。

続いて，発足したばかりの新政府は「政体書」を出した。政府の機構を定めたこの法令は，「天下ノ権力総テコレヲ太政官ニ帰ス」と定め，律令制下にも存在した太政官を置いた。ただし，「政体書」は一方で「太政官ノ権力ヲ分ツテ立法行法司法ノ三権トス」とも記している。現在の三権分立とは大きく異なるものの，これは西洋の法制度について知識を得た起草者らが，権力の分立を意図したものであった。

1869年7月には「職員令」が定められ，官僚機構が整えられる（図5－1）。この法令は，古代の律令制下に同名の法令があったことからもうかがえるように，復古的な色彩が強いものであった。同法令により，中央政府に神事・祭事をつかさどる神祇官と，政務をつかさどる太政官が置かれ，太政官のもとに行政を担当する6省が置かれた。「職員令」体制下にあっては，刑事裁判権は刑部省に，民事裁判権は民部省に与えられたほか，弾正台が行政監察や官吏の糾弾を担当するなど，司法権は各官庁に分散していた。

続いて，1871年7月の司法省設置とその直後に行われた廃藩置県が，司法制度にとっては大きな転換点になる。司法省の設置により，従来刑部省と弾正台とに分散していた刑事裁判権が集約され，さらに同年9月には，民事裁判権が大蔵省（民部省の後継官庁）から回収された。これによって，民事・刑事の両裁判権を一元的に行使する官庁が誕生したのである。また，廃藩置県は，江戸

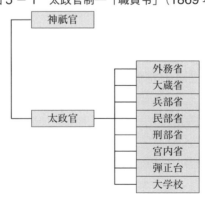

図5－1　太政官制―「職員令」（1869年）

時代以来各地に存在した藩を廃止し，新たに県を置くとともに，中央政府の官吏を派遣して地方行政にあたらせたものである。その結果，中央集権化が進み，各地の法制度や裁判が統一されることになった。

さらに1872年4月，江藤新平（えとう・しんぺい）が司法卿（しほうきょう）（現在でいう法務大臣）に着任し，わが国の司法制度に劇的な変化をもたらすことになる。その一例が，1872年8月の「司法職務定制」制定である。これは，司法省の職務・組織を定めた初めての法令で，お雇い外国人ブスケ（フランス人）の助言を得ながら，フランス・オランダの法制度を参照しつつ作成された。同法令によって各地で府県裁判所の設置が進められ，それまで各府県が担当していた裁判事務を司法省管下の裁判所が担うことになった。また，「司法職務定制」には「判事」や「検事」といった語句があらわれるほか，現在の弁護士にあたる「代言人（だいげんにん）」など，各種の法律専門職についても規定を置いている。加えて，新法の起草や法令解釈，さらには法学教育を行う機関として「明法寮（めいほうりょう）」を設けた。予算の制約もあり各地への裁判所設置は思うように進まなかったが，この「司法職務定制」によって，近代的な司法制度への第一歩を踏み出したということができる。

1875年4月には，政府の機構に大きな変更が加えられることになった。この年，1873年の征韓論争以来生じていた政府内部の対立を緩和するため，政府の有力者・大久保利通と，下野していた板垣退助・木戸孝允の三者が一堂に会し，大阪会議が開かれた。その会議を受けて発布されたのが，「漸次立憲政体樹立の詔」である。詔では，法案審議や建白の受付を行う元老院，地方の要望を審議する地方官会議とともに，「審判ノ権ヲ鞏ク（かたク）」するため大審院の設置がうたわれている。大審院は，フランスの破棄院をモデルとして形作られたもので，民事・刑事事件の上告審を担当する終審裁判所に位置づけられた（図5-2）。

なお，明治初期に形成された，太政官を政府の中心とする太政官制に大きな変更が加えられたのは，1885年のことである。1881年，大隈重信が下野する「明治14年の政変」が起き，1890年の国会開設を約した「国会開設の勅諭」が出されて以来，政府は国会開設までに国家機構を支える法制度を固めようと考えた。その一環として1882年，伊藤博文は憲法調査のためドイツに渡っている。それらの動きを受けて，1885年に発足したのが内閣制度である。これによって太政官は廃止され，各省の長官は「卿」から「大臣」へと呼称が変更さ

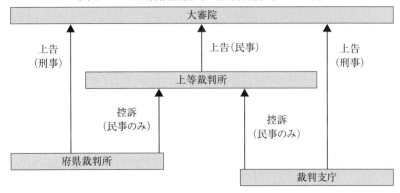

図5-2 大審院設置時の裁判制度（1875年）

図5-3 内閣制度（1885年）

れるなど，政府の機構には大きな変更があった（図5-3）。

さらに，1889年の大日本帝国憲法発布を経て，翌1890年には裁判所構成法が施行される。大日本帝国憲法57条1項は「司法権ハ天皇ノ名ニ於テ法律ニ依リ裁判所之ヲ行フ」と定めており，司法権は他の権力から独立した形をとっている。その一方で，特別裁判所（60条）や行政裁判所（61条）も規定されるなど，広く例外が存在したのも特徴である。そして，同憲法にもとづいて定められたのが裁判所構成法で，同法はドイツ人オットー・ルドルフらによって起草され，ドイツ法を参照したものであった。裁判所構成法は，裁判所として大審院・控訴院・地方裁判所・区裁判所の4種をおき，この体制のもとで戦前を通じて裁判が行われることになる（図5-4）。

なお，1886年の裁判所官制で裁判官の身分保障が規定されるなど，徐々に司法権の独立は強められたが，大審院が司法省の管下に置かれていたことから

図5-4　裁判所構成法のもとでの裁判制度（1890年）

も分かるように，明治期の裁判所は一貫して司法省の監督権に服する立場に置かれ，行政権の優位のもとにあった。

2　刑法

　わが国古来の律令制のもとでは，刑法にあたる律が国家の守るべき重要な規範を定めていた。また，明治政府が統治を始めると，現実に生じる数々の事件・裁判に対して判断基準を示す必要にも駆られるようになる。そのような背景のもと，わが国では明治政府の成立後，最初に刑事法の整備が試みられることになった。

　明治政府はその発足直後から，管轄地域で行われる刑事裁判を統一的な基準のもとで行うため，仮刑律を設けた。この法令は，江戸時代に明清律の影響を受けて作られた熊本藩の刑法に影響を受けたもので，律型の刑法典であった。同法は公表されることなく，政府部内で裁判準則として用いられている。続いて政府は，1870年に新律綱領を，1873年に改定律例を，相次いで制定する。いずれも律の要素を色濃く残した刑法典であり，例えば新律綱領では，刑罰も笞・杖・徒・流・死の五刑が設けられ，身分によって異なる刑罰が科されるなど，律や伝統法を受け継いだ内容がみられる。また，新律綱領・改定律例ともに条文が不存在の場合に他の条文を用いて裁くことができる「不応為」条が置かれるなど，罪刑法定主義が認められていないことや，新法（改定律例）が旧法（新律綱領）を改廃せず，二法典が同時施行されるなど，西洋近代法の原則とは相いれない部分も多い。しかしその一方で，改定律例においては逐条主義を採ったことや，懲役刑を導入したこと，遡及適用を原則的に禁止したことなど，一部に西洋法の影響を見て取ることができる。

　政府が本格的に西洋近代法の原則に基づく刑法の編纂に乗り出したのは，1875

第5章　日本における法の受容　47

年のことである。この年9月,「起案ノ大意」が定められ,そこには「欧州大陸諸国ノ刑法ヲ以テ骨子トナシ本邦ノ時勢人情ニ参酌シテ編纂スル」との方針が定められた。その後,刑法草案取調掛に任命された日本人の手で草案の起草が進められ,1876年4月には日本帝国刑法初案が作成されたが,不完全との理由で採用には至らなかった。政府はここで編纂方針を転換し,ボアソナードに起草を委ねるとともに,彼が起草した草案を元に,ボアソナードと日本人の編纂委員とが議論・修正を繰り返し,法案をまとめることになる。そして1877年11月,彼らの作業は日本刑法草案として結実する。

同年12月,太政官は刑法草案審査局を設けて,伊藤博文総裁のもと,日本人委員による審査・修正作業を開始した。この場では,「皇室ニ対スル罪」など,国家秩序の根幹にかかわる問題に大幅な修正が加えられ,1879年6月に刑法審査修正案がまとまった。同案を受けて1880年3月から元老院での審査が行われ,翌月に終了する。この段階でも,わが国に存在していた「妾」を親族として存置すべきか否かなど,激しい議論が交わされた。

以上の経緯を経て1880年7月17日に公布され,1882年1月1日から施行されたのが,刑法(現行刑法との関係で,「旧刑法」などと呼称される)である。同法はボアソナードが起草したこともありフランス刑法に拠っているが,折衷主義と呼ばれる彼の学説を受けて,ドイツ,ベルギー,イタリアなど各国の法を参照するとともに,自首条における刑罰の必要的減軽など,わが国の伝統的な法原則も一部に採り入れている。いずれにせよ同法は,罪刑法定主義や刑罰不遡及など,西洋近代刑法と基本的原則を共有するもので,泰西主義に基づくわが国で初めての体系的な法典であった。

3 民法

江戸時代のわが国では,民事に関する体系的な法令は存在せず,裁判以外の形での紛争処理が奨励されるとともに,その解決にあたっては地域の慣行も大きな影響を与えていた。明治時代に入ると,不平等条約,とくに関税自主権を回復するために民商法典の整備が急務であることは認識されたが,法整備のあゆみは刑法に比べて遅かったといえる。

明治初期において,例えば土地の取引や家族関係といった民事法の一部は,ときにフランス法を,ときに伝統法を基礎としながら個々の領域で単行法令と

して整備されていた。一方には法典化を目指す動きも存在し，司法卿に就任する前の江藤新平を中心とした1870年の民法会議（前節で触れた訳語をめぐる議論は，この場で生じたものである）や，江藤の主導する司法省，さらには1876年以降の司法省で，いくつかの草案が編まれている。しかし，これらはいずれも公布には至らなかった。

　民法の編纂作業が具体化するのは，1880年6月のことである。元老院議長の大木喬任（おおき・たかとう）が，自らを総裁とする民法編纂局を同院に開設し，草案の作成に取りかかった。財産法の部分をボアソナードが起草し，わが国の「習俗習慣」に関わる家族法の部分は日本人委員が担当することとなった。ボアソナードの起草部分については1886年3月に完成して内閣に提出され，執筆済みの部分から審議に回された。日本人委員が起草した家族法部分も1888年に完成している。1890年中には全編が公布され，1893年1月1日からの施行が予定された（なお，この時点で成立した民法を，現行民法との比較で「旧民法」と呼称する）。しかし，ここで法典論争が生じ，事態は急変する。

　法典論争とは，商法・民法の施行を断行すべきか延期すべきかをめぐって，官界・法学界や国会を舞台として生じた論争である。論争の渦中にあった穂積八束（ほづみ・やつか）が「民法出テ，忠孝亡フ」と題する論文を発表したことからも分かるように，この論争は，旧民法がわが国の道徳や伝統を顧みていないことを批判する形で展開された。しかし現在では，批判の対象となった家族法の部分は日本人委員が起草しており，かつ審議の過程でわが国の風習・制度にしたがって修正が加えられていたこと，フランス法派（フランス法を学んだ人々）が断行派に属す一方で，旧民法の施行によって不利益を受ける可能性のあったイギリス法派が延期派を形成していることなどが指摘されている。

　結果的に延期派が勝利し，1892年の帝国議会において両法典の施行は延期されることとなった。旧民法の施行延期を受け，1893年には内閣のもとに法典調査会が設置され，穂積陳重（ほづみ・のぶしげ），富井政章（とみい・まさあきら），梅謙次郎（うめ・けんじろう）の3人が民法起草委員に任命された。彼らが作成した草案は，1896年から1898年にかけて公布され，1898年7月にようやく施行されたのである。なお，施行された民法は，フランス法を参照した旧民法を基盤としつつ，パンデクテン方式を採用するなどドイツ法の要素や比較法的な知見も取り入れている。

第4節　不平等条約の改正と日本における西洋法の受容

　西洋法を継受した各種の法典が整備される中，1894年にわが国はまずイギリスとのあいだで日英通商航海条約を締結し，1899年の治外法権撤廃を約した。その背景としては，国内の法整備が進んだことも一因ではあるが，むしろ国際的要因，ロシアと対立して日本を自陣営に引き込みたいイギリスの意向も大きかったといえる。その後，他の西洋諸国とも同様の条約を結び，1899年に治外法権は撤廃される。奇しくもこの年には商法が施行され，六法のすべてが近代西洋法の原理のもとに完備されるに至った。なお，関税自主権も段階を踏んで回復するが，完全回復を達成したのは1911年のことである。

　以上みてきたように，不平等条約の締結から約半世紀を経て，わが国はようやく「文明」国の仲間入りを遂げた。なお，本章に記した苦闘を重ねながら，一方で，日本はアジアの周辺国に対して，自らに有利な形で不平等条約を結ぶなど，近代西洋法秩序のもと，自らも「文明」国として振る舞った事実もまた明記しておくべきであろう。

　また，本章でみてきたように，わが国は西洋法を受容したとはいえ，その母法は一様ではない。主だったものだけを掲げても，明治初年から1880年代前半まではフランス法が参照され，お雇い外国人の多くもフランスから招聘された。ところが，1880年代後半以降，政府や法学者がドイツ法の優位性を説き，わが国の法律もドイツ法を参照するようになると，専らドイツが模範とされる時代が訪れた。これにより，法学に限らずわが国の多くの学問がドイツから輸入されることになり，その傾向は第二次世界大戦の終結まで続く。さらに，本章の対象からは外れるが，日本国憲法をはじめ戦後のわが国で制定・改正された諸法律の多くがアメリカ法の影響を受けていることは周知の通りである。

　つまり，近代以降のわが国は西洋法を受容したとはいえその実態はパッチワークのような状態で，わが国独自の色を織りなしているのである。また，西洋から継受された法の中にも，わが国の法意識（法文化）や伝統的な法運用の影響を受け，母法とは異なる様相を示す部分が存在する。西洋法に触れてから150年に及ぶ歩みを経て，わが国に受容された西洋法は，着慣れた服のように自分の身の丈に合ったものとして，わが国に馴染んでいるものといえよう。

【参考文献】
出口雄一ほか編著『概説日本法制史（第 2 版）』弘文堂，2023 年。
伊藤孝夫『日本近代法史講義』有斐閣，2023 年。
高谷知佳・小石川裕介編著『日本法史から何がみえるか』有斐閣，2018 年。
川口由彦『日本近代法制史（第 2 版）』新世社，2014 年。
浅古弘ほか編『日本法制史』青林書院，2010 年。

(児玉圭司)

第3編

法の一般理論

第6章 法の存在形式

第1節 本章で学ぶこと

　第3編では，いわゆる「法の一般理論」につき，学習する。あらかじめ見取り図を示しておくと，本章で，さまざまな法の種類について，説明をする。その後，代表的な法である制定法を取り上げ，第7章ではその適用を，第8章ではその解釈を，第9章では，その効力を，それぞれ学習する。そして，第10章では，不文の法ともいうべき判例を取り上げ，その具体的な姿につき学ぶことにする（もっとも，判例を法に含めるべきかについては，学説のあいだで争いがある）。

第2節 さまざまな法の分類

1　さまざまな法

　一口に「法」といっても，さまざまなものがある。具体的には，国家の根本的なルールを定める憲法，国会が制定する法律，国家と国家との約束である条約，行政機関が定める政令と省令，国会や裁判所が定める規則，地方公共団体が定める条例，慣習法等々である。まずは，それらをどのように分類するかについて学ぼう。

2　成文法と不文法

　まずは，国家機関等により制定された「書かれた」法と，それ以外の「書かれていない」法とに区別することができる。前者を制定法，後者を不文法とい

う。憲法，条約，政省令，規則，条例は，成文法であり，慣習法は，書かれていないので，不文法である。後述のとおり，判例が法に含まれるかについては議論があるが，含まれると考える場合には，不文法として区分される。

　どちらの法を法制度の中核として位置づけるかについては，国ごとに違いがある。ドイツ，フランス等のいわゆる「大陸法」(Civil Law) 系諸国は，抽象的，体系的に整序された法律を制定し，このような制定法を，法の中心として位置づける。制定法は，分野ごとに体系的に整序され，民法典，商法典，刑法典といった「法典」を形作っている。このような国を成文法国または制定法国という。

　他方，イギリス，アメリカ等のいわゆる「英米法」(Common Law) 系諸国においては，逆に，不文法である「判例」を中心的な法と位置づける。大陸法系の諸国が，あらかじめ仮想的な事態を想定した法文を用意し，それに当てはめて，演繹的に事件を解決するというアプローチを取るのに対し，英米法系諸国においては，はじめから「一般論」を想定せず，あくまでも帰納的に，裁判所の過去の判決を先例として尊重し，具体的事例を積み重ねて，一歩一歩推論していくというアプローチをとる。もちろん，英米法の下においても，おびただしい制定法が存在する。ただあくまでも，中心は判例「法」なのである。

　わが国の法制度は，明治期に，最初はフランス，次にドイツの法制度を継受したところから，大陸法系に属する。したがって，法律を中心とした成文法が，法の中核をなす。実際，憲法典，民法典，商法典以下，各種の法典が整備されている（基本的な法典を，俗に「六法」という）。ただ，第二次世界大戦後，わが国は，いくつかの法分野で，大幅に英米法（とくにアメリカ法）を継受し，それに伴い，判例を重視する英米法的思考が，入ってきた。その結果，わが国においても，「判例」を法（判例法）として位置づけるべきであるとする見解も有力に主張されるに至っている。本書では，判例が法か否かという議論はさておき，実務上，成文法の隙間を埋める判例の重要性は否定できないという観点から，判例の「読み方」について，説明することとする。

3　その他の法の区別

　その他にも，次のような区別がある。
　(ア)　法の効力が及ぶ範囲による区別

強行法と任意法,一般法と特別法等である。これらは,第7章で学ぶことになる。

　(イ)　法の成立史料を用い法制史的側面からの区別（固有法と継受法）

　わが国は,フランス法,ドイツ法,アメリカ法を継受したので,わが国の法は,継受法ということになる。詳しくは,第2編第4章・第5章で学んだところを参照されたい。

　(ウ)　法の内容を基準とした区別

　これには,次のようなものがある。

　(a)　実体法と手続法

　法律のなかには,権利義務の「中身（コンテンツ）」を規定しているものと,それを実現するための手続について規定しているものがある。前者を実体法,後者を手続法という。例えば,私たちのあいだの権利義務関係の存否について規定するのが実体法である民法,商法であり,その権利義務を実現するための手続について規定しているのが,手続法である民事訴訟法,民事執行法,民事保全法といった法律である。犯罪と刑罰の中身を規定するのが実体法である刑法であり,その刑罰権が発動されるための手続について規定するのが手続法である刑事訴訟法である。もっとも,時として,かかる区別は相対的なものでありうる。例えば,倒産につき規定する破産法,民事再生法,会社更生法は,いかなる場合に倒産と評価されるかという実体面を規律する実体法部分と,倒産手続を規律する手続法的部分を併せ持つ法律である。

　(b)　公法と私法の関係

　公法と私法の区別は,行政法の重要問題であり,さまざまな見解が主張されている。ここでは,学びはじめの読者に,イメージをつかんでいただくために,ザックリと概要を説明する。国家と私たち人間（法律用語では「私人」という）の関係（いわば垂直的関係）を規律するのが公法であり,私たち私人間の相互の関係（いわば水平的関係）を規律するのが私法と理解してよい。前述した民法や商法は,私法の典型であるし,憲法,刑法は,国家と私人との関係を規律するので,公法である。

　ここで注意すべき点が2点ある。第一に,民事訴訟法,刑事訴訟法といった手続法は,国家が運営する裁判についての法なので,公法であることである。

　第二に,労働法,社会保障法,経済法といった,公法・私法の二分論で截然

と分けることができない中間的法領域が登場してきていることである。

（ｃ）　民事法と刑事法

民事法とは，私人間の法律関係に関わる法である。民法，商法が民事法なのはもちろんであるが，民事訴訟法等の民事手続法も，民事法のカテゴリーに入る。

他方，刑事法とは，刑法，刑事手続法など，国家の刑罰権に関わる法領域である。民事法，刑事法とは，正確な法律用語ではなく，実務上の便宜からの区別にすぎない。

第3節　法の存在形式

1　法源について

次に，さまざまな形で存在する「法」について，具体的に紹介する。「法」は，次に述べるとおり，多様な形で存在する。このような「法の存在形式」のことを「法源」というので，この機会に覚えよう。法学を学んだ後，民法，刑法等の個別の法律について勉強していくことになるが，それらの教科書の冒頭には，大体「〇〇法の法源」という項目が置かれ，〇〇法を構成する具体的中身が紹介されている。例えば，民法の法源についていうと，形式的意義と実質的意義に大別され，前者は「民法典」を指すが，後者は，民法典の他，借地借家法等，おびただしい民事特別法をも含む，といったように。以下では，便宜上，成文法と不文法に分けて説明する。

2　成文法

2-1　憲法

国家の根幹をなす事項を定めた法を憲法という。多くの国と同様，わが国も，成文法としての「憲法典」を有しており，それが日本国憲法である（詳しくは，第4編第11章以下を参照）。日本国憲法は，「国の最高法規であって，その条規に反する法律，命令，詔勅及び国務に関するその他の行為の全部又は一部は，その効力を有しない」（憲法98条）。憲法は，憲法の最高法規性を実効あらしむるため，裁判所に対し，違憲立法審査権（一切の法律，命令，規則または処分が憲法に適合するかしないかを決定する権限）を与えている（憲法81条）。そして，

最高法規である憲法については，通常の法律よりも，より厳格な改正手続が必要とされている（憲法96条）。このように通常の立法手続よりも，より厳格な改正手続を有する憲法を「硬性憲法」という（その逆に，通常の法律と同様の手続で改正されうる憲法を，「軟性憲法」という）。日本国憲法は，硬性憲法の典型とされている。

2-2 法律

次に，法律をみてみる。ここでいう法律とは，形式的意味の法律をいう（実質的意味の法律（法規）が何を指すかについては，学説のあいだで争いがある。詳しくは，憲法の講義で学んでいただきたい。第4編第14章を参照）。「法律」とは，国会の議決を経て成文の形式で制定される国法形式の1つである。憲法41条は国会を「国権の最高機関であって，国の唯一の立法機関である」と規定している。法律は，国会だけで作られるものであり，他の行政機関などの関与を必要としないということである。法律は，衆参両議院を経て制定される（憲法59条）。

2-3 命令

命令とは，各行政機関が制定する法形式で，政令，省令などがこれに当たる。命令は，法律の範囲内において制定される。命令は，執行命令と委任命令がある。執行命令とは，法律または上級の命令を執行するための命令である。委任命令とは，法による委任に基づき制定される命令である。委任命令の効力は，法律と同一である。

法律で細分化して規定すると，法律は改正が容易ではないことから，命令に委任することが，行政法の分野では多い。ただし，命令は，法律の委任がある場合を除いて国民に罰則及び義務を課し，もしくは権利を制限する規定を設けることは許されていない（憲法73条6号）。

2-4 規則

規則とは，広義の意味で人の行為の準則であるが，ここでいう規則とは，各庁の長官や各委員会の長が発する1つの法形式のものであり，当該機関内部にしか効力を及ばず，対国民的な効力は及ばないと考えられている。

具体的には，議院規則，最高裁判所規則，会計検査院規則，人事院規則，府や省におかれる委員会の規則，地方公共団体の規則等の規則がある。

2-5 条例
条例とは，地方公共団体が制定する法形式である。地方公共団体は，自治立法権が保障されており（憲法94条），条例により規定される事項は，法律の範囲内において制定することができる。

2-6 条約
条約とは，主に国際法上の主体である国家間において，締結され合意を得たものである。わが国の条約締結権は内閣が有している（憲法73条3号）。

2-7 相互の優劣関係
上記に述べた各成文法の優先・劣後関係であるが，簡単に述べると，憲法＞法律＞政省令＞条例となっている。ただ，具体的にみていくと，込み入った議論がある。この点については，第3編第7章を参照されたい。

3 不文法
3-1 成文法との違い
不文法とは，国家の立法機関により法令として公布された以外のすべての法規範をいう。不文法は，文章で書かれていないことが多いが，後にみる判例のように，必ずしもそうとは限らない。不文法は，公布されている成文法とは異なり，存在，内容について認識することが難しい。その点では不便である。一方，不文法は，成文法が流動性に富む現実の社会生活を規制するのに対応できない場合，補充的に個別・具体的な事案を解決することができるという長所も有する。

3-2 慣習法
(1) 慣習法とは

慣習とは，社会において伝統的に広く承認され反復継続して行われる事実的な行為のことをいう。その内，人々から法規範として認識されるようになって

きた慣習ができ，さらに国家がそれを承認するとこれらを慣習法と呼ぶ。

　慣習が段階的に法規範性を帯びていき慣習法を形成するのであるが，どの段階で慣習法となるのか，その線引きが難しく議論が分かれうる。

　大陸法系に属するわが国は，成文法優先主義を原則としているため，慣習法には成文法に規定のない事項について補充的に慣習法の効力が認められる。その補充的な慣習法の射程範囲及び法的効力をどの程度持たせるかについて，わが国では，成文法によって規定がある。法の適用に関する通則法3条は「公の秩序又は善良の風俗に反しない慣習は，法令の規定により認められたもの又は法令に規定されていない事項に関するものに限り，法律と同一の効力を有する」と規定し，慣習法は法令に明示的に認められた場合，法令に規定が欠如している場合に取り扱うことを定めている。制定法が慣習法の存在を認めている例として，入会権（民法263条・294条），永小作権（民法277条），慣行水利権（河川法87条）等を挙げることができる。

（2）事実たる慣習

　なお，慣習法に関連し，「事実たる慣習」というものがあるので説明しておく。当事者が，単に行為規範として行う慣習についてこれに従う意思を有する場合，効力を付与するというものがある。わが国においては，民法92条「法令中の公の秩序に関しない規定と異なる慣習がある場合において，法律行為の当事者がその慣習による意思を有しているものと認められるときは，その慣習に従う」と規定している。この事実たる慣習は，時に，慣習法より強い効力を有することがある。商法1条2項は「商事に関し，この法律に定めがない事項については商慣習に従い，商慣習がないときは，民法の定めるところによる」と定め，商事に関する慣習が，成文法である商法にない場合，優先することを明記している。さらに商事に関する慣習が，民法典よりも優先的に効力を認めているのである。これは，商行為での慣習が合理性を有し実社会の経済を円滑にするための要求に応えるためのものであるからである。

（3）慣習法が排除される法領域

　一定の法分野においては，慣習法の存在が排斥される。刑罰権の発動に関わる刑事法では，人の自由，生命，財産を剥奪することから，近代刑法の大原則で

ある罪刑法定主義に基づいて，法律等の成文法での形式を採っているため，不文法である慣習法の入る余地は原則ない（慣習刑法の禁止）。この点については，第7編第26章を参照されたい。

　また，直接に国民の権利義務に関して影響を及ぼす租税法においては，新たに租税を課したり，租税を変更するには，法律または法律の定める条件によることが必要であり（憲法84条），慣習法が適用されうる余地はない。

3-3　判例
(1)　判例の法源性

　判例とは，裁判において具体的事件における裁判所が示した法律的判断のことである（より正確には，最高裁判所が示した法的判断（先例）を「判例」といい，下級審の判決をも含めるときには，「裁判例」といい，これを区別する）。

　イギリス法，アメリカ法においては，判例が法規範の中核を担い，成文法は，判例法に優先するものの，あくまで判例法を補完する役割を持つものとされており，判例が法源性を有することは，当然のこととされている。

　しかしながら，わが国のように成文法優先主義を採る法体系を有する国においては，判例が法源に含まれるかについては，争いがある。ただし，判例の法源性を否定する場合でも，その事実上の拘束力は，異論なく認めている。したがって，結論的には大した違いはないといいうる。

　少なくとも，裁判実務上，判例は，法源的地位を有するといっても過言ではない。

(2)　判例になる部分

　裁判所が下した判決書のすべてが，先例として「判例」を形作るわけではない。判決書のうち，核心部分（レイシオ・デシデンダイ：ratio decidendi）のみが，判例として，後に続く判決を拘束する。何が，レイシオ・デシデンダイかは，それ自体解釈の問題である。この点については，第10章第3節1及び同章末尾コラム②を参照されたい。

　なお，レイシオ・デシデンダイに含まれない部分を，ラテン語でオビタ・ディクタム（obiter dictum・傍論）という。この部分は，判例を構成しない。

3-4 条理

　条理とは，社会生活における理念，事物自然の原理に適合する法律関係を示すと定義できる。ごく簡単には，道理，正義に適う社会常識であるといえる。

　条理につき，わが国においては，裁判事務心得（明治8年6月8日太政官布告第103号）第3条「民事ノ裁判ニ成文ノ法律ナキモノハ習慣ニ依リ習慣ナキモノハ条理ヲ推考シテ裁判スヘシ」と定めている（ちなみに，この規定は廃止されていない）。

　より分かりやすい同旨の規定としてスイス民法の規定を挙げておく。
1907年制定スイス民法1条
①文字上または解釈上この法律に規定する法律問題に関してはすべてこの法律を適用する。
②この法律に規定がないときは，裁判官は慣習法にしたがい，慣習法もまた存在しない場合には，自分が立法者ならば法規として設定したであろうところにしたがって裁判しなければならない。
③前2項の場合において，裁判官は確定している学説及び先例に準拠しなければならない。

　条理は，それ自体が「法」として適用されることはない。ただし，公序良俗（民法90条）等の一般条項の解釈に当たって，参照されることはあり得るであろう。

【参考文献】
田中英夫『実定法学入門（第3版）』東京大学出版会，1974年。
利光三津夫『法学―法制史家のみた（追補版）』成文堂，2010年。
ヴィノグラドフ，P・Gほか『法における常識』岩波文庫，1972年。

（松嶋隆弘・荒川　卓）

第7章

法の適用

第1節 法と他の規範

　前章において，私たちは，法はさまざまな形で存在していること，制定法国であるわが国においては，そのなかでも，国会が制定した制定法（法律）が，もっとも典型的かつ重要な法であることを学んだ。

　既にみたとおり，社会を統制する規範には，さまざまなものがあり，それらと法とは，部分的に重なることがある。また，法とそれらの他の規範とが明確に分離していなかった古代においては，法と他の規範とはなお一層分かちがたく結びついていた。例えば，太古の昔，罪の有無は，神慮を伺うという方法で決められてきた。世界各国の古代から行われている神判と呼ばれるものである。わが国における代表的な神判の方法には，「くがだち」（盟神探湯）または「うけいゆ」（誓湯）と称される行為があった。これらは，原告となる者と被告となる者の両者の手を熱湯の中に入れ，その手が火傷した程度や具合により，有罪か無罪かを判断するという方法である。

　今日においては，そのような非科学的な方法は，過去のものである。そして，他の紛争規範による解決と異なり，法による紛争解決は，裁判という手続を介し，国家権力による強制力が働くという点で，きわだった特徴を有している（第2編第3章参照）。

　私たちは，本章では，制定法国であるわが国において代表的な法である制定法，すなわち「法律」について，その適用の方法とルールを学んでいく。

第2節　制定法の構造

1　法律の構造 ― 権利義務の体系 ―
1-1　要件・効果の関係 ― 殺人罪を例にとって ―

はじめに，制定法の適用を考える前提として，法律がどのような形で書かれているかについて，みておこう。学習者にとっての分かりやすさを考え，殺人罪（刑法199条）を使い，説明する。

【殺人罪】刑法199条
　人を殺した者①は，死刑又は無期若しくは5年以上の拘禁刑に処する②。

殺人罪につき規定する刑法199条は，前半部分（アンダーライン①）と後半部分（アンダーライン②）に，分かれており，「①は，②である」と規定されている。②の部分は，他の条文（刑法12条1項）で，「拘禁刑は，無期及び有期とし，有期拘禁刑は，1月以上20年以下とする」とされているので，正確には，「死刑又は無期若しくは5年以上20年以下の拘禁刑に処する」と理解されなければならない。

さて，①と②を対比して，次のことに気がついてほしい。第1に，「①ならば②である」として，①は，②という結果を導くための「必要条件」になっていることである。法律の世界では，「必要条件」を縮めて「要件」という。そして，法律の問題が書かれているので，①を「構成要件」または「法律要件」と呼ぶ。刑事法の世界では，構成要件といい，民事法の世界では，法律要件と呼ぶ。ただ，元になったドイツ語は同一なので，同じものといってよい。ちなみに，②は，法律効果というので，あわせて覚えておこう。

第2に，①は，人を殺したという「事実」について規定しているのに対し，②は，権利義務関係（殺人罪の場合，前に述べた範囲で，国家の刑罰権に服するということ）について規定していることである。

1-2　他の具体例

私たちがこれから学んでいく法，とりわけ制定法である法律は，原則として，

前述のような「要件・効果」の構造になっている。他の例として消費貸借についてみてみよう。

> 【消費貸借契約】民法587条
> 　消費貸借は，当事者の一方が種類，品質及び数量の同じ物をもって返還をすることを約して③-1相手方から金銭その他の物を受け取ること③-2によって，その効力を生ずる④。

　消費貸借とは，要は，お金の貸し借りに関する約束ごとである。借主は，借りたお金（例えば100万円）「そのもの」は使ってしまうが（消費），それとは別の同種同等のお金（100万円）を返済するので，消費貸借というのである。消費貸借の要件は，「当事者の一方（借主）が，返還をすることを約すること」（アンダーライン③-1），「相手方（貸主）から金銭その他の物を受け取ること」（③-2）の2つである。効果（アンダーライン④）は，「その効力を生ずる」と簡単だが，要件③-1のなかに「返還をすることを約し」と書いてあるので，「（貸主が借主に対して）返還を請求できる」ということである。

2　権利・義務と要件・効果・法律

　制定法国であるわが国においては，民事（人と人とのあいだのもめ事）であれ，刑事（国家が人に対し刑罰権を行使する関係）にせよ，あまねく法律を網の目をめぐらすように規定しようとしている。法律とは，人と人の関係，人と国との関係，人と物との関係などありとあらゆる関係を，法律上の「権利義務」の関係として，規定しようとするものであるといってよい。そして，法律上の権利義務は，最終的には，国家が運営する「裁判」により判定され，その結果，存在するとされる権利義務は，国家の手によって強制的に実現される。殺人罪の場合であれば，人を殺した者は，殺人罪で有罪とされれば，意思に反してでも死刑を含む刑罰によって処断されるし，消費貸借であれば，貸主は借主に対し，消費貸借に基づく貸金返還請求の民事裁判をおこすことができ，裁判の結果，当該権利（消費貸借に基づく貸金返還請求権）があるとの判決が下され（原告勝訴），その判決が確定した場合，貸主は借主に対し，強制的に貸したお金を取り立てることができる（民事執行）。

第7章　法の適用　65

ここで，問題は，いかなる場合に，権利・義務が「ある」（または「ない」）と判断されうるのかということである。権利といっても義務といっても，土地や建物のように「物理的に存在」するものではなく，社会が（社会は人の集まりであるから最終的には人間が）「頭のなかでこしらえた」ものにすぎない。難しくは，「観念の所産」という。有り体にいえば，「頭のなかでこしらえた」空想の産物であるから，そもそも「ある」（または「ない」）こと自体がフィクションである。つまり，私たち人間は，権利・義務そのものを「直に」取り扱うことができないのである。

　そこで，私たちは，フィクションである権利・義務に，もう1つフィクションを重ねることにした。つまり，「一定の事実」があれば，「一定の権利・義務」が「ある」（または「ない」）ものとして取り扱おうとしたのである。前者が，法律要件（または構成要件）であり，後者が，法律効果であり，前者と後者の対応関係を明示するのが，法律である。

　観念の所産である権利・義務は，そのままでは取り扱うことができないが，その代替物である法律要件は，「事実」であるので，「あるなし」の判断をなすことが可能である。そして，「あるなし」の判断を行う手続として，用意されたのが，裁判なのである。

第3節　制定法の適用

1　制定法の適用とは

　制定法の構造を理解したところで，いよいよ本題である制定法の適用について，勉強していこう。制定法の適用は，一口でいうと，問題とされている制定法上の権利・義務の有無を判断するために，その要件である事実をどのように認定するかということである。

2　法的三段論法

2-1　意義

　法の適用を学ぶうえで，まず肝心なのは，原則である「法的三段論法」について，正確に理解をすることである。三段論法とは，論理学における，論理的・演繹的推論方式の1つであり，具体的には，下記のようなものである。

【三段論法の例】
　大前提：すべての人間は死すべきものである。
　小前提：ソクラテスは人間である。
　結論：　ゆえにソクラテスは死すべきものである。

「すべての人間は死すべきものである」という大前提に，具体的な「ソクラテスは人間である」という小前提を当てはめると，結論として，「ソクラテスは死すべきものである」という結論が，論理的・演繹的に導き出される。

2−2　殺人罪に関する具体例

法的三段論法は，法的な結論を出すうえで，この三段論法を用いようとするものである。具体例として，次のような事例を考えてみよう。これは，殺人罪（刑法 199 条）に関する簡単なケースである。

【設例 1】
　Aは，かねてから恨んでいたBをなきものにしようと考え，Bを人気(ひとけ)がない場所に呼び出し，Bを油断させ，Bがたまたま油断して後ろを向いた隙に，あらかじめ所持していたハンマーで，Bの後頭部を思い切り殴りつけた。これによりBは，死亡した。

2−3　法的三段論法における大前提──法規の発見──

法的三段論法も三段論法であるから，大前提，小前提，結論といった推論の経過をたどる。まず，大前提であるが，法的三段論法における大前提は法規である。そこでわが国の法律をみてみよう。幸いにして，わが国は，成文法国であり，主要な法律は，法律として明文化されている。しかも，六法全書という便利な書物（主要な法令が「六法」というコンパクトな書物にまとめられているのは，諸外国に見られないわが国の特色であるといってよい）やインターネットのデータベースが利用可能である。大前提である法規の発見は，これらを利用して見つけることができる。試みに，六法全書を参照してみると，殺人に関し，刑法

第 7 章　法の適用　67

は，次のような規定をおいている。

> 【大前提】　殺人に関する刑法の規定
> 199条　　人を殺した者は，死刑又は無期若しくは5年以上（20年以下の）の拘禁刑に処する。
> 38条1項　罪を犯す意思がない行為は，罰しない。ただし，法律に特別の規定がある場合は，この限りでない。

　殺人罪に関し，刑法199条は，「人を殺した者は，死刑又は無期若しくは5年以上の拘禁刑に処する」旨規定している。加えて，刑法38条1項本文は，「罪を犯す意思」，すなわち故意がない行為は，原則的に罰しない旨規定する（故意がなくても，過失があれば，別の犯罪（過失致死罪，刑法210条・211条等）として処罰されるが，話を簡単にするため，ここではこれ以上踏み込まない）。したがって，殺人に関する大前提は，「①故意をもって，②人を殺した者は，死刑又は無期若しくは5年以上の拘禁刑に処する」ということになる。

2-4　小前提 ― 事実の認定 ―

　続いて，小前提であるが，法的三段論法における小前提は，事実である。設例において必要な事実は，Aが，①故意をもって，②Bを殺したということである。事実は，証拠によって認定される必要がある。

> 【小前提】　殺人に関する事実の認定
> 　Aは，故意をもって，Bを殺した。

　大学においては，法学部であれ，他学部・短大であれ，法学の講義は，もっぱら「法規」について取り扱う。しかし，裁判実務では，むしろ，この小前提である「事実」の認定が争点として激しく争われることが多い。
　説例に戻ると，まず，②についてだが，Bの遺体が司法解剖され，死因が特定されたうえで，客観的証拠として，訴追官である検察官から裁判所に証拠として提出されることになろう。
　ついで①である。B殺害に関するAの故意（殺意）は，本来主観的なものだ

が，裁判では，Aの自白に頼らず，客観的な証拠によって，認定されなければならない。一般的には，後頭部を鈍器で殴りつけるという行為は，殺意を推認させるであろう。実際には，前記司法解剖の結果，打撲に際してハンマーが振り下ろされたスピードが推測され，そのことから，Aが「思い切り」Bの後頭部をハンマーで殴りつけたことが認定され，結果として，「殺意」が事実として認定されるのである。

2−5　法的三段論法における結論

結果として，法的三段論法とは，下記のようなものとなる。

【三段論法の例】
大前提：故意をもって，人を殺した者は，死刑又は無期若しくは5年以上
　　　　（20年以下の）の拘禁刑に処する。
小前提：Aは，故意をもって，Bを殺した。
結論：ゆえにAは，死刑又は無期若しくは5年以上の拘禁刑に処せられる。

2−6　法の適用の実際

　以上のとおり，法的三段論法による法の適用は，機械的であり，一見すると法の適用はきわめて簡単な作業のようにみられる。しかし実際はそのようなものではない。法の適用は，あくまでも法による紛争解決のためになされるものであり，大事なのは結論である。具体的な事案の解決に当たり，何よりも大事なのは，「妥当な解決」である。実際の裁判をみると，法的三段論法の建前とは逆に，妥当とされる「結論」から逆算して，大前提である法規，小前提である事実を「操作」しているのではないかと思われる事案に多々接する。

　つまり，大前提（法規）も小前提（事実）も，数学でいう「定数」でなく，「変数」であり，「適宜伸び縮み」しうるのである。法的三段論法による法の適用は，実際には，最終的に結論を出した後で，もう一度「検算」するときの道具であるといってよいのかもしれない。

　ただ，学習者にとっては，まずはきちんと建前である法的三段論法のロジックを習得することが，重要である。

なお，前提の「伸び縮み」とはどういうことかについては，大前提である法規の「伸び縮み」のやり方を「法の解釈」として，第8章で学んでいくことになる。小前提である事実の「伸び縮み」の方法は，いわゆる事実認定の手法であり，多くの場合大学では学ばない。法科大学院及び司法試験合格後の司法研修所における司法修習で学ぶこととされている。事実認定は，学問というよりも，「実践知」であり，大学における「座学」に適さないからである。実際の実務においては，法的争点の多くは，小前提である事実認定上の問題である。ただ，学習者としては，まずは，「座学」において，大前提である法の「伸び縮み」の仕方を，「法の解釈」としてきちんと学んでほしい。

第4節　法の適用に関するいくつかのルール

　法の適用に関連して，便宜的だが，法の適用に関するいくつかのルールについて説明しておく。

1　制定法の適用における優先関係(1)── 制定法間の上下関係 ──
1-1　原則
　制定法といっても，さまざまなものがあり，しかもそれらには，優先・劣後関係があるのが通常である。例えば，国の基本的ルールを定める憲法は，国会が制定する法律に優先するが，法律は，国会が制定しているので，行政機関が制定した政省令や，地方公共団体が制定した条例よりも優先する，といった具合である。

　図式的には，次のようになる。

憲法　＞　法律　＞　政省令　＞　条例

　これらは，上位の法は，下位の法に対し，ルールを制定する権限を与えている（授権規範）と同時に，ルールを制定する際の限界を定めているもの（制限規範）と理解されるのである。

　もっとも，具体的な場面では，優先・劣後関係の判断に迷う場面も多い。その例として，いくつかを挙げておこう。

1-2 憲法と条約

条約とは，国家間の合意である。条約にはさまざまな種類のものがあり，単に国家を拘束するにすぎないもののみならず，私人をも拘束する条約も存在する（例えば，国際的な動産売買に関し規定する，ウィーン売買条約等（国際物品売買契約に関する国連条約：United Nations Convention on Contracts for the International Sale of Goods：CISG）」等）。

条約は，国際協調主義（憲法98条2項）を定める日本国憲法の下では，法律に優先して適用されるものと解されている。

それでは憲法と条約の関係はどうであろうか。この問題に関しては，学説が対立し，条約が優先するとする見解と憲法が優先するとする見解（通説）とが，それぞれ主張されている。一般的な条約の場合についていうと，憲法が優先すると解するべきであると思われる（そうでないと，厳格な改正手続を定める憲法が，条約締結により簡単に踏み越えられてしまうことになり，妥当でない）。ただ，ごく限界的場面では，国家の主権をも制約する，すなわち憲法にも優先する条約も想定しうる。例えば，わが国が受諾したポツダム宣言や，EU統合に関する条約等である。

1-3 法律と条例

法律と条例とのあいだでは，法律がより上位であるので，両者間に矛盾があれば，法律の規定が優先する。問題は，なにをもって「矛盾」というかである（これ自体も第8章で学ぶ「解釈」の問題である）。具体例として，上乗せ条例を挙げておこう。上乗せ条例とは，法律で規制されているものと同一の対象について，法律よりも厳しい基準を課す条例のことである。一見すると，条例が法律に違反して，無効と思われがちである。現にそのように解する見解もある。

しかし，最高裁は，そのようには考えなかった。徳島市公安条例事件（最判昭50・9・10刑集29・8・489）において，最高裁は，「条例が国の法令に違反するかどうかは，両者の対象事項と規定文言を対比するのみでなく，それぞれの趣旨，目的，内容及び効果を比較し，両者の間に矛盾抵触があるかどうかによってこれを決しなければならない」と述べ，当該条例につき，法との抵触は生じていないものと結論づけた。最高裁の立場は，多数説からの支持を受けている。

2 制定法の適用における優先関係(2) ── 同位の制定法間の関係 ──

2-1 はじめに
次に，同位の法のあいだの優先関係について，みておこう。次の2つの原則につき，留意してほしい。

2-2 一般法と特別法
一般法，特別法といっても，両者の関係は相対的なものであるので，厳密に定義することはできず，さしあたり，より広い範囲で適用される法律が一般法，より狭い範囲で適用されるものが特別法と理解しておこう。

両者の関係であるが，「特別法は一般法に優先する」とされている。一般法は，原則的なルールを規定するものであるのに対し，特別法は，特別な場面を取り上げて，その場合における特別なルールを規定するものであるので，このような場面においては，そのためのルールである特別法が優先するのである。例えば，民事に関し，民法は一般法，商法は特別法とされ，商法が優先的に適用される（商法1条2項）。ただ，区分は相対的であることに注意しなければならない。例えば，広い意味で商法に属する会社法は，基本的には，民法の特別法であるが，会社に関する刑事罰についても規定しており（会社法960条以下），この部分は，刑法の特別法となる。

2-3 前法と後法
次に，両法が，一般法・特別法の関係に立たない場合のルールとして，前法・後法の関係について説明する。この場合，後に作られた法が前に作られた法に勝り適用される。いわゆる「後法は前法を破る」というものである。制定時期の前後により，法令間で効力に差別をつけるというわけである。現在のわが国においては，後法制定時に前法の廃止を明確に規定するので，あまり問題にならないが，法体系を異にするアメリカ，イギリスなどの判例法の国においては，廃止にはならず，前法と後法の関係を明らかにするのが重要になる。なお，わが国の律令時代は，前法を廃止することなく後法を制定していた。

3 制定法の適用を排除できる場合 ── 強行法と任意法 ──
強行法とは，当事者の意思にかかわらず適用される法であり，任意法とは，

当事者の意思で排除することができる法である。そもそも法規範と呼べるものは，必ず強行性を有していることは既に学んだと思う（詳しくは第2編第3章を参照）。国の定めた法令に規定があるにもかかわらず，当事者の意思のいかんにより排除できる任意法の性格について疑問となるであろう。

　すべての法規範の強行性は，一律の強行性を有しているのではなく，規範の種類により絶対に遵守されなければならないものから，遵守する方が望ましいというものまでさまざまな段階がある。言い換えるならば，強く遵守しなければならないのが，強行法であり，遵守する方が望ましいのが，任意法といえる。

　例えば，物の売買や賃貸借の契約を考えてみると，原則自由に契約内容を定めることができ，民法の規定に反した契約も可能である。

　ただし，国家が物の売買や契約についての要素を検討し作成した民法を無意味に離れた契約をするというのは，合理性に欠け，問題が発生する事態に陥ってしまう。そのため，この場合，民法に遵守した売買や契約を締結したほうが好ましいのである。

　最後に，強行法と任意法の区分は，大体公法と私法の区分に一致する。つまり，公法は強行法，私法は任意法であるが，私法である民法でも，制限行為能力者制度，物権，親族・相続の規定は強行法が多い。債権についての規定はほとんどが，任意法である。

【参考文献】
瀧川政次郎『日本法制史（上）』講談社学術文庫，1985年。
林修三『法令解釈の常識』日本評論社，1975年。
林修三『法令用語の常識』日本評論社，1975年。

（松嶋隆弘・荒川　卓）

第8章 法の解釈

第1節 法の解釈とその必要性

われわれが生活している社会においては，日々多くの，そしてさまざまな問題が発生している。当事者間で問題が解決されればそれまでであるが，もし当事者間で問題の解決が困難となった場合，その問題を解決するために法をはじめとした社会規範は存在する。

わが国では制定法を採用している（英米のように判例法を採用している国もある）ため，できるだけ多くの問題を解決できるように各条文は技術的に一般的・抽象的な形（成文法）で規定されている。したがって，個別具体的な事件に対しては，かかる成文法を解釈して当てはめる必要が生じてくる。

ここに，法の解釈とは，法律などの文言，その意味内容を明らかにして，具体的事実に当てはめ明確化する作業をいう。

第2節 法解釈の方法・種類

法の解釈方法・種類を大まかにまとめると下表（表8－1）のとおりである。

表8－1 解釈方法種類一覧

1. 有権解釈	2. 学理解釈	3. その他
① 立法解釈 ② 司法解釈 ③ 行政解釈	④ 文理解釈 ⑤ 論理解釈	⑥ 目的論的解釈 ⑦ 歴史的解釈 　　　　　　　など

1　有権解釈

　有権解釈とは，国家機関によってなされる法の解釈であり，拘束力を持つ。具体的には，①立法府である国会による解釈（立法解釈），②司法府である裁判所による解釈（司法解釈），そして，③行政府である内閣による解釈（行政解釈）を指す。

1-1　立法解釈

　立法解釈とは，立法の方法により行われる解釈をいう。具体的には，法文の意味内容を確定する法規・規定については，立法者（国会）によって制定されるため，その趣旨や目的に照らして判断する作業，またはその結果を指す。

1-2　司法解釈

　司法解釈とは，裁判所の判決によって行われる解釈をいう。具体的には，司法機関である裁判所が，個別具体的な事案において下す判決を通して法文について解釈を行うことである。なお，わが国は三審制を採用しており，上級審の裁判所の裁判における判断は，その事件について下級審の裁判所を拘束する（裁判所法4条）。

1-3　行政解釈

　行政解釈とは，行政官庁によって行われる解釈をいう。具体的には，行政官庁が法を執行するにあたり，自発的に行う解釈，または上級官庁が下級官庁に対して行う回答・訓令・通達・指示などの形式で行うものを指す。これらの解釈は，下級官庁を拘束し，また，行政行為を執行する際に直接国民を規律することとなる。ただ，訓令や通達は，行政機関内部での命令であるため，法としての性質は有しておらず，政令や省令といった命令が法律の委任を受けて法律用語の解釈をした場合などを除いて，国民や裁判所を直接拘束するわけではない。

2　学理解釈

　学理解釈とは，法の意味内容につき，学問的立場から解釈するものである。そのため，有権解釈のように，解釈それ自体が直接法的な拘束力を有するわけ

ではないが，司法解釈や行政解釈に取り入れられたり，立法の過程で法に取り入れられたりするなど，間接的に影響を及ぼす可能性を有している。

学理解釈は大きく文理解釈と論理解釈に分かれる。

2-1 文理解釈

文理解釈とは，制定法の法文につき文言に忠実に解釈するものである。したがって，法文における文字や文章につき制定当時の意味内容に従い言語的に解釈する必要がある。ただ，字義通りの解釈に拘泥し，法文の文言にとらわれすぎると，かえって柔軟性を欠いた硬直的な解釈しかできず，問題の適切な解決につながらない可能性もある。

また，成文法に使用されている特有の技術的性格を有する法令用語は，その使用上の約束または慣例に従って解釈する必要がある点に留意が必要である。

以下に，技術的性格を有する法令用語とその使用例をいくつか例示することとする。

（1）「又は」と「若しくは」

「又は」と「若しくは」は，どちらも選択的接続詞として使用される。選択的に段階なく並列された語句を接続する場合には「又は」が用いられる（例えば，A又はB）。同じ種類の語を2以上並べるときは，読点を用いて最後に「又は」を使用する（例えば，A，B又はC）。

一方，選択される語句に段階を設けるときは，小さな選択的接続に「若しくは」を用い，大きな選択的接続には「又は」を使用する。例えば以下のとおりである。

$\boxed{\text{A 若しくは B}}$ 又は C

$\boxed{\text{A，B 若しくは C}}$ 又は $\boxed{\text{D 若しくは E}}$

$\boxed{\text{A 若しくは B}}$ 若しくは C 又は D

（2）「及び」と「並びに」

「及び」と「並びに」は，どちらも2つ以上の文言をつなぐ並列的接続詞として使用される。結合される語が同じ種類や，同じレベルのものを単純，並列的に接続する場合には「及び」が使用される（例えば，A及びB）。同じ種類の

語を 2 以上並べるときは，読点を用いて最後に「及び」を使用する（例えば，A，B 及び C）。

一方，結合される語句に段階を設けるときは，小さな結合的接続に「及び」を用い，大きな結合的接続には「並びに」を使用する。例えば以下のとおりである。

　　　A 及び B 並びに C
　　　A，B 及び C 並びに D 及び E
　　　A 及び B 並びに C 並びに D

(3) 「その他の」と「その他」

「その他の」は，前に記載されたものが後に続くものの例示であることを示す際に使用される。例えば，商法 11 条 1 項は，「商人は，その氏，氏名その他の名称をもってその商号とすることができる」と規定している。

一方，「その他」は，前に記載のあるものと後ろに記載のあるものが並列の関係にあることを示す際に使用される。例えば，商法 29 条は，「物品の販売又はその媒介の委託を受けた代理商は，第 526 条第 2 項の通知その他売買に関する通知を受ける権限を有する」と規定している。

(4) 「善意」と「悪意」

「善意」と「悪意」は一般用語とは異なる意味合いを持つ。「善意」は，法律行為の成否などに影響を及ぼす可能性のある一定の事実を知らないことを意味する。特に，善意の第三者については，当事者間で知っている事項について知らない者をいうところ，例えば，商法 9 条 1 項は，「この編の規定により登記すべき事項は，登記の後でなければ，これをもって善意の第三者に対抗することができない」と規定しており，登記がなされるまでは登記事項について知らない第三者を保護している。

一方，「悪意」は，法律行為の成否などに影響を及ぼす可能性のある一定の事実を知っていることを意味する。そのような悪意である者（悪意者・悪意の第三者）は，善意の第三者と異なり，当事者間で知っている事情について知ったうえで取引関係などに加わっていることから，法律上の保護を受けられないことが多い。

第 8 章　法の解釈　77

(5) 「期間」と「期限」

「期間」は，ある時点から他の時点までの一定の時間的隔たりの間の長さをいう。

一方，「期限」は，法律行為の効力の発生，消滅または債務の履行が，将来発生することの確実な一定の日時の到来にかかっている場合の，その一定の日時をいう。期間が一定時点間の時間的長さを指しているのに対して，期限は何かを完了すべき最後の期日を指しているという点で異なる。なお，期限には法律行為の効力等の始期にかかるものと終期にかかるものがあり，また，その到来が確定しているかどうかで確定期限と不確定期限に分かれる。

(6) 「みなす」と「推定する」

「みなす」は，実際には性質が違うものであっても，一定の法律関係においては同一視する場合に使用される。つまり，事実がどうであるかにかかわらず，その事実があったものとして取り扱うことを意味するため，反証は認められない。

例えば，商法4条2項は，「店舗その他これに類似する設備によって物品を販売することを業とする者又は鉱業を営む者は，商行為を行うことを業としない者であっても，これを商人とみなす」，と規定している。これは，本来，商行為を行うことを業としている者が商人となり商法が適用されるが，商行為を行うことを業としていない者であっても営利性のある行為を業として行っている者に民法を適用するとするとかえって混乱をきたすなどを理由に，かかる者も商人とみなして商法を適用する規定である。

一方，「推定する」は，反対の事実や証拠がない限り事実として取り扱うことを意味するため，反証が認められる。

例えば，商法503条2項は，「商人の行為は，その営業のためにするものと推定する」と規定している。これは，商人の行為が商行為と推定されるため，その行為が商人の営業・事業と無関係であるとして争う場合は，当該行為が商人の営業・事業のためにするものでないこと，すなわち当該商人の営業・事業と無関係であることの主張立証責任を争う側が負うことを意味する。

2-2　論理解釈

　論理解釈とは，立法の目的や沿革，他の条文との関係や法体系における条文の位置づけなどを考慮しながら論理的に矛盾しないよう法文を解釈するものである。法文の字句にとらわれ過ぎるとかえって問題の解決につながらず，結果の妥当性が得られないような場合も存在することから，文理解釈と調和をとりつつもそれと異なる解釈手法，すなわち論理解釈が必要となる。
　論理解釈には，拡張解釈・縮小解釈・反対解釈・類推解釈などが存在する。

（1）　拡張解釈

　拡張解釈とは，法文の字句や文章につき，法の目的などに照らしながら，通常の用法よりも拡張して解釈するものである。
　例えば，民法233条1項は，「土地の所有者は，隣地の竹木の枝が境界線を越えるときは，その竹木の所有者に，その枝を切除させることができる」と規定している。この規定は，隣地の竹木の枝や根が境界線を越えた場合の取り扱いに関する規定であるところ，条文には「竹」と「木」しか規定がなされていない。それでは，隣地から「草」の根や葉が境界線を越えた場合には同条の適用はなく，隣地の所有者に切除させることができないという結論は妥当とはいえないであろう。このような場合に，「竹木」に「草」も含まれると拡張して解釈することにより，隣地所有者に対し，「草」の根や葉の切除を求めることが可能となる。

（2）　縮小解釈

　縮小解釈とは，法文の字句や文章につき，法の目的などに照らしながら，通常の用法よりも縮小して解釈するものである。
　例えば，民法177条は，「不動産に関する物権の得喪及び変更は，不動産登記法その他の登記に関する法律の定めるところに従いその登記をしなければ，第三者に対抗することができない」と規定している。すなわち，この規定は，不動産に関する物権の変動は，登記法その他の登記に関する法律の定めるところに従い登記をしなければ，第三者に対抗することができないと規定している。この条文の趣旨は，物権変動を公示することで，自由競争の枠内にある正当な権利や利益を有する第三者に不足の損害を与えないことにある。

ここでいう「第三者」は，当事者以外のすべての第三者を示すものではなく，いわゆる背信的悪意者などを含まない「登記のないことを主張するについて正当な利益を有する者」に限定して解釈される（最判昭44・4・25民集23・4・904など）。

(3) 反対解釈

反対解釈とは，法文に規定されている事項とは反対に，規定されていない事項について法的判断をして解釈するものである。

例えば，会社法2条5号は「公開会社　その発行する全部又は一部の株式の内容として譲渡による当該株式の取得について株式会社の承認を要する旨の定款の定めを設けていない株式会社をいう」と規定している。すなわち，この規定は，株式を譲渡するにあたって発行会社の承認を必要とする譲渡制限株式に関する定款規定を設けていない会社を公開会社と位置付けるものである。つまり，会社の定款に一部であっても譲渡制限株式に関する定めが置かれている会社は公開会社ではなく，公開会社でない会社（非公開会社）となる。

(4) 類推解釈

類推解釈とは，法文に規定されていない事項につき，これと類似する性質を有する規定を適用して，同様の効果を導くように解釈するものである。類推解釈は，拡張解釈と同様に法の制定・施行後に新たに生じた利益を保護するためによく利用される解釈技術である一方，法文に規定されている固有の概念を可能な範囲で拡張する拡張解釈とは異なり，法文によって規定されていない事項につき類推を用いて解釈する方法である。

例えば，会社法22条1項は，「事業を譲り受けた会社が譲渡会社の商号を引き続き使用する場合には，その譲受会社も，譲渡会社の事業によって生じた債務を弁済する責任を負う」と規定している。この規定は，事業の譲受会社が譲渡会社の商号を続用する場合には，従前の営業上の債権者は，事業主体の交代を認識することが一般的に困難であることから，譲受会社のそのような外観を信頼した債権者を保護するためにある。要するに，同条は債権者を保護するための規定であるところ，債権者を害するような詐害的な組織再編が問題となった事例において，会社法22条1項の類推適用を肯定し，事業を承継した会社

の弁済責任を認めている（最判平20・6・10判タ1275・83）。

3 その他
　有権解釈・学理解釈のほかにも法文の解釈方法はさまざま存在する。以下では，目的論的解釈と歴史的解釈に触れることとする。

3-1 目的論的解釈
　目的論的解釈とは，立法目的や制度の基本的意図などに配慮しながら，あるいはそれらに沿うように解釈するものである。つまり，同解釈は，合目的的に法の意味や内容を検討しながら法文を解釈することとなるため，法文の字義にのみとらわれることなく，さまざまな道理や理屈を取り入れて法令を解釈する論理解釈の一種である。

3-2 歴史的解釈
　歴史的解釈とは，立法過程（法案，法案理由書，議事録など）に焦点を当て，立法者や法案起草者の見解を明らかにするとともに，かかる過程を参照して法の歴史的な意味，目的，そして内容について解釈するものである。なお，立法過程，とりわけ立法者意思が歴史的解釈において重要となるものの，かかる意思には法的拘束力が存在しないため，有権解釈や学理解釈などと組み合わせて行う必要がある。

第3節　裁判実務における法の解釈

1　事実認定と法適用
　次に，ここまで整理してきた解釈手法について，（前章と重複する内容も存在するが）現実の裁判手続に落とし込んで説明したい。
　裁判においては，裁判官が個別の事件・問題に対して法を適用するに当たって，まず事実認定が行われる。事実認定とは，法廷で提出された証拠に基づいて，ある事実があったかどうかを判断する作業をいう（事実認定については，第7章参照）。
　例えば，民事訴訟では，原告が主張する権利の発生に必要な事実（主要事実）

を，相手方当事者が争う場合は証明する必要が生ずる。裁判官は当事者が提出した証拠に基づいて，この事実の存否について判断することとなる。また，事実認定は，証拠のみによって行われるところ，証拠をどのように評価するかは裁判官の自由な心証に委ねられている（自由心証主義。民事訴訟法247条，刑事訴訟法318条）。

　事実認定がなされた後は，かかる事実に適用する法規を決定する作業に移行する。法の適用における優先順位は，憲法，一般の法律（制定法），政令，省令・規則と続く。また，旧法（前法）と新法（後法）では，新法（後法）が優先され（新法優先の原則），一般法（当該領域において特別の事象に限定する旨の制限がなく一般的に適用される法）と特別法（当該領域において特別の事象に限って適用される法）とでは特別法が一般法に優先される（特別法優先の原則）。そのほか，法の適用に関する通則法に従って，準拠法として合意した地域の法が存在する場合は，当該法が適用される（当事者自治の原則）。

　そして，適用される法規が決定され適用される際に，本章で取り上げている法の解釈がなされることとなる。なお，適用に当たっては，本来の適用対象ではないが似ている対象に条文を当てはめる「準用」や，類似した事柄について適用できる条文はあるが，その事柄については適用する条文がない場合に解釈によってその事柄に条文の趣旨を適用する「類推適用」（第2節2(4)参照）や，適用に当たって何らかの政策的な配慮により適用される規定の一部に変更を加える必要が生ずる場合に字句を他の字句に置き換えることで当該既定を変更して適用する「変更適用」などがなされるケースも存在する（法適用の原則については第7章参照）。

2　裁判における法適用の困難性と法解釈の必要性

　通例，わが国において適用される法は成文法であるところ，かかる法の基本的な機能は，要件に該当する事実が存在する場合に，効果として定められた一定の権利や義務の発生・消滅・阻止などをもたらすこととなる。このように，一定の法律効果を発生させる法律要件に該当する具体的事実を要件事実といい，裁判においては，原告の主張に必要な要件事実を「請求原因事実」，被告の主張（抗弁）に必要な要件事実を「抗弁事実」という。

　そのうえで，法の定める要件（大前提）を明らかにし，問題となっているケ―

スにおける具体的な事実（小前提）が要件に適用可能かどうかを判断して、法的効果の発生につき決定することとなる。かかる思考プロセスは「法的三段論法」と呼ばれ、法の適用については同論法に基づきながら実行されることとなる（第7章参照）。

　ただ、前述したとおり、わが国は制定法・成文法を採用していることから、かかる法は一般的・抽象的に定められている。また、問題となっているケースにおける事実については、当事者間で争いのあるものや事実関係が確定できないような曖昧なものも存在する。そのような場合には当該事実の要件への当てはめにつき困難性を生じさせる。

　そこで、法をそのまま適用することが困難な具体的な事実に、当該法を適用可能にするため、法の意図や内容をもとに法文をより具体化したり形を変えたりすべく、本章が説明してきた法の解釈が必要となる。

第4節　法解釈の新たな地平

　ここまで述べてきたように、法解釈にはさまざまな方法が存在する。問題となっているケースにおいて、争われている事実や法適用の局面に対して、適切な法解釈を行い、問題解決につなげる必要がある。そこでは、どの解釈方法が最も妥当であるのかを選択しなければならず、場合によっては、複数の解釈方法を組み合わせる必要なども出てこよう。

　ただ、これまで触れてきた解釈方法では適切に問題を解決できないような場合も発生しうる。最後にこれまで触れてきた解釈方法とは異なる方法として、立法論と「法と経済学」による方法を概観したい。

1　立法論

　立法論は、解釈論に対する概念で、一定の目的を実現するために立法によって制定法の文言を変更、あるいは新たに制定法を設ける旨、主張するものである。つまり、既存の制定法を解釈することでは問題の解決が見込めず、新たな立法をすれば問題解決が可能な場合に用いられるものである。

　立法論を展開するに際しては、既存の法律が現実の社会に適合しているのか否か、既存の法を解釈することで問題解決が図れるか否か、新たな制定法を設

けなければならないか否か，法改正で対応できるか否か，などが考慮される。
　立法論を展開することによって，実際に発生している問題に対して，法解釈によって対応できない場合には，立法や法改正をもって当該問題を直截的に解決することはメリットと考えることができるであろう。一方，問題が発生するたびに立法や法改正がなされると個別の法律や条文が増えたり，かえって新たな問題を発生させたりするなどのデメリットも生じさせうる。
　かつては，法解釈論と立法論とを比べた場合に，後者を一段重要性の劣るものと考える向きも存在していたが，社会変化のスピードが激しくなったことや立法・法改正に必要な時間などが短縮傾向にあることなどから立法論の重要性は高まっているといえよう。ケースバイケースではあるものの，実際に発生している問題解決に当たっては，法解釈論と立法論を適切にバランス取りしつつ最も妥当な解決策を探求することが何よりも重要である。

2　法と経済学

　既存の法解釈は，基本的には法文の意味内容の理解が重要とされているところ，「法と経済学」は，法に関わる制度・目的・機能などを経済学の観点から考察する。つまり，「法と経済学」は，法律が経済活動にどのように影響を与え，逆に経済理論が法律の形成や運用にどう関与するかを解明するものである。
　問題解決に当たって「法と経済学」を活用することにより，①効率的な法制度設計（経済理論を用いることで，より効率的な法制度が設計できる），②効果的な政策評価（経済理論を用いることで，法制度や法政策の効果を定量的に評価することができる），③資源の最適配分（経済理論を用いることで，公共の資源が最適に配分されるような法制度を作ることができる），④社会的正義の実現（経済理論を用いることで，経済的不平等を是正するための法制度を設計できる），などの既存の法解釈論にはないメリットを享受することができる。
　一方で，「法と経済学」による問題解決には，①計量的な限界（経済学はしばしば数値モデルや統計データに依存するが，これが現実の複雑な社会問題を完全に反映しているとは限らない），②個別事例からの乖離（「法と経済学」のアプローチは全体的な傾向や平均に基づくことが多いため，個別の事例や少数派の問題が見過ごされるリスクがある），③法の目的・趣旨からの乖離（経済効率を重視するあまり，法の公平性や正義といった法の目的・趣旨や価値観が後回しにされることがある），④

社会的・文化的背景からの乖離（経済理論に基づくことで，かえって文化や社会の志向とは異なる結果を生むことがある），⑤政策の実現可能性（経済理論上は完璧に見える政策も，実際の政治や行政の現場では実現が難しい場合がある）といったデメリット・限界も存在する。

　たしかに，「法と経済学」に存在するこれらのデメリットや限界を指摘することで，同手法による問題解決方法の重要性を否定する論調も一部に見られる。しかし，既存の様々な法解釈方法にせよ「法と経済学」による問題解決方法にせよ，それぞれに特徴を持つものであり，また解決すべき問題も一様ではない。そのため，ケースバイケースで問題となっている問題点をよく把握・理解したうえで，法解釈方法や「法と経済学」といったさまざまな方法の特徴（メリット・デメリットなど）を踏まえつつ，バランスよくそれらを活用することが適切な問題解決には重要となる。

【参考文献】
宍戸常寿・石川博康編著『法学入門』有斐閣，2021年。
髙橋雅夫編『Next教科書シリーズ　法学（第3版）』弘文堂，2020年。
道垣内弘人『自分で考えるちょっと違った法学入門（第4版）』有斐閣，2019年。
阿部泰隆『やわらか頭の法戦略──続・政策法学講座』第一法規，2006年。

（鬼頭俊泰）

第9章 法の効力

第1節 法の妥当性，実効性，効力の根拠

　例えば，ロビンソン・クルーソーのようにたった一人で無人島に暮らしているのであれば，一人気ままに暮らしていくことができるであろう。しかし，そこに新たな住人が現れた場合には，生活していく上でのルール，例えば，食事をするところや眠る場所等々，互いが気持ちよく暮らしていくためのルールを作ることとなるだろう。

　現実の世界においては，ロビンソン・クルーソーのような気ままな生活は夢物語であって，人間は誰かと共同生活をすることとなる。例え一人で暮らしていようとも，日々の生活の中では，食料品を購入したり，電車に乗ったりといった，様々な社会との関わりがある。古代ギリシャの哲学者アリストテレス（BC384-BC332）が説いたように「人間は社会的動物」なのである。わたしたちは，家族，友達，会社，学校，市区町村，国家という様々な団体に帰属し，これらの団体のすべてが社会であるといえる。団体には複数の人々が帰属しており，誰もが共同生活を安全に安心して過ごせるよう，ルールが作られる。

　社会とルールは密接な関係にある。ルールがなければ無秩序となり円満な暮らしが保たれないこととなる。よって，互いの共同生活が秩序正しく維持されるための仕組みであるルールが必要であり，その仕組みがきちんと運用される，すなわちルールが守られる必要がある。

　国家は，それぞれの信頼関係を構築していない多数の人間が同じ社会の構成員として共同生活を営む場である。この共同生活を安全，安心なものとするべく国家社会におけるルールである法は，万人に見えるかたちで示され，そして

その強制＝制裁を本質とするものである。

　法の効力とは，通常は法の規範としての拘束力をさし，広義には実効性を含めた概念として用いられる。すなわち，法の目的とする内容が，社会において現実に行われている，運用されている状態といえる。法が効力を持つためには，法が公正で適正なものであるという妥当性と法が現実に遵守されているという実効性との両輪が不可欠であり，この両輪は密接不可分な関係であるといえる。

　法の効力の根拠については，古くから多くの学説が存在している。近代民主国家においては，下記の説を支持する学者が多いとされる。
・国民の多数から拘束力のある社会規範として承認されることを根拠とする。
・国民の世論の支持に求めることを根拠とする。
・法に内在する目的に求めることを根拠とする。
・法は，その社会の構成員間に共通するとみなされる社会意識が構成されている場合に，その社会内に妥当するとされる社会意識を根拠とする。

　法の効力の内容は，本来それぞれの法を研究する必要がある。ここでは，それぞれの法に通ずる一般的な効力を，時・場所・人について触れる。

第2節　法の効力範囲（法の適用範囲）

　法の効力範囲とは，法の適用範囲を意味する。

1　時に関する効力
1－1　法の効力の発生

　法は，公布され施行されることによりその効力が生じる。法は，一定の手続を経て制定され公布される。公布は，国民に対し法の内容を広く周知させるための手続である。公布されるだけ，伝えるだけでは，法は効力を生じることはなく，施行されて効力が生じることとなる。施行日は一般的には，法令の補足，附則，別に制定される施行法，施行令，施行規則などで施行日が定められる。定めがない場合には，法律は公布の日から起算して満20日を経て施行される（法の適用に関する通則法2条）。地方自治法規については，公布の日から起算し満10日を経て施行される（地方自治法16条3項）。

　上記とは異なり，周知期間を設けず，公布と同時に施行される場合もある。

周知期間を設ける必要がない場合や周知期間中の違反者の続出の恐れがある場合などの処置である。

慣習法などの不文法については，それが法として認められるような客観的状態ができたときから効力を生ずると解釈される。

1-2 法律不遡及の原則

法令は施行の日から効力を発生し，法令が施行される前に生じた事項について，遡って適用されることはない。これは，法律不遡及の原則（効力不遡及の原則）といわれる。この制限は，法的安定性を害することをおそれたものといえる。新しく制定された法律や改正された法律について，施行前に遡って適用されるようなことがあった場合，施行前の法律関係が乱されることとなる。例えば，過去に無罪であった行為が有罪となる，あるいは非課税であった所得に対し課税がなされる，このようなことが起こったら，人々の暮らしは困惑することになると同時に法に対する信頼をもなくなり，法は不安定な拠り所のないものとなってしまう。

しかし例外的に遡及効を認める場合もある。例えば，第二次世界大戦後に改正された民法の親族・相続編について「新法は，別段の規定のある場合を除いては，新法施行前に生じた事項にもこれを適用する（民法附則4条）」と規定しているように，法律不遡及の原則を破るケースもある（新法を遡って適用できるのは，その旨の明文規定がある場合に限定される）。

刑事法規に関して刑罰法規には，遡及処罰の禁止の原則がある。罪刑法定主義の要請から絶対的に遡及効は認められるものではない。刑罰法規に遡及効を認めた場合，刑法のもつ自由保障機能が喪失，憲法が保障する人権すらもおぼつかないものとなってしまう。日本国憲法は，39条において「何人も，実行の時に適法であった行為又は既に無罪とされた行為については，刑事上の責任を問はれない」と規定し，遡及処罰の禁止の原則を明らかにしているのである。但し，新法が旧法と比較して軽い刑罰を設けた場合に，遡及し適用することは，行為者の利益になるという理由から遡及効果は認められるという，刑法上の例外がある（刑法6条）。

1-3 法の効力の消滅

法の効力は，法の廃止または変更により消滅する。法の廃止とは，効力を有していた法の一部または全部が効力を失うことである。法の変更とは，新法の制定に伴い，旧法の内容的に矛盾する部分が効力を失い，新法の規定が適用されるようになることをさす。

法の改廃は，期限付立法という（時限法ともいう），法令そのものに施行期間があらかじめ定められており，期間の満了により当然に廃止されるケース，法令の定める目的事項そのものが消滅することにより廃止されるケース，新法が旧法の全部または一部を廃止する旨を明文で規定しており，これにより旧法の全部または一部が廃止されるケース，同一事項について内容の矛盾する新法が制定され「新法は旧法に優先する」という法原則のもと，新法と抵触する限りにおいて旧法の規定が効力を失うケース等々がある。

特定の事項が，旧法から新法にまたがって規定されているような場合には，どちらの法令を適用すべきか問題となることが考えられる。旧法を改廃して新法を制定するときは，経過規定（時際法ともいう）によりいずれの規定を適用するかを通例定めることとなる。当該既定は，法令の末尾に附則として規定，もしくは施行法として規定される。

2 場所に関する効力

法の場所に関する効力とは，法がいかなる地域的範囲に対して適用されるのかということである。これについては下記2つの考え方がある。

基　準	内　　　容
領　域	属地主義：自国の領域内にある限りは国籍，人種など問わずに自国の法を適用する。
国　籍	属人主義：自国民に対しては領域の内外を問わず自国の法を適用する。

今日，多くの国では属地主義を基本として採用し，属人主義を補充的に採っている。わが国においても，刑法1条1項は，「この法律は，日本国内において罪を犯したすべての者に適用する。」と定め，属地主義を基調とすることを明らかにしている。そして，一部の犯罪につき，補充的に属人主義によることを規定している（刑法3条　国民の国外犯規定）。

自国の領域内に着目して法の適用を捉える属地主義のもとでは，一国の法はその国の主権が及ぶ範囲，すなわち領土・領海・領空からなる領域に対して効力が及ぶこととなる。領土とは，国家の領有権が認められた陸地のことをさし，領海とは領土の外側にあり，その国の主権の及ぶ海域のことをさす。領海の範囲は，1994年に発効した「海洋法に関する国際連合条約」に基づき，基線（海岸の低潮線）から12海里までと規定されている。領空とは，領土，領海の空域のことをさす。

　しかし，国際法上の原則のもと，領域外においても効力が認められる場合もある。例えば，公海またはその上空や他国の領域内にある自国の船舶・航空機に対して，自国の法が適用される（刑法1条2項参照）。一方，自国内にある外国公館や外国の軍事基地内には治外法権が認められており，自国の法の効力は及ばないこととなる。

　また，憲法95条が「一の地方公共団体のみに適用される特別法は，法律の定めるところにより，その地方公共団体の住民の投票においてその過半数の同意を得なければ，国会は，これを制定することはできない」と規定しているように，特定の地域のみに適用される首都圏整備法（昭31法83号）のような特別法や各地方公共団体の条例は，特定の地域のみに適用される特別法もある。

　近年，インターネットの普及は我々の生活をかつてないスピードで便利にする一方で，匿名のまま，膨大な量のデータにアクセスすることにより，ネットワーク上の様々なサイバー犯罪が発生している。サイバー犯罪は，サイバー空間という国境のない領域で生じる。犯人は集団もしくは個人，いずれの可能性もあり，越境的に活動していることもあれば，活動していない場合も考えられる。しかし，データは国境を越え瞬時に拡散していくこととなる。サイバー空間の法的整備と一人一人の自らの立場に応じたセキュリティ対策が今後益々重要になってくるといえよう。

3　人に関する効力

　法の人に関する効力とは，法がどのような人に対して適用されるのかということである。既に述べた時に関する効力および場所に関する効力の適用範囲内にある限り，法はすべての人に適用される，と考えるべきである。但し，外国の元首とその家族や信任された外国の外交官・使節とその家族などは，国際法

上，治外法権が認められており，わが国の裁判権は及ばない。また，日本におけるアメリカ軍関係者に関しては，公務外の犯罪については日本の裁判権が及ぶが，さまざまな例外がある（安保6条，安保地位協定17条）。

　本来，法は国民一般に平等に適用されるものであるが，特定の人を対象とする特別法では，特定の人に対してのみ適用される。皇室典範は皇族に対してのみ，国家公務員法は国家公務員に対してのみ適用される。また適用が排除・制限されることもある。具体例として，会期中の国家議員は不逮捕特権により刑事訴訟法の適用が制限される，と規定されている（憲法50条）。

【参考文献】
高梨公之『法学（全訂四版）』八千代出版，1991年。
青木清相・稲田俊信『法学概論』青林書院，1996年。
茂野隆晴編著『プライマリー法学—日本法のシステム』芦書房，2008年。
山川一陽・根田正樹・和知賢太郎『アプローチ法学入門』弘文堂，2017年。
国際連合広報センター「デジタル世界での犯罪」2024年11月4日閲覧
https://www.unic.or.jp/activities/economic_social_development/social_development/crime_drug_terrorism/kyotocongress/crime_congress_digital-crime/
国民のためのサイバーセキュリティサイト「事前対策」2024年11月4日閲覧
https://www.soumu.go.jp/main_sosiki/cybersecurity/kokumin/security/

（堀野裕子）

第10章

裁判と法

第1節 日本の裁判制度

1 裁判制度の概観

　裁判とは，国家権力の一翼を担う司法権に基づき，社会における利害の衝突や紛争，犯罪を解決・調整，処罰するために，中立公平な立場の裁判所が拘束力のある判断を下すことである。例えば，お金を貸しても返してくれない場合，借りた人の家に押し入ってその人の物を強奪したり，大切な人を殺された場合，その人に逆襲したりすると，力のある者が常に勝ち，争いも絶えなくなり，秩序が維持できなくなってしまう。そこで，裁判制度によって，権利を確定して強制力をもって実現したり，問題を起こした者を処罰することで治安を守り，社会の平和を保つことになる。

　日本の裁判所は，最高裁判所と高等裁判所・地方裁判所・家庭裁判所・簡易

図10－1　日本の裁判制度

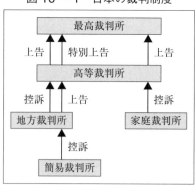

図 10 − 2　円筒形モデルから円錐モデルへ

裁判所からなる下級裁判所の 2 つに分類される。そして，三審制度をとっており，第一審の裁判所の判断に不服がある場合には控訴をし，第二審の裁判所の判断に不服がある場合には上告をすることで，判断のやり直しを求めることができるシステムになっている（図 10 − 1）。

過去には，判決に納得のいかない当事者が最高裁判所まで争うことも多かったことから，最高裁の未済事件が多く，判決まで多くの時間がかかるという問題があった。「思い出の事件を裁く最高裁」という川柳にその問題が表されている。そこで，最高裁判所の負担軽減のため，1996 年の民事訴訟法改正で，高等裁判所から最高裁判所への上告を裁量上告制に変更し，高等裁判所が認めた事案のみが最高裁で判断されることになった。これにより最高裁での事件数が絞られ，裁判の迅速化を進める流れは，「円筒形モデルから円錐形モデルへ」というスローガンで説明されている（図 10 − 2）。

日本の裁判制度は三審制といわれてはいるものの，事件の性質によって二審制が取られる場合もある。例えば，刑法の内乱罪の場合，高等裁判所が第一審の管轄となる（裁判所法 1 条 4 項）。また，公職選挙法上の選挙の効力に関する訴訟も第一審は高等裁判所である（公職選挙法 203 条等）。そして，特許庁が行った審決に対する不服申立てとしての審決取消訴訟は，知的財産高等裁判所が管轄する（知的財産高等裁判所設置法 2 条 2 号）。また，簡易裁判所管轄の場合，上告審としての高等裁判所での判断後，憲法違反を理由とする特別上告を行った場合には，四審まで可能となる。一方で，裁判官の身分を争う弾劾裁判所は，一審制となっている（弾劾裁判所法）。

2　裁判を進めるための条件

裁判で争われる事件は，法律上の争訟でなくてはならず，事件性の要件が必要となり，実際の事件に伴って法的な判断が下される。

裁判をする際に，本人訴訟も可能であるが，代理人を立てる場合には弁護士でなくてはならない（民事裁判では弁護士，刑事裁判では弁護人といわれる）。刑事裁判の場合，弁護人をつける権利があるため（憲法37条3項），裁判所に対して国選弁護人の選任を請求することができる（刑事訴訟法36条以下）。これは，刑事裁判の場合，最高刑の死刑に至るまでの不利益処分があるなかで，経済的理由その他の事情で弁護人を選任することができない場合に，圧倒的に不利な立場に置かれるためである。

　検察官が起訴した後の被告人には，国選弁護人が選任されるが，そこに至るまでの被疑者の取り調べ段階での国選弁護人選任ができず問題となっていた。そこで，日本弁護士連合会（日弁連）が設置した，弁護士がボランティアで行う当番弁護士制度が行われており，現在も活用されている。それに加えて，2006年に被疑者段階での国選弁護人制度の運用が開始されている。

3　海外の裁判制度と裁判管轄

　裁判制度は，国によって大きく異なっている。1つの典型例としてアメリカをみてみよう。アメリカは，連邦制度を採っているため，連邦裁判所と州裁判所の二元的なシステムを採っている。アメリカの州裁判所は三審制を前提としておらず，州によって裁判システムも大きく異なっている。連邦裁判所は，管轄を地域で分けており，11の巡回区（Circuit）がある。控訴審から最高裁へは，裁量上訴制（certiorar）のため，受理されないこともある。

　アメリカで特徴的な制度が，陪審制である。アメリカでは，日本の裁判員制度と異なり，民事事件も刑事事件も陪審員が判断することがある。陪審員は裁判官の説示のもと事実認定を行い，そのうえで裁判官が法適用を行う。国民には陪審審理を受ける権利もある。

　このような連邦制のアメリカで問題になっていることが，州籍相違（diversity of citizenship）の問題である。これは，原告と被告が異なる州に居住している場合，州裁判所と連邦裁判所のどちらに裁判管轄を認めるかという問題である。自分の住んでいる州の方が裁判しやすいという理由のほかに，陪審員が自分の住んでいる州の住民を勝たせようとする心理も働きうることから，どの裁判所で裁判をするかどうかは，大きな争点となる。

　ところで，アメリカは訴訟社会といわれている。アメリカの法曹人口は増大

の一途をたどっており，弁護士の競争が激しく，裁判も数多く提起されている。その背景には，弁護士広告が自由であったり，成功報酬制のため初期費用がかからなかったりするほか，懲罰的損害賠償制度（punitive damages）があることで，裁判に勝訴した場合，実損害額に加えて莫大な懲罰的賠償額が加算されるため，裁判のリスク以上に勝訴の利益が大きい。アメリカでは，陪審制度のほかに，広範な証拠収集を可能とするディスカバリー（Discovery）と呼ばれる制度や大人数が集団で裁判をすることができるクラス・アクション（Class Action）と呼ばれる制度もあり，日本よりも裁判がしやすい環境が整っている。

アメリカをはじめとする海外の裁判制度は，日本と無縁ではない。なぜなら，グローバル社会において，国際取引は日常となっているからである。もし，日本とアメリカの企業同士がトラブルとなり，裁判をすることになったら，どの裁判所で裁判をするかが最初の課題である。日本とアメリカのどちらの裁判所でやるかということは，交通の問題，言語の問題，適用される法の問題など，大きな違いが出てくる。多くの当事者は，自分に有利な判決を出してくれる国で裁判をしようとするため，有利な国に管轄を認めさせる訴訟漁り（forum shopping）が問題となる。

こうしたトラブルを避けるため，契約に紛争解決のための仲裁条項・裁判管轄条項を設けることが多い。しかし，消費者取引の場合，あらかじめ企業に有利な条項が明記された契約書にサインをするかしないかの判断を強いられる場合が多く（附合契約），トラブルになったときには消費者が圧倒的に不利な立場に置かれることが懸念されている。

4 国際裁判

ここまで学んできた裁判は，市民同士の紛争に対する裁判であったが，国家同士の紛争の場合はどのように解決をするのかという問題もある。そもそも，国家は主権をもつため，その国家に対して強制力を伴う裁判を強いることは難しい。一般的な国際裁判として，国際連合の国際司法裁判所（International Court Justice：ICJ）が知られており，国家同士の裁判に対し，勧告的意見を提供することができるが，あくまで訴える国と訴えられる国の双方が同意してはじめて裁判が行われることになる（第8編第31章参照）。

第2節　民事訴訟と刑事訴訟

1　民事訴訟と刑事訴訟の違い

　裁判には，民事訴訟と刑事訴訟がある。民事訴訟は，双方の当事者が手続のなかで十分な主張立証の機会を与えられ，その結果をふまえて中立公平な国家機関である裁判所が判断するというシステムである。一方，刑事訴訟は，被告人が犯人であることを証拠によって認定し，被告人に刑罰を科すシステムである。

　①内容について，民事訴訟は，私的利益に関する私人間の紛争解決手続であるため，当事者同士で譲歩し合って決着することが可能であるが，刑事訴訟は，犯罪者に刑を科し，社会の安全と秩序を守るための手続であるため，検察官と被告人が妥協して決着をすることはできない。

　②理念について，民事訴訟は，公平，正義，迅速，経済という4つの理念が重要であり，公平・正義という真実追求の反面，迅速・経済という時間・コストも考慮して，両者のバランスを取る必要がある。なぜなら，国民の税金によって訴訟を運営しているからである。刑事訴訟は，人権保障が第一の理念である。なぜなら，犯人だと思われていても冤罪の可能性があるからであり（例えば，2024年に再審無罪が確定した袴田事件），そのため，被告人は裁判が確定するまでは有罪として扱われることはない（推定無罪）。

　③裁判の進め方について，民事訴訟は，原告と被告が争う構造であり，口頭弁論で主張立証をし合って裁判所が判断することになる。そして，当事者間の合意で手続上のルールを柔軟に変更することもできる。刑事訴訟は，検察官と被告人が争う構造であり，公判で検察官が被告人の有罪を立証することを試み，裁判所がその判断することになる。なお，重大な不利益処分を課す手続であるため，手続は厳格なルールの下ですすめられ，柔軟な運用は認められない。

　④証明度について，民事訴訟は，裁判官が「高度の蓋然性」をもってその事実が明らかであることを確信した場合に事実を認定することができるが，刑事訴訟は，「疑わしきは被告人の利益に」といわれるように，裁判官が「被告人が犯罪を行った」ということについて確信を抱かない限り有罪の認定をしてはならない。

表 10 − 1　民事訴訟と刑事訴訟の違い

	民事訴訟	刑事訴訟
内容	私的利益に関する私人間の紛争解決手続	犯罪者に刑を科し，社会の安全と秩序を守るための手続
理念	公平，正義，迅速，経済	人権保障
当事者	原告と被告	検察官と被告人
審理	口頭弁論	公判
手続	当事者間の合意で変更可能	厳格なルールが必要
証明	高度の蓋然性	疑わしきは被告人の利益に

　このように，民事訴訟と刑事訴訟は，内容・性質が異なっており，混同しないようにしなくてはいけない（表 10 − 1）。もっとも，最近は，犯罪被害者参加制度によって被害者が刑事裁判に参加したり，刑事訴訟の判断のなかで民事訴訟の効果をもたらす損害賠償命令が導入されるなど，刑事訴訟と民事訴訟の相互乗り入れが少しずつ進んでいる。また，2016 年の刑事訴訟法改正で，司法取引制度が導入され，証拠の提出などの協力行為により，不起訴や軽い罪での起訴，軽い求刑をする合意が可能となり，刑事訴訟のあり方の変容にも注目していく必要があるだろう。

2　国民の訴訟への参加と裁判員制度

　日本国憲法には，裁判を受ける権利が明記されているが，日本人は裁判をしたがらないといわれている。裁判をすることは正当な権利であるにもかかわらず，自分の権利主張ばかりする自己中心的な者や他者への思いやりがない者などと思われたくないため，泣き寝入りを強いられる者も少なくない。しかし，「権利の上に眠る者」は保護されない。そこで，裁判をしやすい環境の整備が試みられている。

　その1つが，司法アクセスの向上である。裁判をしようにもその費用の捻出が困難な場合がある。そこで，リーガルエイドという法律扶助によって，裁判費用を援助する制度ができている。また，司法過疎という問題がある。地方に弁護士等の法律家が少なく，裁判をしようにも弁護士がいないため助力を得られないことも多い。そこで，法テラスという法律相談のできる法律事務所を全

表 10 − 2　司法参加制度の比較

	対象者	裁判官と市民の人数	任期	役割
陪審制度 （アメリカ）	選挙権を有する者から抽選	裁判官1人と陪審員12人	1件ごと	事実認定
参審制度 （ドイツ）	団体などの推薦	裁判官3人と参審員2人	4年	事実認定と量刑
裁判員制度 （日本）	選挙権を有する者から抽選	裁判官3人と裁判員6人	1件ごと	事実認定と量刑

国各都道府県庁所在地等に開設しサービスを提供している。

　国民がトラブルに巻き込まれたとき以外にも，国民は司法に関与する。例えば，民事事件では，調停委員，司法委員，家事調停委員，参与員，家事調停官，労働審判員などの役割を担うことがある。また，刑事事件では，裁判員や検察審査会に選ばれることがある。

　この裁判員制度は，国民のなかから選任された裁判員が裁判官と共に刑事訴訟手続に関与することで，司法に対する国民の理解の増進とその信頼の向上に資するための制度である（裁判員法1条）。裁判員制度は，アメリカの陪審制度やドイツの参審制度とは似て非なる制度である（表10 − 2）。

　裁判員の対象事件は，「死刑又は無期の懲役・禁錮に当たる罪に係る事件」，または「法定合議事件であって故意の犯罪行為により被害者を死亡させた罪に係るもの」である。その選出方法は，裁判員候補名簿から事件ごとに抽選で選ばれた者が招集され，その事件の裁判に参加する。裁判員に選ばれた者は，裁判員として裁判に参加する義務が生じるが，裁判員やその親族等に対して危害が加えられるおそれがあるような事件は除外される。審理は，裁判官3名と裁判員6名によって裁判が進められ，有罪・無罪の決定及び量刑の判断は，裁判官と裁判員の合議体の過半数で決まる（評決）。もっとも，裁判官及び裁判員のそれぞれ1人以上が賛成することが必要であり，たとえ過半数の票数であっても，裁判官が少なくとも1人以上賛成していなければその判断が有効とはならない（第7編第28章末尾コラム④参照）。

　裁判員制度は2009年から開始して15年以上経過しているが，2025年3月現在，既に8件の事件で地裁の裁判員裁判の死刑の判断を高裁が覆している。

裁判員に選ばれたにもかかわらず，出頭を拒否したり，審理の途中で気分を悪くしたりする者がいたりする。また，厳しい守秘義務を負うなど，裁判員のやりやすさの問題も残っている。被告人は裁判官に裁いてもらう権利があり，裁判員制度は憲法に反するのかという争点について，最高裁は，憲法に反するものではないという判断を下している（最大判平23・11・16刑集65・8・1285）。

第3節　判例の意義と読み方

1　判例の意義

　一般に判例と呼ばれているものについて，正式には，最高裁判決を判例，下級審判決を裁判例という。判例の役割は，個別事案の解決のための裁判所の法的判断であるとともに，類似事件を解決するための基準である裁判規範や，社会生活を送る上での行動の基準である社会規範にもなっている。判例は，抽象的・一般的な成文法ルールの具体化・明確化とともに，成文法ルールの欠缺補充の役割を果たすこともある。これを「判例による法創造」という。

　裁判官は判例に準拠しなければならないとすることを判例法主義というが，日本は成文法主義を採っており，判例に厳密な意味での法的拘束力を認めない。しかし，判例には，事実上の拘束力がある。裁判所は，過去の同種事件の判決と当該事件とを具体的に比較検討し，事件の同一性や類似性を判断し，先例における論理を法規範化したものを当該事件の判断基準とするかを決定する。具体的には，先例の判決のうち，結論部分（主文）及び判決理由の部分（レイシオ・デシデンダイ：ratio decidendi）の論理を法規範化してその部分につき先例拘束性を認め，傍論（オビタ・ディクタム：obiter dictaum）については先例拘束性を認めていない（本章末尾コラム②参照）。判決理由と傍論の違いは，判決の結論を導くために必要であった法原則かどうかの違いであり，通常，判決理由の部分は狭く捉えるが，その射程範囲をめぐってどの部分に法的拘束力が生じるかが重大な問題となっている。

　社会生活上の秩序の安定のため，裁判所はよほどの重大な理由や確実な根拠がない限り，従来の判例の変更をすることはなく，最高裁判所が判例を変更する場合には，最高裁判所の大法廷で裁判をしなくてはならない（裁判所法10条3号）。また，法令の解釈適用の統一を図る必要性から，最高裁判所の判例と相

反する判断をした場合などが上告理由となる（民事訴訟法318条，刑事訴訟法405条）。

　実際上，最高裁判所の判断については，大きな影響を与えることになる。特に，「最高裁判所民事裁判例集（民集）」もしくは「最高裁判所刑事裁判例集（刑集）」に掲載されている判決は，判決の対象になった事件を超える価値があるといわれている。一方，「最高裁判所裁判集民事編（集民）」もしくは「最高裁判所裁判集刑事編（集刑）」に掲載される判決は，尊重される範囲も限定的であり，それ以外の最高裁の判決ともなると，価値の内容・程度・尊重すべき範囲はさらに小さくなる。最高裁の判決であっても，当該事例の解決に特化したものがあり，これを「事例判決」という。高裁・地裁判決は一般化されるべきものではなく，参考にされる程度である。

2　判例の読み方

　判例には，さまざまな情報が掲載されている。そのなかで，重要な部分（判旨）を的確に探し出すことが重要である。

　判決文には，最初に，①判決の言渡日，②担当の裁判所書記官名，③事件番号，④事件名，⑤口頭弁論の終結日，⑥当事者・法定代理人が書かれている。これらは，事件の基本情報であり，事件の特定の際，重要な役割をもつ。

　そして，内容について，①主文，②請求，③事案の概要，④争いのない事実，⑤争点，⑥主張，⑦裁判所の判断が書かれている。①主文は，裁判の結論部分である。②請求は，原告が求めている内容である。③事案の概要は，本件がどのような事件であったか概要が書かれている。そして，④争いのない事実には，当事者双方に意見対立のない事実が整理されており，⑤争点には，当事者間の主張の対立部分が書かれている。⑥主張について，原告はこう主張しているが，被告はこう反論しているという形で整理されることが多い。そして，最も重要な部分が，⑦裁判所の判断である。これまで出された証拠や当事者の主張を前提に，裁判所がどのような事実認定をして，どのような法的判断をしているのかがわかる。最近の判例には，規範部分に下線が引いてあるので，その部分はとくに重要である。

　最後に，担当の裁判所名と裁判官名が明示され，原本には印が押されている。
　一般に判例集には，以上のような多くの情報のなかから，本件事案に限られ

表 10 - 3　判例データベース一覧

裁判所のウェブサイト	最高裁判所判例集，高等裁判所判例集，下級裁判所裁判例速報，行政事件裁判例集，労働事件裁判例集，知的財産裁判例集の6つに分類されたデータベースがある。すべての判例が掲載されているわけではない。
LEX/DB インターネット（TKC）	総合判例検索と，分野別のデータベースである知的財産権判例検索，交通事故判例検索，医療判例検索等がある。判例評釈等も PDF 形式で読むことができる。
D-1Law 判例体系（第一法規）	判例を条文や制度の枠組みごとに整理して示す。論点ごとの体系別検索が可能である。
Westlaw Japan（ウエストロー・ジャパン株式会社）	新日本法規とトムソン・ロイターの合弁会社による法情報総合オンラインサービス。主要な雑誌掲載の判例だけでなく，紙媒体になっていない独自の判例も多く掲載している。
LLI/DB 判例秘書.JP（株式会社 LIC）	公的判例集や民間の判例雑誌掲載の判例を収録しているほか，大審院判例や独自の判例も収録している。法律雑誌の論文等も PDF 形式で読むことができる。

ない一般化しうる論理を抽出する形でまとめられている。重要な判例や興味関心のある判例は，実際の判決文に当たって読むことで，背景事情や具体的な紛争をどう解決したのかがわかる。

3　判例の見つけ方と深め方

　憲法や刑法，民法をはじめ，さまざまな法を学んでいると，必ず判例が示されている。判例をより深く学ぶためには，原典に当たることが望ましい。
　判例の出典表示をみてみよう。例えば，「最大判平14・9・11民集56・7・1439」と書いてあった場合，この判例をどのように探せばいいのだろうか。「最大判」は，裁判所名の部分である。最高裁判所大法廷判決を意味する。同様に，「最判」は「最高裁判所判決」，「最決」は「最高裁判所決定」，であり，「高判」は「高等裁判所判決」，「地判」は「地方裁判所判決」である。「平14・9・11」は，「平成14年9月11日」であり，判決日を特定する。「民集56・7・1439」は，判例の掲載場所であり，「民集56巻7号1439頁」のことである。「民集」

第10章　裁判と法　101

とは,「最高裁判所民事判例集」を意味する。同様に,「刑集」は「最高裁判所刑事判例集」,「判時」は「判例時報」,「判タ」は「判例タイムズ」,「金判」は「金融・商事判例」である。以上は,公刊された紙媒体のものであるが,裁判所のウェブサイトで判決日等を入力すれば,PDF 形式で判決文を読むことができる。また,有料のデータベースもあるので,図書館等で利用することができるか確認してみよう（表10－3）。公刊された判例は氏名や場所が匿名化されているが,当該裁判所に行き所定の手続をとれば,公開制限されていない限り,裁判資料一式の実物をみることもできる。

　判例の理解を深めるためには,判例を解説している文献を読むことである。雑誌『ジュリスト』の増刊として出されている分野ごとの「判例百選」のシリーズや毎年の重要な判例解説をまとめた「重要判例解説」が手軽である。最高裁判所の判決の場合,最高裁判所の調査官が判決に寄与する役割が大きい。その調査官が判決の背景にある詳細な解説を書いたものが,雑誌『ジュリスト』の「時の判例」や『法曹時報』の「最高裁判所判例解説」に掲載されている。

4　裁判所の判断方法

　裁判は「勝訴」と「敗訴」という言い方が一般的であるが,当事者の立場で変わるため,実際には,このような言い方はしない。民事事件では,原告の請求が認められた場合を「認容」,原告の請求が認められなかった場合を「棄却」という。一方,原告の訴えが不適法で実体判断しなかった場合には「却下」という。同じ「敗訴」だとしても,棄却と却下では意味が異なるので注意が必要である。刑事事件では,検察の主張が認められた場合は,「有罪」であり,検察の主張が認められなかった場合は,「無罪」となる。この「無罪」は,英語でいうと「innocence」ではなく「not guilty」である。

　控訴審では,「控訴棄却」もしくは「原判決取消」したうえでの「請求認容」等となる。

　そして,上告審の場合,多くは最高裁判所の判断であるが,まず「上告不受理」もしくは「上告受理」という違いがある。そして,「上告受理」された場合,「上告棄却」もしくは,最高裁判所自ら判断する「破棄自判」,または控訴裁判所に再度審理をさせる「破棄差戻し」に分かれる。最高裁判所は,法律審であるため,原審の事実を前提に法令解釈のみ行う。ただし,原審の判断を変

える場合には，口頭弁論を開く必要があるため（民事訴訟法 319 条），口頭弁論が開かれると新しい判断の可能性があるということで注目される。

　通常の裁判所は，合議であるとしても，連名で 1 つの判決が出される。しかし，最高裁判所の判決は，各裁判官が意見を出すことができる。「多数意見」（結論自体一致する場合は「法廷意見」）が判決として出されるが，意見を付加する「補足意見」，異なる理由づけをする「（少数）意見」，多数意見の結論に反対する「反対意見」という 3 つの形式で判決の最後に付け加えられている。最高裁判所には 15 人の大法廷と 5 人の小法廷があるが，全員一致のときもあれば，意見が分かれ，補足意見や反対意見などが付けられることもある。小法廷で意見が対立している場合，将来，同様の事件が再び最高裁判所で議論される場合に，意見が覆る可能性もあるため，注目する必要があろう。

【参考文献】
市川正人・酒巻匡・山本和彦『現代の裁判（第 8 版）』有斐閣，2022 年。
青木人志『判例の読み方―シッシー＆ワッシーと学ぶ』有斐閣，2017 年。
福本知行『法令・判例学習のツボとコツ』法律文化社，2016 年。
中野次雄編『判例とその読み方（3 訂版）』有斐閣，2009 年。

(長島光一)

コラム②　レイシオ・デシデンダイの見つけ方

1　判決文のなかにおいて，何がレイシオ・デシデンダイ（ratio decidendi）で，何がオビタ・ディクタム（obiter dictum：傍論）なのかは，それ自体解釈の問題である。一般的には，判例雑誌などで，判決文中に下線が引かれている箇所が，レイシオ・デシデンダイであると解することが多い。ただ，それはあくまでも「一応の目安」に過ぎず，解釈する者自身が，判決文を読み込み，レイシオ・デシデンダイを抽出できるようになる必要がある。

抽象的なことをいっても仕方がないので，判決文を素材に，具体的に考える。

2　有責配偶者からの離婚請求を例として
(1)　最判昭62・9・2民集41・6・1423の概要

まずは，有責配偶者からの離婚請求に関する判決（最判昭62・9・2民集41・6・1423）を素材として，考えてみよう。前掲最判昭62・9・2は，夫婦が36年間別居し，そのあいだに未成熟子がいないという事案に関し，「有責配偶者からされた離婚請求であっても，夫婦の別居が両当事者の年齢及び同居期間との対比において相当の長期間に及び，その間に未成熟の子が存在しない場合には，相手方配偶者が離婚により精神的・社会的・経済的に極めて苛酷な状態におかれる等離婚請求を認容することが著しく社会正義に反するといえるような特段の事情の認められない限り，当該請求は，有責配偶者からの請求であるとの一事をもつて許されないとすることはできないものと解するのが相当である」旨判示する。

(2)　検討

これを定式化すれば，①別居が長期間に及ぶこと，②夫婦間に未成熟子がいないこと，③相手方配偶者（多くの場合，妻）が離婚によって精神的・社会的・経済的に極めて苛酷な状態におかれることがないこと，という3要件の下，たとえ有責配偶者からの離婚請求であっても，これを認めるとしたのが判例（すなわちレイシオ・デシデンダイ）と理解できる。

したがって，前掲最判昭62・9・2の射程は，(i)単に別居が2～3年に及ぶような事案，(ii)夫婦間に未成年の子供がいるような事案には及ばず，これらの事案においては，有責配偶者からの離婚請求は許されないことになる。他方，(iii)別居が20年に及ぶ事案や(iv)子供がいても既に大学生であるような事案は，前記①，②の要件に該当し，③の事情がない限り，前掲最判昭62・9・2の射程が及び，有責配偶者からの離婚請求は認められうるのである。

問題は，(i)と(iii)，(ii)と(iv)のあいだには，さまざまなバリエーションがありえ，それらをどう区別していくかである。これはまさに，解釈と運用の問題であり，1つ1つの事案ごとに，前掲最判昭62・9・2の射程距離をにらみつ

つ，妥当な解決を模索していかなければならない。

(松嶋隆弘)

第4編　法の各領域 1
国家と法

第11章
日本国憲法制定の経緯とその基本原理

第1節　大日本帝国憲法から日本国憲法へ

1　大日本帝国憲法(明治憲法)の制定とその特色

　本節では日本国憲法の制定過程を概説するが、その前提として、わが国が初めて獲得した近代西洋法の原則に基づく憲法、大日本帝国憲法の制定過程とその特色について言及しておきたい。

　明治初年のわが国では、憲法や議会の存在も注目されてはいたが、刑法・民法などの法典編纂が先行し、憲法制定が具体的な政治日程に上ることはなかった。主だった動きとしては、1873年の征韓論争の末に下野した板垣退助らによって、1874年に議会の開設を求める民撰議院設立建白書が提出されたことが挙げられる。続いて1875年には「漸次立憲政体樹立の詔」が出され、将来の立憲政体設立を予定していることが示された。そして、この詔に基づいて法案の審議などを担うため設置された元老院では、1876年9月から「国憲」の起草が開始される。「建国ノ体」に基づいて「広ク海外各国ノ成法ヲ斟酌」せよとの方針のもと、元老院は1880年までのあいだに3種の草案を作成したが、政府首脳部の意図した案とは異なっていたため、却下された。

　なお、元老院で「国憲」の草案が練られていたころ、民間では自由民権運動の高揚を背景にして、さまざまな私擬憲法が作成された。例えば、植木枝盛(うえき・えもり)が起草した「東洋大日本国国憲按」は、手厚い人権保障を定めたほか、抵抗権なども規定している。また、交詢社(こうじゅんしゃ)の「私擬憲法案」は、イギリスに倣った議院内閣制を採用している。

　政府においても1881年、有力者であった大隈重信がイギリス型の議院内閣

制の採用を求めるとともに、早期に議会を開設すべきと主張した。これに反対する岩倉具視（いわくら・ともみ）・伊藤博文（いとう・ひろぶみ）らは、下僚の井上毅（いのうえ・こわし）に意見書を起草させたうえ、君主に強大な権力を集中させるプロイセン型の憲法を採用すべきとの立場をとった。そして、後者が政府の方針として採用された。この出来事に連動して起きたいわゆる「明治14年の政変」によって、大隈重信は政府を追われてしまう。一連の動きに社会は大きく反発したが、対する政府は「国会開設の詔（みことのり）」を出し、1890年の国会開設、及び立憲制の導入を約したのである。

その後、政府は憲法制定と議会開設に向けて準備を進める。まず1882年、伊藤博文は憲法調査のためヨーロッパへ渡り、ドイツ・オーストリアで憲法・国法学を学んで翌年帰朝した。その後、伊藤を中心とした政府は内閣制度や華族・皇室制度など、各種の国家機構を整えてゆく。

憲法編纂は1886年に開始された。起草の中心になったのは井上毅で、彼はお雇い外国人ロエスラー（ロエスレル）の助言を得ながら、1887年にかけて複数の草案を作成した。井上の手になる草案と、ロエスラーが作成した「日本帝国憲法草案」をもとに、伊藤の別荘のある夏島に伊藤のほか伊東巳代治（いとう・みよじ）、金子堅太郎（かねこ・けんたろう）らが参集して議論を行った結果、同年8月に「夏島草案」ができあがる。草案はその後も修正されたのち、1888年4月に完成をみた。憲法草案の提出を受けた政府は、草案を審議する機関として枢密院（すうみついん）を開設する。同院において3次にわたる審議を行ってさらに修正を重ねたものが、大日本帝国憲法である。大日本帝国憲法は1889年2月11日、明治天皇から内閣総理大臣の黒田清隆に対して授けられた。

大日本帝国憲法の特徴は、西洋近代で生じた憲法の諸制度を取り入れつつ、強力な君主制を採用している点にあり、いわば民主的な要素と反民主的な要素との二元的性格を持つ憲法であったといえる。したがって、大日本帝国憲法はわが国初の立憲的意味の憲法（語句の意味については、本章第2節1を参照）であるが、それは外見的立憲主義とも呼べるものであった。二元的性格のうち反民主的な要素としては、主権が天皇にあったこと、その天皇が「統治権ヲ総攬」すると定められていたことが挙げられる（1条・4条）。天皇の統治権を正当化する根拠は、神話に求められた。一方で、立法権における帝国議会の協賛（5条）、行政権における国務大臣の輔弼（55条1項）、司法権を有する裁判所（57

条1項）と，いずれも天皇のもとという制約が課されながらも三権は分立しており，この点は民主的要素と評価することができる。人権保障も第2章に定められており，一般的には民主的要素の1つに数えることができよう。ただし，大日本帝国憲法における人権は，個人が持つ生来の権利（天賦人権）ではなく，主権者たる天皇によって認められたものであった。そのため，「臣民」の権利は「憲法及法律ノ範囲内ニ於テ」認められるものとされ，それぞれの権利に法律の留保が伴っていた。

2　日本国憲法の制定過程

　わが国は1945年8月14日，ポツダム宣言を受諾し，第二次世界大戦は終結した。これによってわが国はアメリカを中心とする連合国の占領下に置かれ，その最高司令官であるマッカーサーのもとで占領統治を受けることになった。同年10月11日，新たに内閣総理大臣に就任した幣原喜重郎（しではら・きじゅうろう）が連合国最高司令官総司令部（以下，GHQと表記する）を訪ねた際に，マッカーサーから憲法を改正する必要があると示唆される。これを受けた幣原内閣は10月25日，松本烝治（まつもと・じょうじ）を委員長とする憲法問題調査委員会を設置し，憲法問題の調査を開始した。当初，同委員会は憲法改正案の作成までは企図していなかったが，のちに自ら草案を作成する方針へと転換する。そして1946年2月8日，松本らのまとめた「憲法改正要綱」（甲案）がGHQに提出された。

　政府の活動とは別に，わが国ではこの時期，民間でも数々の憲法改正草案が作成されていた。そのうちとくに著名なものが憲法研究会の手になる「憲法草案要綱」である。同要綱には国民主権，「国家的儀礼ヲ司ル」存在としての天皇，男女平等など，のちに日本国憲法でも明文化される諸原則が規定されており，GHQ内部でも注目されていた。

　ところで，憲法問題調査委員会の「憲法改正要綱」がGHQに提出されるよりも前，2月1日の段階で，その内容が『毎日新聞』によってスクープされる。紙面を通じて「憲法改正要綱」を目にしたGHQ側は，その内容が保守的で受け入れられないと判断し，自らの手で憲法草案を起草することを決断する。マッカーサーは，マッカーサー・ノート（マッカーサー三原則）を提示し，同原則に基づいて憲法の草案をつくるよう，下僚に促した。なお，そこに記された三原

則とは，①天皇を国の元首とすること，②自衛目的も含めた戦争の放棄，③封建制度の廃止であった。

　2月13日，GHQ側と日本側の担当者が面談する。日本側は当初，8日に提出した「憲法改正要綱」への回答を聞けるものと思っていたが，GHQからはマッカーサー・ノートに基づいて編纂されたGHQ草案（マッカーサー草案）が手交された。GHQは，マッカーサー・ノートが示されてから僅か2週間足らずのあいだに草案を作成したことになる。突然示されたGHQ草案に対して日本側は抵抗を試みるものの，最終的には同案を受け入れざるをえず，2月22日に行われた閣議で，GHQ草案に沿った憲法改正案を作成することを決定した。その後，日本側は新たな憲法改正案の作成を進め，3月6日にその成果である「憲法改正草案要綱」を公表する。主権在民や戦争の放棄を規定した要綱は，国民に驚きをもって迎えられたが，概ね歓迎された。その後，政府は引き続き条文化・口語化の作業を進め，4月17日に「憲法改正草案」を発表した。

　「憲法改正草案」は枢密院の審議にかけられ，6月8日に同院を通過する。同草案は，続いて衆議院に諮られた。衆議院では，「憲法改正草案」が発表される直前の4月10日に行われた総選挙を経て，新たな議員が選出されていた。総選挙では「憲法改正草案要綱」も争点の1つとなっていたため，審議には国民の意向が反映されたといってよいであろう。また，この総選挙は，女性に参政権が認められた初めての国政選挙であった。さて，衆議院では芦田均（あしだ・ひとし）を委員長とする帝国憲法改正案委員会において審議が進められたが，この場では生存権規定の挿入や義務教育期間の延長など，いくつかの重要な修正が加えられている。さらに同委員会では，憲法9条2項の冒頭に「前項の目的を達するため」との文言が挿入された。この修正は提案者の名を冠して「芦田修正」と呼ばれるが，その修正意図は，後年に至るまで議論の対象となっている。これらの修正を加えた「帝国憲法改正案」は，8月24日に圧倒的多数（賛成421票，反対8票）をもって承認された。続いて8月26日，草案は貴族院に上程される。ここでも文民条項の挿入などいくつかの修正が加えられたうえ，10月6日に可決された。その後，修正箇所を踏まえて衆議院での可決，さらに枢密院への再諮詢を経たのち，「帝国憲法改正案」は，1946年11月3日に「日本国憲法」として公布される。そして，半年間の周知期間を経た1947年5月3日，「日本国憲法」は施行された。

3 憲法改正をめぐって

　日本国憲法は，施行から80年近くを経た現在まで一度も改正されていないが，近年では改正に向けた動きが活発化している。以下では，日本国憲法の改正手続，及び憲法改正をめぐるこれまでの動きに触れておきたい。

　日本国憲法の改正手続は，憲法96条1項に規定されており，国会において各議院の総議員の3分の2以上が賛成することで発議される。発議がなされると，続いて国民投票にかけられる。国民投票で過半数の賛成が得られた場合に，国民による承認があったと認められ，憲法が改正されることになる。発議にあたって通常の議決に際して求められる「出席議員の過半数」（憲法56条2項）よりも厳格な要件が課されていること，憲法改正時にのみ国民投票が求められていることなどは，日本国憲法の硬性性を示すものである。なお，国民投票の手続等については，憲法以外に具体的な定めが置かれていなかったが，2007年に成立した「日本国憲法の改正手続に関する法律」によって整備が進んだ。

　憲法改正をめぐっては，日本国憲法の施行後，比較的早い段階から議論が生じている。まず，わが国が独立を回復した1950年代には，早くも現行憲法がアメリカによる「押しつけ憲法」であるとして，憲法改正を目指す動きが盛り上がりをみせた。とくに，改憲を主張する政党が合流して1955年に自由民主党が結党されたのち，1957年には内閣のもとで憲法調査会が活動を開始した。しかし，野党第1党であった日本社会党や世論の反発もあって，同調査会は1964年に報告書を提出するのみで役割を終えている。

　1990年代に入ると，冷戦崩壊をはじめとする国際環境の変化や55年体制（自民党対社会党という対立の構図）の終焉により，再び憲法改正議論が活発になる。2000年，衆参両院に憲法調査会が設置され，同調査会は2005年にかけて調査を行ったのち，各議院の議長に報告書を提出している。また，前述したように，2007年には改正手続を定めた法律も制定された。

　その後，2012年に自由民主党が公表した「日本国憲法改正草案」をはじめとして，各政党が改憲・護憲に向けた立場や，改正すべき項目・内容について主張を行っているほか，2007年の「日本国憲法の改正手続に関する法律」の成立を受けて設置された両議院の憲法審査会でも，意見が交わされている。

第2節　日本国憲法の基本原理

1　憲法とは

　憲法は，国家単位で定められている。それでは，国家とは何だろうか。一般的に，国家は①領土，②国民，③主権という3つの要素を備えているとされる。つまり，国家というからには必ず①一定の地域を領有し，②一定範囲の人間が所属し，③固有の支配権（統治権）を行使しているはずである。

　例えば，日本国内で犯罪が発生すると，国家機関によって捜査が行われ，場合によっては被疑者の身柄が拘束される。さらに，検察官の起訴を経て被告人に対する刑事裁判が行われ，有罪判決が確定すると刑罰を受ける。ここに掲げた国家権力の行使は，すべて法律に基づいて行われる。刑事事件のみではない。徴税や各種の規制（道路交通法などを思い浮かべてもらいたい）など，国民に対する国家の働きかけ（国家権力の行使）は，すべて法によって規定されている。そして，それらの法を根拠づけているものこそが，憲法なのである。このように憲法は，国家の統治・秩序を基礎づけているという点で，国家の基本法ということができる。

　憲法の語は多くの意味を伴っているため，「憲法とは何か」という問いに対しては，このほかにもさまざまな答え方がある。一般的には，①形式的意味の憲法と②実質的意味の憲法とに分類することが可能である。①形式的意味の憲法とは，憲法という名で呼ばれる成文の法典を指す。憲法という名が付されていればよく，内容は問わない。わが国には日本国憲法という形式的意味の憲法が存在している。②実質的意味の憲法は，さらに2つの意味に分けることができる。それは，(a) 固有の意味の憲法と，(b) 立憲的意味の憲法とである。(a) 固有の意味の憲法とは，国家統治の基本的事項を定めた法，国家の基本法をいう。国家である以上，統治のルールは必ず定められているから，どのような国家であれ，固有の意味の憲法は必ず存在している。なお，この区分は法の内容に基づく分類であるため，法典に「憲法」の名が冠されている必要はない。(b) 立憲的意味の憲法とは，立憲主義に立脚しているか否かという観点で憲法を捉えたもので，18世紀以降に生じた新たな区分である。

　それでは，立憲主義とは何なのだろうか。その意味は，1789年のフランス

人権宣言16条に端的にあらわれている。同条は「権利の保障が確保されず、諸権力の分立が定められていない社会は、およそ憲法を持つものではない」と記し、権利の保障を確保すること、権力の分立を定めることを要求する。要するに、国家権力を制限し、国民の自由・権利を保障すること、こうした立場で政治を執り行うことを立憲主義といい、同様の観点に基づいて定められている憲法が、立憲的意味の憲法なのである。

　立憲的意味の憲法という新たな意味が加わったきっかけは、近代市民革命にある。18世紀に起きたフランス革命やアメリカ独立戦争は、自然権的自然法論に裏づけられていた。すなわち、人は生まれながらに権利を持ち、その権利は国家権力によって侵すことはできないとの考え方である。それ以前の国家は君主による専制的支配が行われ、国民の自由は乏しく、また政治に参画することも許されていなかった。市民革命は、そうした状態から人々を解放し、自由・権利を確立させた。そして以後、国民は自らの自由や権利を守るため、憲法による国家権力の拘束を試みたのである。こうした経緯から、近代国家の憲法では、立憲的意味の憲法であることが必須の条件となっている。

　なお、立憲的意味の憲法であるために、一般的に近代憲法は明文で記され、一定の手続を経て制定された成文憲法になる。これは1つには、明文化することによってその内容を明確化し、国家権力の濫用を防止するためである。また、国民自身が関与して制定しなくてはならないから、民主的な手続を踏むことも当然視される。現在ではイギリスなど一部の国を除く多くの国家が、成文憲法を採用している。

　さらに、憲法は通常の法律改正手続よりも厳格な手続を定めた硬性憲法が一般的である。なぜなら、重要な内容を定めているからこそ、憲法の安易な改正や、原則が度々変更されるような不安定な状態を防がなくてはならないためである。また、国家の基本法として他の法律よりも強い効力が与えられていること（これを最高法規性という）、理由の1つに挙げられよう。これに対して、一般の法律と同様の手続で改正できる憲法を、軟性憲法という。

　日本国憲法は、後述するように基本的人権の保障や権力分立を定めていることから立憲的意味の憲法であるといえ、「日本国憲法」という形で成文化された成文憲法である。さらに、改正手続の面からいえば、法律よりも厳格な手続を課していることから、硬性憲法である。

2　日本国憲法の基本原理

　日本国憲法は，国民主権，平和主義，基本的人権の尊重という3つの基本原理（三大原則）を置いている。

2-1　国民主権

　国民主権とは，国のあり方を最終的に決定する権限が国民自身にあることをいう。国民の権利や自由を守るためには，国民自身が政治に参画して，国家統治のあり方を決定しなくてはならない。そうした民主主義的な要請から，日本国憲法はもっとも重要な原理として，国民主権を置いている。

　大日本帝国憲法のもとでは主権は天皇にあり，いわゆる君主主権が採られていたが，日本国憲法において天皇の地位は「主権の存する日本国民の総意に基く」（憲法1条）と定められ，主権者である国民の総意が天皇の地位を根拠づけていることを明確にしている。この点は両憲法の決定的な違いである。

　また，日本国憲法のもとでは天皇は国政に関する権能をもたず，国事に関する行為（例えば法律の公布など）のみを行う存在と規定されている（憲法4条1項）。このように，象徴としてのみ存在し，政治的な権能を有しない現在の天皇の位置づけを，象徴天皇制と呼ぶ。

　ところで，国の政治のあり方を最終的に決定する権限，つまり最高決定権は何によって担保されるかというと，それは憲法制定権力である。なぜなら，憲法は国家統治の基本的事項を定めた法であって，憲法に基づいて国家秩序が形成されるためである。したがって，国民主権を実現するには，憲法の制定に国民自身が関与することが必要条件となる。そして，国民自身が関与して制定された憲法を，民定憲法という。大日本帝国憲法が，天皇から授けられるという形をとった欽定憲法であったのに対して，日本国憲法は帝国議会の議決を経て成立したことや，前文にあらわれるその理念から，民定憲法と位置づけてよいであろう。

　そのほかにも，国会議員の選挙（憲法43条），最高裁判所裁判官の国民審査（憲法79条2項），一の地方公共団体のみに適用される特別法が制定される場合の住民投票（憲法95条）など，国民が直接に意思を示す機会が憲法上に用意されている。これらの制度も，国民主権という理念のあらわれとみることができよう。

2-2 平和主義

　日本国憲法は，基本原理の1つに平和主義を置く。平和主義については第4編第17章で詳述するためここでは深く立ち入らないが，憲法の前文及び憲法9条をその根拠として，戦争の放棄，戦力の不保持，交戦権の否認の3つが規定されたものと解されている。日本国憲法の平和主義は，あらゆる戦争を放棄している点において，侵略戦争のみを禁止することが多い他国の戦争放棄条項に比べ，徹底した内容ということができる。ただし近年，本条をめぐってはその存廃・改正に関して活発な議論が交わされている。

2-3 基本的人権の尊重

　3つの基本原理のうち残る1つが，基本的人権の尊重である。人権についても第4編第12章以降で詳細に触れられるため，ここでは同原理の定義と，ここから派生するいくつかの原理に言及するに留める。

　日本国憲法13条は「すべて国民は，個人として尊重される」と規定し，個人の尊重を究極的な目的としている。こうした考え方を個人主義という。その背景には，人はすべて生まれながらにして権利を持っており，その権利は国家権力によって侵しえないものであるという，近代市民革命以降に生じた理解がある。

　大日本帝国憲法は，国民を天皇の「臣民」とし，「憲法及法律ノ範囲内ニ於テ」権利を容認していた。この点において，日本国憲法の権利保障がより徹底されたことは間違いない。なお，個人主義の対義語は全体主義または国家主義とされており，後者は究極的には，個人の幸福追求よりも国家の利益を優先するという考え方である。

　個人主義の実現を図るため，ここから派生的に生まれてくる原理が，自由主義や民主主義である。そこで続いて，両者の定義にも目を向けておきたい。まず自由主義は，国家権力を制限することにより，個人の権利・自由を保障することと定義される。そこで，国家のもつ強大な権力を抑制して個人の権利や自由を守るため，つまり自由主義を貫徹するために生み出された知恵が，法の支配であり，権力分立（三権分立）である。

　法の支配とは，「法による支配」とも言い換えられるもので，個人の権利・自由を保障するために，法によって国家権力を制限しようとする考え方である。

この言葉は英米法に由来し，"法"には正しい法・自然法的な意味合いが含まれる。これに対して，似て非なる言葉に法治主義がある。法治主義もまた，法によって政府を拘束するという意味を持つが，かつてドイツで唱えられた法治主義は形式的に法に従うことを要求するに過ぎず，権利・自由の保障という側面が弱かった。ただし現在では法治主義も，法の支配に近い意味で用いられており，両者を区別する意味は乏しくなっている。

権力分立はフランス人権宣言にもみられた考え方で，権力を分割し，相互に均衡・抑制させることによってその濫用を防ぎ，個人の権利・自由を保障しようというものである。周知の通り，わが国では国会に立法権が，内閣に行政権が，裁判所に司法権が与えられる形で三権分立が図られている。

一方の民主主義は，統治する者（治者）と統治される者（被治者）の同一性と定義できる。個人を尊重するためには，自らが国政に参画して，たえず国家の方向性を定めていく必要がある。したがって民主主義は，基本的人権の尊重という目的から派生するとともに，国民主権の根拠にもなる原理ということができよう。

民主主義の方法としては，直接民主制及び間接民主制の2つが知られている。国民が直接統治を行う直接民主制は，国家が広大な領土や多数の国民をもち，多様な意見を集約しなくてはならない現在では物理的に困難である。そのため，国民が代表者を選出し，代表者によって統治を行う間接民主制が採用されることが多く，わが国もまた同様である。ただしわが国では，憲法改正時の国民投票や，最高裁判所裁判官の国民審査など，例外的に直接民主制を採用している場面も存在する。

【参考文献】
渋谷秀樹『憲法（第3版）』有斐閣，2017年。
古関彰一『日本国憲法の誕生（増補改訂版）』岩波書店，2017年。
野中俊彦ほか『憲法Ⅰ（第5版）』有斐閣，2012年。
伊藤正己『憲法入門（第4版補訂版）』有斐閣，2006年。
大石眞『日本憲法史（第2版）』有斐閣，2005年。
「日本国憲法の誕生」国立国会図書館（http://www.ndl.go.jp/constitution/）

（児玉圭司）

第12章 日本国憲法における人権保障 1 人権総論・自由権・包括的権利

　日本国憲法は，国民に対してさまざまな権利や自由を保障している。例えば，国民には，自由に物事を考え，発言し，ときにはデモなどの集団行動を通じて自分の意見を他者に伝えることが権利として認められている。また，自分がどのような職業に就くのか，その選択した職業を通じて得た財産をどのように活用し処分するのかについても，国民の権利や自由の一部として尊重される。日本国憲法は，こうした一群の権利や自由を「基本的人権」と称し，憲法第3章以下の条文のもとに列挙している。本章は，こうした憲法の保障する権利や自由について概説し，特に，すべての基本的人権に共通する基本的な考え方（人権総論）と「自由権」および「包括的権利」と称される権利の類型について解説する。

第1節　人権総論①——日本国憲法における人権保障——

1　人権観念の歴史的展開

　明治憲法との対比において，日本国憲法の特質の1つは，国民の「基本的人権」の保障を明文で定めた点にあるとされる。例えば，憲法11条では，「国民は，すべての基本的人権の享有を妨げられない。この憲法が国民に保障する基本的人権は，侵すことのできない永久の権利として，現在及び将来の国民に与へられる」と定められ，13条以下で具体的に様々な権利や自由が国民の「基本的人権」として列挙されている。しかし，そもそも「人権（human rights）」は，「人間がただ人間であることにのみもとづいて，当然に，もっていると考えられる権利」（宮沢俊義『憲法Ⅱ〔新版〕』有斐閣，1974年，77頁）である。この人権の定義を踏まえると，憲法11条は，当然のことを敢えて憲法で確認しただけ

で，些か余分な規定であるように思われる。日本国憲法は，なぜ，この当然の前提を敢えて条文で確認したのだろうか。

　実は，この疑問に向き合うことが，日本国憲法というテクストにおいて「基本的人権の享有」が明記されていることの重要性を理解することに繋がる。結論を先取りするならば，その答えは，第二次世界大戦という悲惨な戦禍を経験するまで，日本も含めた世界の国々の法域において，人権が法的権利としては自明のものでもなければ，確固たるものでもなかったという点にある。

　人権の歴史を語るとき，しばしば1215年のイギリスのマグナ・カルタに言及がなされる。これは13世紀初頭に貴族たちが国王の恣意的な権力行使に抵抗して，国王に臣民の権利や王が守るべき事項を確認した文章であり，君主であっても侵すことのできない権利が存在することを認めさせたという点で，現在の人権の観念の基礎を形成した重要な出来事として位置付けられる。もっとも，そこでの権利は貴族という特権身分の権利を指すものであり，すべての人に生来的に認められる権利ではなかった。人が人であることにより当然に保障される生来の権利があるという現在の人権観念に連なる発想は，17世紀から18世紀にかけてヨーロッパで提唱される近代自然権思想のもとに誕生する。

　その代表的な論者が，イギリスの哲学者ジョン・ロックである。ロックは，近代自然権思想について次のように説く。

　「自然状態はそれを支配する自然法をもち，すべての人間がそれに拘束される。そして，その自然法たる理性は，それに耳を傾けようとしさえすれば，全人類に対して，すべての人間は平等で独立しているのだから，何人も他人の生命，健康，自由あるいは所有物を侵害すべきではないということを教えるのである。というのは，人間が，すべて，ただ一人の全能で無限の知恵を備えた造物主の作品であり，主権をもつ唯一の主の僕であって，彼の命により，彼の業のためにこの世に送り込まれた存在である以上，神の所有物であり，神の作品であるその人間は，決して他者の欲するままにではなく，神の欲する限りにおいて存続すべく造られているからである。」（ジョン・ロック（加藤節訳）『完訳 統治二論』岩波文庫，2010年，296-299頁）。

　ロックのいう「自然状態」，すなわち，国家が成立する前の状態において，す

べての人間は神の被造物として「平等で独立」している。つまり，自然状態においては神を除いて人間を支配する存在はなく，人々はただ「自然法」，すなわち，「何人も他人の生命，健康，自由あるいは所有物を侵害すべきではない」というルールのみに拘束される。この自然法のもとで万人に認められている権利が，いわゆる自然権（正確には，ロックの言葉でいうところの「固有権（property）」）である。

しかし，自然法が命じるルールは，人々にルールを遵守させる国家権力のない自然状態においては不確実で不安定である。そこで，こうした「生命，健康，自由あるいは所有物」に対する権利（自然権）を保全するために，人々が結集して創設するのが国家という政治的共同体である。つまり，ロックの立場において，国家の目的は人々が生来的に持つ自然権の保全にあり，国家の正当な活動範囲は自ずとこの目的によって限定される。こうしたロックに代表される近代自然権思想は，18世紀に法典化されるアメリカ独立革命時の各邦の権利章典や合衆国憲法，革命初期のフランス人権宣言における権利の実定化に大きな影響を与えた。

もっとも，こうした近代自然権思想に対しては，保守主義や法実証主義の立場から厳しい批判が向けられた。例えば，功利主義者としても名高いジェレミー・ベンサムは，国家なくして法や権利は存在せず，国家に先立つ権利があるとする自然権の発想は，「修辞上のナンセンス，大袈裟なナンセンス」であり「有害」ですらあると批判した。また保守主義の古典として参照される『フランス革命の省察』で著名なエドマンド・バークも，自然権論を曖昧で思弁的に過ぎるとの厳しい指摘を行った。こうした批判もあり，19世紀頃には憲法や法律のみで認められた実定法上の権利にのみ法的効力を認める法実証主義的権利観念が支配的となる。例えば，革命を経験したフランスも，1779年12月の憲法では人権宣言が消え，また明治憲法の模範となった1850年制定のプロイセン憲法でも，君主制原理のもと，「プロイセン人の権利」は法律の根拠があれば制限可能な「法律の留保」付きのものとして認められるに過ぎなかった。こうして，一旦，自然権は西洋法の歴史舞台から退場する。

人権や自然権の観念が再び法の世界において日の目を見るのは，第二次世界大戦の頃である。ファシズムやナチズムといった全体主義国家と対抗するなかで，連合国が戦争目的の一つとして掲げたのが，人権の国際的保護であった。

とりわけ、ナチ・ドイツによるユダヤ人大虐殺（ホロコースト）に強く刺激される形で、連合国は人権の擁護を戦争目的として国際世論に訴えていく。このような戦争の背景もあり、第二次世界大戦の反省から組織された国際連盟は、第1回国連総会において「人権委員会」を創設し、「国際人権宣言」の起草を経て、最終的に「世界人権宣言」（1948年）の採択に至る。こうして、国際社会において、国家の枠を超えて保護されるべき「人権」の存在が確認されたことで、国内憲法の次元においても再び自然権的な発想のもとに国民の権利が捉え直されていく。連合国総司令部による占領下で、同時期に制定された日本国憲法に「基本的人権」を明記する条文が設けられたことは、こうした人権観念の歴史的展開と無縁ではない。

2　人権論の用語法─「人権」と「憲法上の権利」の区別─

したがって、日本国憲法における「基本的人権」の明記は、憲法で保障された権利や自由が、単に憲法という国家の法のもとで保障されることを超えて、人であれば当然に認められる生来の権利、すなわち、「人権」としての性格をも持ちうることを意味する。とりわけ第二次世界大戦下で、明治憲法が「臣民の権利」として一応保障していた国民の権利や自由を政府が「法律の留保」に服することを理由に悉く制限していた過去の歴史を踏まえると、一定の憲法上の権利に関して、その前国家的性格を強調しておくことの意義は大きい。

しかし、日本国憲法が保障する権利や自由を仔細に見ていくと、そこには必ずしも前国家的な性格でもって説明できない種類の権利も存在する。例えば、選挙権や被選挙権のような政治に参加する権利（「参政権」）は国家の存在なくして観念することはできない。また憲法25条の生存権のように、政府からの福祉給付を通じて最低限度の生活を維持する権利は、その給付を行う国家とその財源を必要とし、どの国家の国民にも等しく認められるべき「人権」とは言い難い。そこで、憲法学の世界では、日本国憲法という憲法のテクストによって保障されている権利を「憲法上の権利」や「基本権」と呼び、国籍を問わず人であれば当然に認められる「人権」という言葉から区別して用いるのが一般的である。つまり、「基本的人権」は「憲法上の権利」であるが、そのすべてが必ずしも文字通りの「人権」として説明できるわけではないのである。

3 憲法上の権利の種別

　憲法上の権利にはさまざまな種別が存在する。そのうち最も著名なのは，国民が国家との関係でどのような地位に置かれているのかに着目した，ゲオルク・イェリネクによる分類である。この分類によれば，国家との関係における国民の地位は，①国民が国家に対して義務を負う「受動的地位」，②国家から自由な「消極的地位」，③国民が国家に対して積極的な活動を要求できる「積極的地位」，④国民が国家のために活動する「能動的地位」の4つがあり，①を除いて，それぞれ，②に対応する権利が自由権，③に対応する権利が受益権，④に対応する権利が参政権などと称される。しかし，このイェリネクの分類は法実証主義的国法学を前提にするものであり，前国家的な性格をも持ちうる日本国憲法の権利の分類には馴染まないとの指摘がなされている。

　そこで，イェリネクの分類における国家権力と国民の権利との構造的な関係を前提にしつつ，次のような憲法上の権利の分類が提唱される。すなわち，①原則として国家からの介入や干渉を受けないという意味での「国家からの自由」，②それとは反対に，国家からの給付や国家の一定の行為を前提とする「国家による自由」，③国民が自ら政治権力の形成に参画する「国家への自由」の3つである。例えば，信教の自由（憲法20条）や表現の自由（憲法21条）は①の性格を持つ権利として捉えられ，後述するように，こうした権利は「自由権」や「防御権」とも称される。また②の例としては，生存権（憲法25条）や教育を受ける権利（憲法26条），勤労の権利（憲法27条）などの「社会権」に加えて，裁判を受ける権利（憲法32条）や国家賠償請求権（憲法17条），刑事補償請求権（憲法40条）などの「国務請求権」と総称される権利が挙げられる。③の典型が選挙権（憲法15条1項）であり，文字通り，政治に参加する権利という意味で「参政権」と呼ばれる。そのほか，以上の種別に加えて，これらの個別的権利に通底する基本理念を示すと同時に，独自の法的意義を有する一般条項として機能する「包括的権利」の類型を加える論者もいる。幸福追求権（憲法13条）や法の下の平等（憲法14条）がこの類型に属する。

　もっとも，こうした権利の類別は，個別の憲法上の権利に常に一対一対応するものではなく，一個の権利に複数の類別の性格付けがなされることもある。例えば，「国家からの自由」として説明した表現の自由は，文字通りには，個人の考えを外部に表明する権利として捉えられるが，地方自治体が市民の表現活

動を支援するために市民会館という表現の場を提供したり，文化芸術の促進を狙いとして，国家が一定の活動に助成金を交付したりすることもあり得る。しかし，こうした国家による国民の表現活動の支援が恣意的に行われることで，支援を受ける個人とそうでない個人との間に不平等が生じるとしても，それを国家の介入を排除する「自由権」の問題として構成することはできない。なぜなら，支援を受けられない個人は，表現の自由をよりよく行使するために国家の不干渉を違憲とすることで，表現の自由に対する国家の介入を積極的に求めているからである。このように，便宜上，「国家からの自由」に分類される憲法上の権利であっても，事案の性質によっては，「国家による自由」のように異なる種別に分類される権利の性格を帯びることもあることに注意が必要である。権利の類型論は，あくまで個々の権利の基本的な特性を明確にすることで，その保障を確実にするための議論である。

第2節　人権総論②――憲法上の権利の享有主体と適用範囲――

1　憲法上の権利の享有主体――外国人と法人の人権――

さまざまな権利を基本的人権として保障する憲法第3章の表題は，「国民の権利及び義務」である。実際に，日本国憲法は，「国民」の基本的人権の保障を問題とし（憲法11条），「生命，自由及び幸福追求に対する国民の権利」が最大限尊重されるべきことを確認している。これらのことから推察されるのは，日本国憲法が保障する権利の享有主体は，まずもって「国民」であるということである。そうすると，日本国籍を有さない「外国人」や株式会社などの生身の人間でない「法人」には，基本的人権が保障されないのかが問題となる。

この点，外国人にせよ，法人にせよ，これらに人権規定が適用されるのかに関しては，それぞれの「権利の性質」ごとに個別に判断がなされるべきであるとするのが，判例・通説である（権利性質説）。例えば，外国人の人権のリーディングケースであるマクリーン事件では，反戦運動に参加するなどの政治活動の自由は，基本的には，外国人にもその権利の保障が等しく及ぶべきであるが，在留資格の更新の際に，在留期間中に行った政治活動を法務大臣が在留資格を更新しない事情として考慮されない権利まで憲法は保障するものではないとされた（最大判昭53・10・4民集32・7・1223）。また法人に関しても，株式会社

の政党に対する寄付行為が会社の定款に定められた事業目的の範囲外の行為であるとして株主から損害賠償を求める訴訟が提起された八幡製鉄献金事件において，最高裁判所は，会社にも「自然人たる国民と同様，国や政党の特定の政策を支持，推進または反対するなどの政治的行為をなす自由」があるとして，この自由の一環である会社の政治献金を合法と判断した（最大判昭45・6・24民集24・6・625）。

2 憲法上の権利の適用範囲 ─ 人権規定の私人間効力 ─

　憲法99条が憲法尊重擁護義務を天皇や国務大臣，国会議員，裁判官その他の公務員に課しているように，憲法第3章以下の人権規定もまた，その名宛人は国や地方自治体等の公権力である。この点で，まずもって，人権規定は，国家と国民の関係のような非対称的な権力関係に適用されることを想定している。しかし，そうすると，国民と国民の関係，すなわち，双方の当事者がともに公権力を背景としない「私人」と「私人」の対等な関係に対して人権規定が適用されるのか否かが問題となる（人権規定の私人間効力）。

　一般的に，私人間の法律関係に適用されるルールは，私法，とりわけ民法である。民法上，人々は自らの私的な生活関係を自らの意思に基づいて自由に形成することができ，こうした私人の間で形成される法律関係を国家は尊重し保護しなければならない（私的自治の原則）。したがって，例えば，ある個人が自らの意思に基づき締結した契約は，その契約が自身に不利な条件を内容とするものであったとしても，原則として，当該個人はその契約に対する責任を負うのであり，国家はそれに干渉してはならない。自らの意思に基づいて形成した生活関係に関して，その内容がどうであれ，その選択の結果に責任を負うことができる者として人々を扱うことが，民法の想定する自律した個人の姿なのである。

　しかし，企業における使用者と労働者の関係のように，しばしば現実社会における私人間の力関係は非対称であり，そうであるが故に，実際には，力の強い一方の私人による他方の私人の人権侵害とも評すべき違法な行為が社会に横行する。例えば，かつての日本社会では，男性と女性の定年退職の時期は区別され，女性は男性より早期に退職せざるを得ないような不平等な処遇が契約の名の下に罷り通っていた。また近年では，日本に在留する外国人やLGBTと総

称される性的マイノリティに対する私人による差別の問題も顕著となっている。憲法の人権規定が国家を名宛人とするルールであったとしても，私人間で生じる事実上の「人権」侵害に対して何ら国家による救済が及ばないとするならば，それは，自然権思想を背景とする日本国憲法の人権観念からしても望ましい事態とはいえない。

　そこで，学説では，こうした事態に対処するべく，人権規定を私人間にも及ぼすことができるのかをめぐってさまざまな理論が提唱されてきた。このうち，主要な学説として，①人権規定は私人間には適用されないとする「無適用説」，②文字通り，私人間にも適用できるとする「直接適用説」，③私人間には直接適用できないが，民法など私法の一般条項（他の条文に通底する基本理念を示す，抽象的で解釈の幅の広い条文）に人権規定の理念や価値を読み込むことで，人権規定を間接的に適用できるとする「間接適用説」の3つがある。間接適用説が通説であるとされるが，近時では，無適用説を再評価する有力な見解もある（高橋和之）。

　人権規定の私人間効力に関するリーディングケースが，三菱樹脂事件（最大判昭48・12・12民集27・11・1536）である。この事件では，三菱樹脂株式会社の入社試験の際に，学生運動歴等に関して虚偽の申告をして同社に入社した者の本採用の拒否の合法性が争われた。この裁判では，会社と原告の間の労働契約関係の存否のみならず，その前提として，会社が応募者の思想に関する事項を尋ねることや応募者が特定の思想を有することを理由に本採用を拒否することが，憲法19条の思想の自由の侵害や憲法14条の「信条」による差別に当たらないかが問題となった。この点に関して，最高裁は，憲法の人権規定は「もっぱら国または公共団体と個人との関係を規律するものであり，私人相互の関係を直接規律することを予定するものではない」とした上で，ただし，私人間の一方の他方に対する侵害の態様，程度が社会的に許容しうる一定の限度を超える場合には，立法によって是正を図るほか，「私的自治に対する一般的制限規定である民法1条，90条や不法行為に関する諸規定等」を適切に運用して，「社会的許容性の限度を超える侵害」に対処することができると述べた。

　民法1条，90条や不法行為に関する諸規定（典型的には民法709条）は，まさに上述の民法の一般条項に当たり，一般条項を通じた私人間の人権侵害の救済を志向する点で，三菱樹脂事件最高裁判決は，一般的には，間接適用説に依

拠したものだと理解される。これに対して，裁判所が民法の一般条項による権利侵害の救済に言及したことをもって間接適用説を採用したと断言することは適切ではなく，むしろ基本的発想は無適用説に親和的であるとの批判もある。ただし，無適用説に依拠する場合も，「憲法上の人権」は適用されないが，自然権思想のように，もともと人権は憲法という実定法を超えた権利（超実定法的権利）であるという理解を前提に，「超実定法的人権」が民法90条などに読み込まれると考える。そのため，いずれの学説に依拠したとしても，私人間の人権侵害に対して裁判所の法的救済が及び得るという点で，結論に変わりはない。

第3節　自由権

1　自由権に分類される憲法上の権利

　日本国憲法が保障する権利や自由の多くは，自由権として機能する。国家からの介入や干渉を排除するという意味で「防御権」とも称される。そして，自由権としての性質を中核とする憲法上の権利には，主として，①精神的自由，②経済的自由，③人身の自由の3つがあるとされる。この分類に基づいて，該当する人権規定を整理すると，次のようになる。

① 精神的自由：思想及び良心の自由（憲法19条），信教の自由（憲法20条），表現の自由（憲法21条），学問の自由（憲法23条）
② 経済的自由：職業選択の自由（憲法22条），財産権（憲法29条）
③ 人身の自由：適正手続の保障（憲法31条），奴隷的拘束・拷問の禁止（憲法18条），逮捕・捜索の制限（憲法33条，35条），刑事被告人の権利（憲法37条，38条）

　まず，精神的自由は，何かを考えたり感じたりする人間の心の働きから生じるさまざまな精神活動を保護の対象とするものである。一般的には，人間の内面的な精神活動は思想及び良心の自由として保護され，それが外部化されると表現の自由の問題となる。例えば，学校の教員の中には戦前の軍国主義を彷彿とさせる「君が代」や「日の丸」に関して反対の考えを持ち，その考えを理由に入学式や卒業式の式典等の際に「君が代」「日の丸」の起立斉唱を拒否する者

がいた。国や教育委員会がこの考えが誤っているとして，考えを変えるように強制したり，この考えを持つ教員に不利益な処分を下したりする場合には，思想及び良心の自由の侵害が問題となる。また，学校行事での「君が代」「日の丸」の起立斉唱に反対であるという考えを文面にしたチラシを駅前で配布したり，ソーシャルメディアに投稿したりする行為は，考えが他者に対して公表されているという点で，表現の自由の保護を受ける。ただし，心の中で抱いている考えが「宗教」や「学問」などの特定の主題に向かうときは，それが内面にとどまるか，外部に公表されるかにかかわらず，それぞれ，信教の自由と学問の自由の問題として構成されることになる。

　次に，経済的自由には，職業選択の自由と財産権が含まれ，これによって憲法は個人の自由な経済活動を保障している。このうち，職業選択の自由の根拠条文である憲法22条には，居住・移転の自由や外国移住，国籍離脱の権利がともに規定されているが，これらを専ら経済的自由として理解するのは誤りである。人々を土地に結びつけてきた封建制からの解放という歴史的経緯から，自由な経済活動の前提として，これらの自由が重要であったという理由で同一条文中に定められているものである。むしろ，人身の自由や自己決定権としての性格を有するとの指摘もある。また，文言上は職業「選択」の自由となっているが，この自由には選択した職業を自分の判断に従って「遂行」する自由（職業活動の自由）も含まれている。さらに，職業を通じて獲得した財産にも当然に憲法の保護が及ぶ。まさに憲法29条が財産権の保障を定めている。しかし，同条1項は財産権を侵してはならないとしつつも，2項で保護の対象となる財産権の内容は法律で定めるものとしている。この点につき，憲法上，法律では侵害できない財産権の核心部分があり，一般に，それは「私有財産制度の保障」であると解されている。また森林法事件最高裁判決（最大判昭62・4・22民集41・3・408）では，財産の単独所有が「近代市民社会における原則的所有形態」であるとして，民法上の共有分割請求権を制限する森林法の規定が憲法上の財産権侵害にもなると判断された。ここには，単独所有が憲法上の財産権の内容をも構成するとの想定がある。

　最後に，人身の自由とは，身体が不当に拘束されないことを要請する権利であり，他のすべての自由の物理的前提となる。日本国憲法は，18条で「奴隷的拘束」や「苦役」を絶対的に禁止すると同時に，とりわけ身体の拘束を内容と

する自由刑や「逮捕」や「抑留」「拘禁」など裁判での刑罰の決定に至るまでの過程において人身の自由が著しく制限され得ることを想定して，憲法 33 条以下で刑事手続に関する権利保障に関する条文を多く定めている。例えば，現行犯以外の場合には，何人も裁判官が発行する令状が無ければ逮捕されないし（憲法 33 条），どれほど捜査に必要であったとしても，警察官は同様に令状がない限り容疑者の住居を捜索したり所持品を押収したりすることができない（憲法 35 条）。また直近では，乗用者に使用者らの承諾なく密かに GPS 端末を取り付けて行われた捜査に関して，最高裁は，憲法 35 条が保障する私的領域に侵入されない権利を侵害するものであり，令状が必要な強制捜査であると判断した（最大判平 29・3・15 刑集 71・3・13）。

2　自由権の制限とその違憲審査の構造

　「国家からの自由」とも形容される自由権とはいえども，その制限が絶対的に許されないわけではない。日本国憲法は，基本的人権を「侵すことのできない永久の権利」としながらも（憲法 11 条，97 条），憲法上の権利が「公共の福祉」によって制約されることを定めている（憲法 12 条，13 条）。とりわけ，経済的自由に関しては，他の自由権規定とは異なり，「公共の福祉」の制約に服することを敢えて条文中で確認している（憲法 22 条 1 項，29 条 2 項）。公共の福祉は，他者の人権との調整原理や社会全体の利益と説明されることがあるが，その概念の詳細に違いはあれども，公共の福祉に基づく正当な理由があれば，自由の制限が許されるという点で，学説の理解は一致している。つまり，公共の福祉とは，憲法上の権利を制限する際の一般的な根拠となるものなのである。

　本節で扱っている自由権の保障にとって重要なのは，自由に対する国家の介入は原則として許されず，それを正当化する合理性と必要性がある場合にのみ例外的に介入が許容されるという，「原則－例外の関係」である。すなわち，個人の自由権を制限する際に，国家はその権利を制限する正当な理由がない限り，個人の自由な活動を尊重しなければならない。そして，権利制約を正当化する理由となるのが，先ほど言及した「公共の福祉」である。しかし，この概念の指示内容は抽象的であり，どのような目的や利益を達成するためであれば自由権の制限が許容されるかは，この語自体からは判然としない。そこで，学説から，権利制約の許容性を客観的に判断するための枠組みとして，いわゆる「違

憲審査基準論」が提唱される。

　違憲審査基準論は，公共の福祉に基づく憲法上の権利の制約の合憲性を判断するにあたって，裁判所が，制約される権利利益と権利制約によって達成される政府利益とを比較し，いずれの利益を優先すべきかを決定するための判断過程を統制するための議論である。それによって，違憲審査を行う裁判官の判断の恣意性を極力排除することができる。また，実際に違憲審査を行う際には，法律を制定する国会の判断過程に従って，法律を制定する目的（立法目的）とそれを達成するための手段という，目的・手段の枠組みに従って法律の合憲性が判断される。すなわち，裁判所は，法律の違憲審査をその立法目的と手段に着目して行うのであり，このいわゆる「目的手段審査」は，すべての違憲審査基準論に共通する審査の枠組みとなる。このように，違憲審査の観点を法律制定時の国会の判断の枠組みに合わせることで，法律の合憲性に関する国会の判断と裁判所の判断の比較検証を容易にしている。また国会にとっても，法律が違憲とされた場合に，自らが法律制定時に依拠した判断枠組みに裁判所が依拠した違憲審査を行なっていれば，法律のどの部分が憲法上許容され，どの部分が是正されるべきなのかを無理なく識別することができ，建設的である。

　そして，違憲審査の基準には，審査の厳格度が高いものから，①厳格審査基準，②中間審査基準（または厳格な合理性の基準），③合理性の基準のおよそ3つがあるとされる。それぞれ具体的に，①の目的審査では，権利制約の理由となる立法目的は必要不可欠なものといえるか（＝権利をやむを得ず制限しなければならないといえるほどの利益を追求するものか），手段審査では，手段はその目的達成のための必要最小限度となっているか（＝目的と手段はオーダーメイドで仕立てられた服のようにぴったりと合致するものか），②の目的審査では，立法目的が制約された権利の価値を上回るほどに重要なものといえるか，手段審査では，具体的な事実に基づいて，目的と手段の間に実質的な関連性があるか（または，制約される権利にとってより制限的でない他の代替手段がないか），③の目的審査では，立法目的は政府が追求する目的として正当なものといえるか，手段審査では，目的と手段の間に合理的な関連性があるか（＝観念的に手段が目的達成に役立つものといえるか）がチェックされる。

　その際，この基準の使い分けの大前提として，精神的自由に対する違憲審査は経済的自由の違憲審査よりも厳格な審査基準を用いて判断がなされるという

ことを押さえておく必要がある。いわゆる「二重の基準」論である。例えば，最も厳格な審査基準①は，典型的には表現の自由の内容規制の場合に用いられるが，職業の自由の規制に対する最も厳格な基準は②に留まり，表現の自由より一般的に緩やかな違憲審査がなされる傾向にある。このように基準が区別されるのは，精神的自由が民主主義にとって不可欠な権利であり，精神的自由が保障されることで民主的な政治過程が十分に機能してさえいれば，経済的自由を不当に制限する法令も国会で是正することが可能であると考えるからである。実際の裁判例における違憲審査は，現状，ここで挙げた学説の提唱する違憲審査基準論に厳密には則したものとはなっていないが，少なくとも目的手段審査に依拠した判断は行われており，近時では判例と学説の判断枠組みの接近傾向も指摘されている。

第4節 包括的権利

1 包括的権利と個別的権利の関係

　人権の観念が数世紀にわたる歴史を持つとはいえ，憲法を制定する際に，将来の社会の変化を見越して国民に保障すべき憲法上の権利を漏れ無く条文中に書き込むことは，極めて難しい。例えば，著者の幼少期には，学校でクラスの全児童・生徒の氏名・電話番号・住所等が記載された連絡網と呼ばれる名簿が印刷物として当然のように配布されていたが，個人情報保護の必要性が強く認識される現在では，このような名簿を配布することは考え難いことであろう。それも，プライバシーが，個人が他者からの干渉や監視を受けることなく自由に私的な生活を送っていくうえで重要であるとの認識が社会に定着したからである。しかし，プライバシーに関して個別に定めた人権規定は日本国憲法には存在しない。そこで，社会の生活環境や価値観等の変化に合わせて，表現の自由や財産権など条文中に個別に列挙された憲法上の権利（以下，「個別的権利」）ではカバーできない重要な法的利益や権利を補充的に保障する「包括的権利」の規定が必要となる。

　主として，こうした憲法に列挙されていない法的利益や権利の受け皿となる条文が憲法13条後段の「生命，自由及び幸福追求に対する権利」である。文言上，「生命」に対する権利，「自由」に対する権利，そして「幸福追求」に対

する権利の3つから構成されているが，これらの権利のすべてを指して「幸福追求権」規定と称される。その際，幸福追求権のもとで，具体的にどのような権利が保障されるかに関しては諸説あるものの，基本的には，同条前段の「個人の尊重」（「すべて国民は，個人として尊重される」）の理念を踏まえて考えられる。同条前段は，「個人の尊重」（または「個人の尊厳」）規定と称される。

まずもって，憲法は，13条前段において，国家が国民を単に人として扱うのではなく，一人ひとりに固有の存在意義があり，個性を持った存在として尊重するために認められなければならないと考えらえる一定の権利を15条以下の個別的権利として列挙した。しかし，13条前段の理念を徹底するならば，そこでカバーされない権利であっても，それが国民を個性ある存在として尊重するために必要なものであるならば，可能な限り，憲法上の権利として保障されるべきであると考えられる。そこで，学説では，こうした不文の権利を包括的に保障する権利としての役割を果たすものとして，同一条文後段の「幸福追求権」規定に焦点が当てられるに至った。

もっとも，憲法で明示的に保障されていない権利や法的利益の受け皿として機能するのは，厳密には，幸福追求権だけではない。憲法14条の「法の下の平等」も，すべての個人が法的に等しく処遇されるべきであるという個別的権利に通底する人権規定の基本理念を示すものであると同時に，実質的に，包括的権利としての役割をも果たすことがある。典型的には，既存の人権規定に匹敵するほど，その権利の内容が定まっておらず，そのため憲法上の権利としては承認し難いが，近時，社会的にその要保護性が高まっていると認識されるような法的利益などである。この場合，14条を用いれば，問題となっている利益が権利とまでは言えなくとも，ある者と比較可能な他者との間に区別が存在していると言えさえすれば，その利益が認められていない状況を憲法上の権利の問題として構成することができる。

2　幸福追求権のもとで保障される権利

「幸福追求権」規定のもとで具体的にどのような権利が保障されるべきかに関しては，大別すると，2つの学説の対立がある。すなわち，同規定の保護範囲を広く捉える①一般的自由説と，限定的に捉える②人格的利益説の対立である。まず①説は，一切の行為自由が幸福追求権として保護されると解釈する。そう

することによって，「公共の福祉」を理由に最終的に法律等で規制される行為であったとしても，最大限，憲法によって保護される個人の自由の範囲を最大化できると考える。そのため，この説によれば，強盗や殺人等の犯罪行為についても「一応の権利」として保護されることになる。これに対して，②説は，憲法13条前段の「個人の尊重」規定との関係をより意識して，問題となる権利が個人の人格的生存にとって不可欠か重要な権利である場合には「幸福追求権」規定のもとで保護されるべきだと考える。

　はたして，いずれの学説に依拠するべきだろうか。この点，殺人や強盗など，他者の人格の否定を直接目的とする重大な加害行為に一応の権利であったとしても憲法上の保障が及ぶと解するのは適当ではない。近時の学説においては①説をより限定的に捉える見解もあるが，基本的には，②説の方向で考えていくべきであると思われる。実際，後述するように，少なくとも，近年の最高裁判例のなかには，「人格的生存」のような②説を彷彿とさせる言葉遣いが見られ，②説は裁判実務に受容されつつある。

　「幸福追求権」の保護の対象となる具体的な権利としては，主として，(1) 生命に対する権利，(2) 身体に対する権利，(3) 名誉権，(4) 氏名権，(5) プライバシー権が挙げられる。このなかでも最も判例と学説の蓄積が多いのが，プライバシー権である。この権利が日本の裁判で初めて承認されたのが，作家・三島由紀夫と新潮社を被告とする「宴のあと」事件東京地裁判決である（東京地判昭39・9・28下民集15・9・2317）。本判決は，プライバシー権を「私生活をみだりに公開されないという法的保障ないし権利」と定義した上で，一定の要件を満たす場合にはプライバシー侵害が民法の不法行為を成立させると判示した。また最高裁判例のなかにも，個人情報の取扱いの文脈において，前科および犯罪経歴のある者には，これらを「みだりに公開されないという法律上保護に値する利益」があるとしたもの（最判昭56・4・14民集35・3・620）や，わが国に在留する外国人に対する指紋おう捺制度を「採取された指紋の利用方法次第では個人の私生活あるいはプライバシーが侵害される危険性がある」として，「個人の私生活上の自由の一つとして」の「みだりに指紋のおう捺を強制されない自由」を認めたもの（最判平7・12・15刑集49・10・842）などがある。

　また近年は，身体に対する権利に関して重要な最高裁の判断も下されている。例えば，「性同一性障害者の性別の取扱いの特例に関する法律」3条1項の定め

る法的性別変更要件のうち,「生殖腺がないこと又は生殖腺の機能を永続的に欠くこと」を定める4号要件につき,最高裁は,「自己の意思に反して身体への侵襲を受けない自由」が「人格的生存に関わる重要な権利」として13条によって保障されていることは明らかであり,同要件は,この自由に対する「重大な制約」であるとして13条に違反すると判断した(最大決令5・10・25裁判所ウェブサイト)。

3　法の下の平等

憲法14条1項は,「すべて国民は,法の下に平等であって,人種,信条,性別,社会的身分又は門地により,政治的,経済的又は社会的関係において,差別されない」と規定する。一般に,同項は,「平等原則」または「平等権」を保障したものと解されている。また,「人種」から「社会的関係」までの文言は,「後段列挙事由」と称され,歴史的に人々がこれらの理由で広く差別されてきたことを踏まえて,一般に平等原則違反となり得る区別の観点が明文で列挙されている。

「法の下の平等」の要請を理解するうえで重要なことは,次の3点である。

第一に,平等自体が多義的な概念であるところ,14条1項の「平等」は,判例および通説において,「形式的」かつ「相対的」な平等を意味するものと理解されているということである。すなわち,個々人の現実における種々の相違を捨象して,「人」という資格においてすべての人を一律に等しく扱うという意味において「形式的」平等であり,等しきものは等しく,等しからざるものは等しからざるように扱うことを要請するという意味において「相対的」平等なのである。換言すれば,憲法の「平等」は,貧富の格差など,現実に存在する各人の不平等の是正を要求する「実質的」平等でもなければ,いかなる状況においてもすべての人を等しく扱うという意味での「絶対的」平等でもない。

第二に,このような憲法上の平等の理解から,14条1項の「法の下の平等」は,「差別すべき合理的な理由なくして差別することを禁止している趣旨と解すべきであり,事柄の性質に即応して合理的と認められる差別的取扱をすること」は否定されていない(最大判昭39・5・27民集18・4・676)。つまり,国家が何らかの理由で国民を不平等に取り扱っていたとしても,その不平等な取扱いに「合理的」な理由があるのであれば,憲法上は許容されるのである。まさに,裁

判で法の下の平等が問題となる際は，この合理的な理由の有無が審査される。

　最後に，この区別の合理性を審査する際の14条1項後段列挙事由の意義について確認しておく。学説は，アメリカの憲法判例における「疑わしき類別」論を参考に，問題となる区別の観点が人種や信条，性別といった後段列挙事由に該当するものであるとき，合理的な理由の有無の審査が厳格になされるべきであることを提唱してきた。例えば，人種に基づく区別である場合には厳格審査基準が適用され，性別に基づく区別である場合には厳格な合理性の基準が適用される。これに対して，判例は，後段列挙事由はあくまで例示と解しており，学説とは異なる立場に依拠している。

【参考文献】
佐藤幸治『現代立憲主義と人権の意義』有斐閣，2023年。
曽我部真裕・見平典編著『古典で読む憲法』有斐閣，2016年，特に第9章。
長谷部恭男編『注釈日本国憲法（2）国民の権利及び義務（1）§§10〜24』有斐閣，2017年。
高橋和之『立憲主義と日本国憲法（第6版）』有斐閣，2024年，特に第4章，第5章。
小山剛『「憲法上の権利」の作法（第3版）』尚学社，2017年，特に第1章。

（中岡　淳）

第13章 日本国憲法における人権保障2 財産権と社会権

第1節　財産権

1　財産権の保障

　財産権の典型は所有権であるが，それに限らず，その他の私法上の権利（例えば，物権・債権など）も財産権にあたり，著作権，特許権などの知的財産権もこの財産権に属する。

　身分制度に基づく封建制下の所有権は近代市民革命によって否定され，所有権の絶対性が叫ばれるようになった。歴史をみると，18世紀末の近代憲法では財産権は「個人の不可侵の人権」とされた。このことは，1789年フランス人権宣言17条の「所有権は，神聖かつ不可侵の権利である」という規定からも明らかである。つまり財産権は誰からも絶対に奪われないものとされた。

　しかし，20世紀以降，財産権は法律によって制約を受けるものと解されるようになる。このことは，1919年ワイマール憲法153条3項の「所有権には義務を伴う。その行使は，同時に公共の福祉に役立つべきである」という規定からも明らかである。個人の財産だけでなく公共の福祉を考慮するように考え方が変わっていったのである。例えば，治水のためにダムを造る必要が生じたとしても，そこに住む人たちの財産権が絶対的に保障されるのであれば，ダムを作ることはできなくなる。その結果，水害による被害が発生する恐れが出てくる。このような場合，住人に対して正当な補償をすることで，ダムの建設を認めるのである。すなわち，財産権は正当な補償の下に，公共の福祉による制約を受けるのである。

　憲法は29条1項で「財産権は，これを侵してはならない」と規定している。

これは，個人の具体的財産権を保障するとともに，私有財産制度を保障している（奈良県ため池条例事件，最判昭38・6・26刑集17・5・521）。

2　財産権の制限

2-1　公共の福祉による制限

憲法29条2項は，「財産権の内容は，公共の福祉に適合するやうに，法律でこれを定める」と規定している。財産権の制約については，消極的規制および積極的規制の2種類がある。第4編第13章で出てきた財産権も経済的自由とされており，違憲審査基準とされる「合理性」について，積極的目的規制の場合には，緩やかに（明白性の原則），また，消極的規制の場合には厳格に（厳格な合理性の基準）判断されるべきという二分論が考えられる。この点について，最高裁は，財産権の規制は消極目的規制にも積極目的規制にも両方に服するとしている。森林法共有林事件（最大判昭62・4・22民集41・3・408）において，規制目的が森林経営の安定を図り国民経済の発展に資するという積極的なものでないとはいえないとしつつも，消極的目的規制の場合と同じく厳格な合理性の基準を用いて森林法186条を憲法29条2項に違反するとした。

また，インサイダー取引の規制を定めた証券取引法（現・金融商品取引法）164条1項についてその立法目的の合理性を判断し合憲の結論を導いた証券取引法事件（最大判平14・2・13民集56・2・331）がある。「規制の目的，必要性，内容，その規制によって制限される財産権の種類，性質及び制限の程度等を比較考量して判断」するという考えが，現在の判例法となっている。

2-2　条例による制限

憲法29条2項は，財産権の内容が公共の福祉に適合するように「法律」でこれを定めると規定しているが，ここでいう法律に条例を含むのかどうかが問題となる。ため池の破損等による災害を防止するため，ため池の堤とうに農作物を植える行為を禁止する条例の合憲性が争われた奈良県ため池条例事件（最大判昭38・6・26刑集17・5・521）では，ため池の破損，決壊の原因となる堤とうの使用行為は，憲法，民法の保障する財産権の行使の埒外にあり，そのような行為は条例によって禁止，処罰することができると判示した。現在の通説的な見解は，条例は地方公共団体の議会において民主的な手続によって制定さ

れる法であるから条例によって財産権を規制しうるとする。

3 正当な補償

　憲法29条3項の「私有財産は，正当な補償の下に，これを公共のために用ひることができる」でいう「公共のため」とは，学校や病院の建設など公共事業のための公用収用だけでなく，広く社会公共の利益のためを目的とし，特定の個人が受益者となる場合の収用も含むと一般的に理解されている。
　この「正当な補償」の意味をめぐって，補償の内容はどうあるべきかについて2つの考え方がある。1つは，相当補償説といわれる考え方で，財産に対して加えられる公共目的の性質，その制限の程度を考慮して算定される合理的な相当額であれば，市場価格を下回っても「相当な補償」とする考えである。最高裁は，終戦直後の農地改革に際しての買収価格が争われた事案において，「相当な補償」で足りるとした（農地改革事件，最判昭28・12・23民集7・13・1523）。これを支持する学説も多いが，農地改革事件は，占領中であったという特殊事情を考慮に入れておかなければならない。もう1つが，完全補償説で，時価相当額を完全に補償するという考えである。最高裁は，都市計画用地であった原告Ｘらの土地が土地収用法に基づき収容されることとなり争われた事案において，収用対象の財産の客観的価値である市場価格の全額補償をすべきであるとした（土地収用補償金請求事件，最判昭48・10・18民集27・9・1210）。完全補償という場合，市場価格のほか，移転料や営業上の損失も含まれるが，それにとどまらず，生活を立て直すための生活権補償まで含むかどうかについて，憲法上の要請と考える説と立法政策による補償と解する説が対立している。

第2節　社会権

1　社会権の意義

　人権は国家権力の個人の領域への介入を排除するためのものである。したがって，原則として民間人同士のあいだでは問題とならない。警察はその例外であるが，国はなるべく私人間の関係に介入せず，すべて個人の自由な活動に委ねた方が良いとする夜警国家と呼ばれる国家観に基づくものである。個人と個人との関係では私的自治の原則によって，どのような不平等な内容の契約あるい

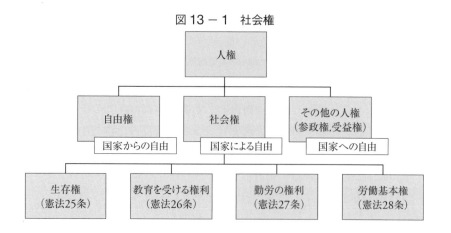

図13－1　社会権

は差別的な契約をしても、原則として法に違反することにはならない。しかし、不平等な契約等は富の偏在を助長しやすいため、一定の社会的弱者を救済するために積極的に国が介入すべき場合があるという福祉国家という考えが出てきた。この考えに基づき、国家の介入によって実現される人権が社会権である。したがって、自由権は国の介入の排除を求める権利（国家からの自由）であるのに対して、社会権は国の一定の行為を要求する権利（国家による自由）である点で異なる。国家による保護によって、社会的弱者を救済し、人間として最低限度の生活を営むことができるようにするという意味で、「国家による自由」なのである。

社会権は、生存権（憲法25条）、教育を受ける権利（憲法26条）、勤労の権利（憲法27条）、労働基本権（憲法28条）などからなり、社会権の中核をなすのは生存権である（図13－1）。

2　生存権

資本主義社会の下では、貧富の差が生じ、貧困、失業などの社会問題が発生した。そこで、国家が社会的弱者を積極的に救済すべきだとする福祉国家の理念が生まれ、その実現のための最も重要な権利が生存権である。憲法25条1項「すべて国民は、健康で文化的な最低限度の生活を営む権利を有する」という規定は、明治憲法にはなく、日本国憲法の政府原案でも、25条2項の国の責務を定めた規定しか存在していなかった。この規定は、衆議院の審議において

追加されたもので，社会権の中核をなすものである。

生存権の法的性格として，日本国憲法制定当初，唱えられてきたのが，プログラム規定説であり，生存権の保護の度合いが低く，国は国民に最低限の生活を保障しなくてもそれに向けて努力しさえすればよいとする考えである。プログラム規定説とは，憲法25条は国民の生存を国の政策目標ないし政治的義務を定めたにすぎず，具体的な権利を定めたものではないとする考え方である。そこで，生存権の権利性を強調する抽象的権利説が提唱された。抽象的権利説とは，生存権は直接25条に基づいて訴えを起こすことはできず，生存権を具体化する法律があって初めて訴えを起こすことができるとする考え方である。これが現在の通説である。

このような立場に立てば，国に広範な裁量が認められることになる。生活保護を受けていた原告に実兄がみつかり，社会福祉事務所が実兄からの仕送り分に相当する給付費の減額を行った朝日訴訟（最判昭42・5・24民集21・5・1043）では，生存権は，国に国民の生存を確保すべき政治的・道義的義務を課したにとどまり，具体的請求権を保障したものではないとし，何が最低限度の水準かは，厚生大臣の合目的的な裁量に委ねられるとした。

生存権を保障するための国の政策のことを社会保障政策といい，第6編第25章第5節「社会保障」を参照されたい。

<u>3　教育を受ける権利</u>

国民の3大義務のうちの1つに教育を受けさせる義務があるが，憲法26条で，「すべて国民は，法律の定めるところにより，その能力に応じて，ひとしく教育を受ける権利を有する」と規定し，教育を受ける権利も保障している。

今日教育を受ける権利は，学習権という考えを中心にとらえられるようになっている。学習権とは，国民一人ひとりが成長・発達するため自己の人格を完成・実現するために必要な学習をする権利のことで，とくに子どもが教育を受けて学習し，人として成長・発達していく権利を指す。したがって，教育を受ける権利は子どもの学習権を基礎とした国家に対する教育制度と施設を整え，適切な教育環境を要求する権利として理解されており，そうした権利の保障を具体化する基本的法律として，教育基本法や学校教育法がある。

教育を受ける権利を保障するためには，子どもの学習権の保障が重要である

が，そのためには，憲法26条2項で，まず保護者にその保護する子女に対して普通教育を受けさせる義務を課す。これに対応する形で，今度は国に対して，普通教育制度の維持及び教育条件の整備義務が認められるとともに，義務教育の無償が定められている。

「義務教育の無償」について，義務教育期間中の教科書代金について，返還を求めた事件において，最高裁は，憲法26条2項でいう「義務教育の無償」とは，授業料不徴収の意味であるとし，授業料が無償になるだけで，教科書代は無償にならないとした（教科書費国庫負担請求事件，最判昭39・2・26民集18・2・343）。ただし，国は立法措置を講じて，1963年以降，義務教育における教科書についても無償で配布をしている。

教育内容や教育方法について決定する権利のことを教育権といい，その教育権を誰がもっているのかについて見解が分かれている。明治以降の日本では，国が教育を主導してきた経緯があり，国家に決定する権能が認められてきたため，国家教育権説が主流を占めていた。しかし，日本国憲法の下で，親や教師を中心とする国民に決定権が認められるとする国民教育権説が登場した。教育権は，国が有するのか国民が有するのかが争われた事件が，旭川学力テスト事件（最判昭51・5・21刑集30・5・615）である。最高裁は，どちらの説も「いずれも極端かつ一方的であり，そのどちらも全面的に採用することはできない」とし，教育権は，国家と国民の双方にあるとした。国は教科科目や授業時間などの大綱を決定できるが，過度の介入はできないとした。

4　勤労の権利

勤労とは労働のことをいい，勤労者とは労働者のことを指す。生活のために働くことは当然のことであり，その感覚からすれば，勤労の義務が定められていることにはさほど違和感はない。勤労の義務が定められているのは，国は労働意欲をもたない者に対して，面倒をみる義務はないという方針の表明である。例えば，雇用保険法上の失業給付は，労働の意思を有する失業者に支給されるもので，労働の意思のない者はそもそも支給要件を満たさないため，失業給付は支給されない。

しかし，憲法27条1項は，勤労の義務を定めているだけではなく，勤労の権利も定めているのである。労働者は労務の提供によって，収入を得ている。

言い換えれば，働かなければ，生活の糧である収入を失い，生活することが困難になる。人間らしい生活をするためには，生計手段である労働は不可欠である。そのため，国が労働者に対してその能力と適性をいかした適切な労働の機会を得られるように労働市場を整える義務がある。それに対応した立法として，職業安定法，雇用対策法，職業能力開発促進法，障害者雇用促進法，高年齢者雇用安定法，労働者派遣法などがある。また，働く意思のある労働者で，労働の機会が得られない労働者に対し生活を保障する義務がある。それに対応した立法として，雇用保険法がある。

憲法27条2項は，「賃金，就業時間，休息その他の勤労条件に関する基準は，法律でこれを定める」とし，個別的労働関係の法規制に関する基本原則を定めた規定である。すなわち，勤労条件の決定に関して，労使の契約にすべてを委ねず，国がその労使の契約内容に介入して法律で定める。それに対応した立法として，労働基準法，労災保険法，最低賃金法，労働安全衛生法，労働契約法などがある。

5　労働基本権

労働基準法は労働条件の最低基準を定めたものであり，労働組合法は労働組合，団体交渉権などについて規定する。労働条件については，労働組合と使用者とのあいだで結ばれる労働協約によって定められる。労働者個人では，相互の力関係から使用者に対して労働条件の維持・改善を申し入れることは難しい。しかし，労働者が結集して労働組合を作ることで，使用者に労働者の要求を申し入れることができる。労働組合は，よりよい労働条件を獲得するために，団体交渉を通して，労働協約の締結を目指すのである。

憲法28条を根拠に労働組合の結成や組合活動が保障される。団結権とは，労働者が労働組合を結成し，これに加入し，組合活動に参加する権利をいう。団体交渉権とは，労働組合が労働協約の締結を目的として，使用者と労働条件等について交渉・協議する権利である。団体行動権（争議権）とは，その協議が決裂した場合，労働組合はストライキ（同盟罷業）を起こすことができる権利である。ストライキとは働くことの放棄である。労働組合の活動は，その活動を保障する法の制定がないと違法行為に問われる可能性がある。例えば，自分らの要求を飲まなければストライキをするぞと使用者を脅すことで，刑法上の

脅迫罪，強要罪，威力業務妨害罪などに該当する可能性がある。また，民事上では，本来の仕事を行わないことで，債務不履行責任が生じ，使用者による解雇，懲戒処分，損害賠償責任が生じる可能性がある。労働基本権を保障するということは，労働組合を合法的な団体として国家が承認をし，労働組合の行為のうち，「正当なもの」に限り，刑事免責・民事免責の効果を生じさせる。これら労働三権を保障するために，労働三法（労働基準法，労働組合法，労働関係調整法）が規定されている。

労働組合法上の労働組合とは，「労働者が主体となって自主的に労働条件の維持改善その他経済的地位の向上を図ることを主たる目的として組織する団体又はその連合体」をいう（労組法2条）。労働組合の主たる目的は，「労働条件の維持改善その他経済的地位の向上を図ること」であるから，主として政治運動や社会運動を目的とするものは労働組合とはいえない。また，労働組合は，「労働者が主体となって自主的に」活動するものでなければならないため，組織面で，会社役員，監督的地位にある労働者，使用者の利益代表者などが加わることは，労働組合の自主性が否定される。また，資金面で，「団体の運営のための経費の支出につき使用者の経理上の援助を受けるもの」も自主性が否定される。

労働組合法上の労働者とは，「職業の種類を問わず，賃金，給料その他これに準ずる収入によって生活する者」をいう（労組法3条）。労働基準法上の労働者との違いは，労組法が失業者を含むのに対し，労基法では失業者は含まれない。また，プロ野球選手は，労組法上の労働者性が認められている。近年，セブンイレブンやファミリーマートのコンビニ加盟店主の労働者性が争われたが，顕著な事業者性を備えているとして，労働者性は否定されている。労組法上の労働者概念は労基法上の労働者概念よりも広く解釈される。

厚生労働省労使関係研究会報告書「労働組合法上の労働者性の判断基準について」（2011年7月）によると，使用者との交渉上の対等性を確保するため，労働組合法の保護を及ぼすことが必要かつ適切と認められる者は労組法3条にいう労働者と解すべきで，この労働組合法の趣旨を踏まえて，①労働者が事業組織に組み入れられているか，②使用者による契約内容の一方的・定型的決定がなされているか，③報酬が労務の対価（賃金に準ずるもの）としての性格をもつか，を基本的判断要素としつつ，④業務の依頼に応じるべき関係，⑤（時間的・場所的拘束などの）指揮監督関係，⑥顕著な事業者性（機材の自己調達）という

事情も合わせ、労働者性を判断するという枠組みを採用した。なお、労働基準法上の労働者については、第6編第25章第3節2「労働者」の項を参照されたい。

　労働基本権とは、憲法28条に規定する労働三権（団結権・団体交渉権・団体行動権）を保障したものである。しかし、公務員は憲法が保障する勤労者であるにもかかわらず、この労働基本権は制限される（表13-1）。

　終戦後、GHQ（連合軍総司令部）は、労働組合の保護助成を掲げ、旧労働組合法が制定され、公務員にも労働三権が認められた。当時の公務員は、警察官、消防職員および刑務職員を除き、民間労働者同様旧労組法が適用され、ストライキ権も有すると解されていた。しかし、1946年2月1日のストライキ（通称2.1スト）をきっかけに、マッカーサーはスト中止命令を出し、2.1ストは中止させられた。1948年7月22日にマッカーサー書簡を受け、政府は同年7月31日政令201号を発し、国家公務員・地方公務員の団体交渉・争議行為を禁止した。

　最高裁は当初、憲法13条の「公共の福祉」を理由に争議行為の禁止を合憲としていた（国鉄弘前機関区事件、最大判昭28・4・8刑集7・4・775）。その後、「国民生活全体の利益」から労働基本権の制限は最小限にすべきとし（全逓中郵事件、最大判昭41・10・26刑集20・8・901）、公務員に対して労働基本権を一

表13-1　公務員の労働基本権の制限

		団結権	団体交渉権	協約締結権	争議権
国家公務員	警察職員 海上保安庁職員 刑事施設職員 自衛隊員	×	×	×	×
	現業（特独労法）	○	○	○	×
	非現業（国公法）	○	○	×	×
地方公務員	警察職員 消防職員	×	×	×	×
	現業（地公労法）	○	○	○	×
	非現業（地公法）	○	○	×	×

律禁止するのは違憲であるとした。しかし後日，最高裁は，争議行為の全面禁止について再び合憲の判断を示す（全農林警職法事件，最大判昭48・4・25刑集27・4・547）。その主な理由は，①公務員の身分保障は，民間のように当該労働者保護が主目的なものではなく，公務の安定性・継続性，政治的中立性の確保のための要請というように，その目的に違いが生じるとする全体の奉仕者性，②民間の最低労働基準の法定とは異なり，民主的公務員法制の原理，法律による行政の要請と相まって，労使交渉による勤務条件設定を実際上排除する勤務条件法定主義と議会による財政コントロールの必要が，団体交渉による労働条件決定を認めることのできない重要な論拠とされている財政民主主義，③争議行為に対する十分な代償措置，があるからとする。

6　不当労働行為

　労働組合の結成やその自主的な活動を妨げる可能性のある使用者の行為を不当労働行為といい，労働組合法7条1号から4号に列挙されている行為の総称を指す。不当労働行為の類型は4つある。

　第一に，不利益取扱いである。不利益取扱いとは，労働者が，①労働組合の組合員であること，②労働組合に加入しもしくはそれを結成しようとしたこと，または③労働組合としての正当な行為をしたことの「故をもつて」，使用者がその労働者に対し解雇その他の不利益な取扱いをすることである。また，労働者が労働組合に加入せず，もしくは労働組合から脱退することを雇用条件とする黄犬契約も禁止されている。第二に，団交拒否である。団交拒否とは，団体交渉をすることを正当な理由がなくて拒むことである。第三に，支配介入である。支配介入とは，労働者が労働組合を結成したこと，運営することを支配すること，または介入すること，労働組合のための経費の支払いにつき経理上の援助を与えることである。第四に，報復的不利益取扱いである。報復的不利益取扱いとは，労働者が不当労働行為の申立てを労働委員会にしたことなどを理由とする解雇その他の不利益取扱いをすることである。不当労働行為が行われた場合の救済機関として，司法救済である裁判所のほかに行政救済である労働委員会がある（労組法27条）。なお，労働組合については，第4編第13章第2節5労働基本権の項を参照されたい。

7　労働協約

　団体交渉は，労使の話し合いのことであり，そこで一定の結論が出た場合，労働協約を締結する。したがって，労働協約とは，労働組合と使用者との団体交渉の結果として締結された集団的合意であり，労働組合という団体が決めたことが，その構成員であるの組合員個人の労働契約の内容になる。労働協約には規範的効力が認められており，個々の労働組合の労働契約のうち，労働協約が定める労働条件その他に関する基準に違反する部分は無効となり（強行的効力），無効となった部分はその協約が定める基準に置き換わること（直律的効力）をいう。この規範的効力は，原則として，当該労働協約を締結した組合の組合員に対してのみであるが，例外として，4分の3以上の数の労働者が労働協約の適用を受ける場合，労働協約の拡張適用が認められる（労組法17条）。また，労働協約には有効期限があり，3年を超えることができない（労組法15条）。

【参考文献】
髙橋雅夫編『Next教科書シリーズ　法学（第3版）』弘文堂，2020年。
菅野和夫・山川隆一『労働法（第13版）』弘文堂，2024年。
芦部信喜（髙橋和之補訂）『憲法（第8版）』岩波書店，2023年。
上野幸彦・古谷等『国家と社会の基本法（第5版）』成文堂，2023年。
戸松秀典『憲法』弘文堂，2015年。

（松井丈晴）

第14章

わが国の統治の仕組み 1
立法権

第1節 統治原理としての権力分立

　わが国では，権力分立という統治の基本原理が採られている。すなわち，国家の作用を立法，行政，司法に「区別」し，それらを国会，内閣，裁判所といった異なる機関に「分離」し，さらに相互に「抑制と均衡」を保たせている。国家権力が1つの機関に集中することによって生じうる権力の濫用による国民の権利・自由の侵害を防ぐためのものである。本章では，このうち立法を担う国会と国会議員について概説するが，とくに選挙権を有する大学生にも直接関連を持つ国会議員の選挙については詳述することとする。

第2節 国会の憲法上の地位

1　国の唯一の立法機関
1-1　国会中心立法の原則
　まず，国会は「国の唯一の立法機関」という地位にある（憲法41条）。この地位の意味には2つの原則が含まれている。1つ目は，国会中心立法の原則であり，国の行う立法は，憲法に特別の定めがある場合を除き，常に国会を通して行われなければならないというものである。
　さて，ここでいう「立法」とは何か。もし，これを国会が制定する法形式である「法律」の制定であると解すると（形式的意味の立法），国会が制定する「法律」は，国会だけが制定することができるという同語反復に過ぎなくなる。それゆえ，これを実質的に解する必要があるが（実質的意味の立法），必ずしも一

義的ではなく，その定義に広狭はあるものの，基本的に，一般的・抽象的（対象となる人や事件が特定されていないこと）な法規範を制定することを意味すると解されている。すなわち，一般的・抽象的な法規範は常に国会を通して制定されるという原則となる。

この原則によると，行政権は「命令」という法形式による立法（政令，省令等）を行うことができるものの，それは，法律を執行するための命令（執行命令）と法律の具体的な委任に基づく命令（委任命令。例えば，法律の条文に，「〇〇は，政令で定める」とある場合）に限られることになる（憲法73条6号）。

一方，この原則に対する憲法上の例外には，議院規則（憲法58条2項本文。衆議院規則，参議院規則等）と最高裁判所規則（憲法77条1項。民事訴訟規則，刑事訴訟規則等）がある。前者は，一院の議決のみで制定することができることから，国会（両議院）の議決を必要としないため，この原則の例外となる。また，後者は，最高裁判所の裁判官会議の議によって制定されるものである。

1-2 国会単独立法の原則

「国の唯一の立法機関」という地位の2つ目の意味は，国会単独立法の原則である。この原則は，国会による立法は，国会以外の機関の関与がなくとも，国会の議決のみで成立するというものである。この原則から，法律案は，両議院で可決したとき法律となる（憲法59条1項）。

一方，この原則に対する憲法上の例外には，地方特別法（「一の地方公共団体のみに適用される特別法」。地方自治特別法ともいう）がある。この地方特別法を制定するには，地方の自治権を保障するため，国会の議決に加え，当該地方公共団体の住民投票において過半数の同意を得なければならない（憲法95条）。例えば，広島平和記念都市建設法がある。

2　国権の最高機関

つぎに，国会は「国権の最高機関」という地位にある（憲法41条）。一見すると，国会が内閣や裁判所より上に位置し，国政全般を統括する地位にあるとも解しうる（統括機関説）。ただ，権力分立という統治の基本原理は，単に権能の分離だけでなく，機関相互間の抑制も含むものである。例えば，国会に対するものとして，内閣は衆議院の解散権をもち，裁判所は違憲立法審査権をもつ。

それゆえ，国会を国政全般の統括機関であると解するのは妥当でない。

そこで，国会は，内閣や裁判所とは異なり，主権者である国民に直接選挙されていること，立法権等の重要な権能が与えられていることなど，国政の中心的地位を占める機関であるということを強調するために，国権の最高機関という地位を認めているに過ぎないと解されている（政治的美称説）。

3 国民の代表機関

また，「両議院は，全国民を代表する選挙された議員でこれを組織する」ものとされ（憲法43条1項），国会は「国民の代表機関」という地位にあることがわかる。議員は，実際には選挙区（地元等）や各種団体（業界等）の支援を全く受けずして当選することは困難である。しかし，ここでいう代表とは，このような地元，業界等の代表ではなく，全国民の代表を意味する。それゆえ，議員は，自己の信念に基づいて活動すればよく，支援を受けた地元，業界等の意思に拘束されることはない。

第3節　国会の構成

1 二院制

国会は，衆議院と参議院によって構成される（憲法42条）。このように第2の議院を設けることを二院制という。通常，国民を直接代表する議院を下院，第2の議院を上院という。わが国では，両議院とも公選制を採っているが，衆議院は下院に，参議院は上院に当たる。このように二院制を採る主な趣旨は，国民の多様な意見・利益をきめ細かく代表させるところにある。

2 国会議員の定数・任期

国会議員の定数は，法律によって定めるものとされているため（憲法43条2項），時代によって変遷している。現在の定数は，衆議院議員は465人（うち小選挙区選出は289人，比例代表選出は176人），参議院議員は248人（うち選挙区選出は148人，比例代表選出は100人）である。

また，国会議員の任期は，衆議院議員は4年であるが，衆議院が解散された場合には，その時点で任期が終了する（憲法45条）。一方，参議院議員は6年

であり，解散制度はないが，3年ごとに半数（124人）が改選される（憲法46条）。それゆえ，2022年の選挙での当選議員は2028年まで，2025年の選挙での当選議員は2031年までが任期となる。

3　国会議員の特権

国会議員には，その職務の重要性から，憲法上，次の3つの特権が認められている。

まず，1つ目は不逮捕特権である（憲法50条）。議員を逮捕することができるのは，①「国会の会期前」（閉会中）か「法律の定める場合」（②院外における現行犯罪の場合，③所属する議院の許諾がある場合（国会法33条））に限られる。ただし，会期前に逮捕された議員は，所属する議院の要求があれば，会期中は釈放しなければならない。不逮捕特権を国会議員に対して認めたのは，政府の権力によって議員の職務遂行が妨げられないようにするためと，議院の正常な活動を保障するためである。

2つ目は，免責特権である（憲法51条）。議員は，議院で行った演説，討論または表決について，院外において刑事上，民事上の責任を問われない。例えば，議院で行った演説等によって他人の名誉が毀損されたとしても，名誉毀損による民事上・刑事上の責任が免責される。ただ，発言を理由とする議院からの懲罰，所属政党からの制裁は免れず，有権者は発言を理由として，選挙等を通して政治的，道義的責任を追及することも可能である。免責特権を国会議員に対して認めたのは，議院における議員の自由な発言と表決を保障し，議院の審議体としての機能を確保するためである。

3つ目は，歳費特権である。国会議員は，「法律の定めるところにより，国庫から相当額の歳費を受ける」と規定している（憲法49条）。法律では，「議員は，一般職の国家公務員の最高の給与額（地域手当等の手当を除く。）より少なくない歳費を受ける」と規定している（国会法35条）。

4　国会議員の選挙

4－1　選挙権・被選挙権

国会議員の選挙権と被選挙権は，法律で定めるものとされている（憲法44条本文）。選挙権は，満18歳以上の日本国民に対して認められる（公職選挙法9条

1項)。2016年の改正公職選挙法施行前は満20歳以上であった。一方，被選挙権は，衆議院議員は満25歳以上，参議院議員は満30歳以上の日本国民に対して認められる（公職選挙法10条1項1号・2号）。

4-2　国会議員の選挙の方法
(1)　選挙の方法の類型

　選挙の方法には，大別すると，選挙区選挙と比例代表選挙がある。まず，選挙区選挙とは，行政区画を基準として分けられる選挙区から，一定数の議員を選出するものである。小選挙区制と大選挙区制とに分けられ，前者は選挙区から1人の議員を，後者は選挙区から2人以上の議員を選出するものである（3人〜5人の議員を選出するものを中選挙区と呼ぶことがある）。

　つぎに，比例代表選挙とは，通常は政党が作成した候補者名簿に対して投票を行い，各党の得票数に応じて，各党に議席が配分されるものである。そして，配分された議席について各党の候補者名簿内で当選者を決定する方法として，通常は拘束名簿式と非拘束名簿式がある。前者は，候補者名簿に順位をあらかじめ付して，この順位に従って当選者を決定し，後者は，候補者名簿には順位を付さないで，候補者個人への得票数の順に当選者を決定する。

(2)　現行の選挙の方法

　以上の選挙の方法には，いずれも一長一短がある。それゆえ，わが国においても時代によって変遷している。ここで現行の国会議員の選挙の方法について概観する。なお，議員定数を全部改選する衆議院議員選挙のことを総選挙，3年ごとに半数改選する参議院議員選挙のことを通常選挙という。

(3)　衆議院議員総選挙の方法

　現行の衆議院議員総選挙の方法は，小選挙区選挙と比例代表選挙を同時に行うものである。小選挙区選挙では，全国289の選挙区から1人ずつ選出される。小選挙区選挙では，自身が属する選挙区の立候補者のなかから1人の氏名を記載して投票する。そして，有効投票の最多数を得た者が当選者となる（ただし，有効投票の総数の6分の1以上の得票がなければならない）。

　一方，比例代表選挙は，全国を11ブロックに分けて，拘束名簿式によって

表14-1　比例代表候補者名簿

順位	α党候補者名簿		
1	E		
2	F		
3	A		
4	B	C	D
5	G		

　行われる。各政党は，ブロックごとに比例代表の候補者名簿を提出する。ただ，小選挙区と比例代表に重複して立候補することが可能である。拘束名簿式で行われるため，名簿には順位を付さなければならない（ただし，重複立候補者に限り，同順位に並べることができる）。

　ここで例を挙げつつ説明することにしよう。四国ブロック（定数6）において，α党とβ党の2党が立候補したとする。このうちα党は，比例代表にA～Gの計7人が立候補し，うちA～Dの計4人は小選挙区にも重複立候補し，表14-1のとおり比例代表の候補者名簿を提出したとする。

　つぎに，比例代表選挙では，政党名を記載して，投票を行う。当選者の決定方法は，まず，ドント式と呼ばれる計算方法によって，各党の議席配分を決定する（表14-2）。投票の結果，α党が90万票，β党が60万票を獲得したとする。この場合，定数の6議席をα党とβ党にどのように配分するのか。ここで用いられるドント式とは，各党の獲得票数を1，2，3，……と整数で順に割り算し，その結果である商の大きい順に定数だけ各党に議席を配分するというものである。この例では，6議席は，α党に4議席が，β党に2議席が配分されることになる。

　それでは，4議席を獲得したα党からは誰が当選するか（表14-3）。まず，重複立候補者が小選挙区において当選した場合には，比例代表の当落においては考慮に入れない。反対に，小選挙区で落選した場合には，比例代表で当選する可能性がある（いわゆる復活当選）。重複立候補者中Bだけが小選挙区において当選したとする。

　比例代表は，候補者名簿にあらかじめ付された順位によって，その党の獲得

表14－2　ドント式による議席の配分

÷	α党　90万票	β党　60万票
1	90万（＝90万÷1）　①	60万（＝60万÷1）　②
2	45万（＝90万÷2）　③	30万（＝60万÷2）　⑤
3	30万（＝90万÷3）　④	20万（＝60万÷3）
4	22.5万（＝90万÷4）　⑥	15万（＝60万÷4）
5	18万（＝90万÷5）	12万（＝60万÷5）

表14－3　当選者の決定

順位	α党候補者名簿		
1	E　①		
2	F　②		
3	A（小選挙区落選）　③		
4	B（小選挙区当選）	C（小選挙区落選） 惜敗率：80%　④	D（小選挙区落選） 惜敗率：70%
5	G		

議席数だけ当選する。α党は4議席獲得したから，上位3位までのE，F，Aが比例代表で当選することは問題ない。それでは，残り1議席は誰が当選するか。4位には重複立候補者のCとDの2人が同順位にいる（Bは小選挙区で当選したため考慮に入れない）。CとDのどちらが当選するかは，小選挙区での惜敗率によって決定する。この惜敗率とは，当該小選挙区の当選者の得票数に対する自身の得票数の割合である。例えば，Cが立候補した小選挙区における当選者が10万票を獲得した場合に，Cが8万票を獲得したとすれば，惜敗率は80%となる。CとDとでは，Cの惜敗率がより高いため，Cが当選する。この時点で，α党が獲得した4議席について当選者が決定したため，DとGは落選する。

（4）　参議院議員通常選挙の方法

　現行の参議院議員通常選挙の方法は，選挙区選挙と比例代表選挙を同時に行

うものである。選挙区選挙は，都道府県を単位とするものであり（なお，徳島・高知，鳥取・島根は合区となり，2県で1つの選挙区となる），選挙区により定数が異なる。比例代表選挙は，全国を1区とする非拘束名簿式によって行われる。

　選挙区選挙では，自身が属する選挙区の立候補者のなかから1人の氏名を記載して投票する。そして，有効投票の最多数を得た者が各選挙区の定数だけ当選者となる（ただし，有効投票の総数を定数で割った商の6分の1以上の得票がなければならない）。

　比例代表選挙は，非拘束名簿式であるため，立候補する際に提出する候補者名簿には，順位を付さないが，優先的に当選する候補者名とその順位を記載することができる（いわゆる特定枠）。衆議院と異なり，政党名のほか候補者名を記載して投票することができる。また，重複立候補は許されない。

　つぎに，各党への議席の配分は，ドント式によって決定するのは衆議院と同じであるが，政党名での投票も候補者名での投票も同じく政党への投票として合わせて計算する。そして，各政党が獲得した議席を，候補者名での得票数の多い順に当選者を決定する。

　なお，特定枠の候補者がいる場合の当選者の決定にあたっては，特定枠の候補者が上位となる。すなわち，各政党が獲得した議席について，まず特定枠の候補者がその順位に従って当選し，残った議席について，その他の候補者が候補者名での得票数の多い順に当選する。

(5)　議員定数不均衡の問題

　国政選挙が実施されるたびに問題となるのは，議員定数不均衡である。これは，例えば，衆議院の小選挙区選挙において，A選挙区の有権者が50万人で，B選挙区の有権者が25万人である場合，A選挙区では50万人で1人の議員を，B選挙区では25万人で1人の議員を選出することになるから，B選挙区における1票がもつ価値はA選挙区に比べ2倍となるように，選挙区間で有権者数と議員数の比率が均等でないというものである。

　選挙における原則として，平等選挙が採られている。この原則は，基本的には一人一票の原則を意味するものであるが，現在では，数の平等だけでなく，投票価値の平等も含むものと解されている。判例も，「選挙権の平等は，単に選挙人資格に対する制限の撤廃による選挙権の拡大を要求するにとどまらず，更

に進んで，選挙権の内容の平等，換言すれば，各選挙人の投票の価値，すなわち各投票が選挙の結果に及ぼす影響力においても平等であることを要求せざるをえないものである」とし，「各選挙人の投票の価値の平等もまた，憲法の要求するところであると解するのが，相当である」と判示している（最大判昭51・4・14民集30・3・223）。

これまで，議員定数の配分規定が憲法に違反するものとして，選挙の無効が争われた裁判で，最高裁判所は，違憲ないしは違憲状態であるとする判断をなしてきた。しかし，選挙を無効とすることによって生じる重大な結果を回避するために，いわゆる事情判決の方法によって，選挙が無効とされたことはない。

第4節 国会の活動

1 会期

　国会は1年を通してではなく，会期と呼ばれる一定の期間に限って活動する。会期には，常会，臨時会，特別会がある。これらとは別に参議院の緊急集会という制度がある。

　会期は，両議院で同時に召集され，同時に閉会する。もし，会期中に衆議院が解散された場合は，同時に参議院も閉会となる（憲法54条2項本文）。また，各会期は独立して活動することから（会期独立の原則），議決に至らずに閉会となった案件は，次の会期に継続しないことが原則である（会期不継続の原則，国会法68条）。

　なお，各会期は延長することができる。常会は1回に限り，臨時会と特別会は2回に限り，両議院一致の議決で延長することができる（国会法12条）。ただし，両院院の議決が一致しないとき，または参議院が議決しないときは，衆議院の優越があり，衆議院の議決したところによる（国会法13条）。

　ここで各会期についてみることにする。まず，1つ目の常会は，一般に通常国会と呼ばれる。毎年1回，1月中に召集することを常例とし，会期は，150日間である（憲法52条，国会法2条・10条）。

　2つ目の臨時会は，一般に臨時国会と呼ばれる。①内閣が必要とするとき，②いずれかの議院の総議員の4分の1以上の要求があるとき，③任期満了による衆議院議員総選挙が行われたとき，④参議院議員通常選挙が行われたときに

召集される（憲法53条，国会法2条の3）。会期は，両議院一致の議決で定めるが，両議院の議決が一致しないとき，または参議院が議決しないときは，衆議院の議決したところによる（国会法11条・13条）。

3つ目の特別会は，一般に特別国会と呼ばれる。解散による衆議院議員総選挙後に召集される（任期満了による場合との区別に注意を要する，憲法54条1項）。会期については，臨時会と同じである。

さて，衆議院が解散されると，同時に参議院も閉会となるが，総選挙後に特別会が召集されるまでに，法律の制定，予算の議決等，本来であれば両議院（国会）の議決を必要とする国に緊急の必要が発生しないとも限らない。このような場合に，参議院が国会の権能を代行する制度が緊急集会である。

緊急集会を開くことができるのは，①衆議院が解散され，②国に緊急の必要があり，③内閣が請求したときに限られる（憲法54条2項但書）。また，緊急集会では，内閣が提示した案件について審議・議決し，この案件に関連があるものに限り，議員は議案を発議することができる（国会法101条）。参議院は法律の制定，予算の議決等，国会の権能を単独で行使することができるが，緊急集会で採られた措置は臨時のものであって，次の国会開会後10日以内に衆議院の同意がない場合には，効力は失われる（憲法54条3項）。緊急集会は過去に2例（1952年，1953年）あり，いずれもこの衆議院の同意を得ている。

2　国会の権能
2-1　議事と衆議院の優越

国会の権能は多岐にわたるが，主要なものとして憲法改正の発議，法律案の議決，内閣総理大臣の指名，予算の議決，条約の承認を挙げることができる。議事は，原則として，出席議員の過半数で決する（表決数，憲法56条2項）。この「過半数」とは，半数を超えた数のことである（例えば，出席議員が400人であれば，過半数は201人となる）。また，国会として議決するには原則として，両議院の可決を必要とする。

なお，これらに対しては，憲法上の例外がある。まず，表決数については，憲法改正の発議において例外がある。つぎに，衆議院の議決が参議院の議決に優位する場面がある。これを衆議院の優越という。権能ごとに詳述するが，このように衆議院の優越を認めたことは，議員の任期と解散制度の有無からみて，

衆議院のほうが参議院に比べ民意により密着していることを理由として挙げることができる。

2-2　憲法改正の発議

国会が憲法改正を発議するには，各議院の総議員の3分の2以上の賛成を必要とする（憲法96条1項）。出席議員ではなく総議員を表決数の基準とし，さらに3分の2以上の賛成を必要とするため，非常に高いハードルが設けられていることがわかる。ここでは衆議院の優越はない。現行憲法下では，1度も憲法改正の発議はされたことがない。

憲法改正が発議された場合は，さらに国民に提案して承認を経なければならず，ここでは国民投票で過半数の賛成を必要とする。この国民投票に関する手続は，「日本国憲法の改正手続に関する法律」で定められている。

2-3　内閣信任・不信任決議

内閣信任・不信任決議権は衆議院だけに認められている。内閣不信任決議案を可決し，または内閣信任決議案を否決したときは，内閣は，10日以内に衆議院を解散するか，総辞職しなければならない（憲法69条）。このような法的効果は，参議院における内閣総理大臣問責決議，各議院における国務大臣に対する不信任・問責決議にはない。

2-4　法律案の議決

法律案は，国会議員はもちろん，内閣も提出することができる（内閣法5条）。議員が提案したものをとくに議員立法と呼ぶが，成立した法律の多くは内閣が提出した法律案が占める。内閣が提出した法律案であっても，国会は当然，自由に修正したり，否決したりすることができるため，国会単独立法の原則に反しない。

両議院で可決すれば法律として成立する（憲法59条1項）。例外として，地方特別法があることは前述した（第2節1-2参照）。ただし，①衆議院で可決し，参議院でこれと異なった議決をしたとき，または，②衆議院の可決した法律案を受け取った後，参議院が休会中の期間を除いて60日以内に議決しないとき（参議院において否決したものとみなすことができる）は，衆議院は，出席議

員の3分の2以上の多数で可決することによって，法律を成立させることができる（憲法59条2項〜4項）。再可決と呼ばれる衆議院の優越の一場面である。

2-5　予算の議決

　予算とは，今後1年間の政府の歳入・歳出の見積りと計画を内容とするものである。予算は，内閣のみ提出することができる（憲法86条）。法律案等は，衆参両議院のどちらに先に提出しても構わないが，予算は先に衆議院に提出しなければならない（予算先議権，憲法60条1項）。両議院で可決すれば成立するのが原則である。ただし，①参議院で衆議院と異なった議決をしたとき，または，②衆議院の可決した予算を受け取った後，参議院が休会中の期間を除いて30日以内に議決しないとき，衆議院の優越がある（憲法60条2項）。①の場合には，両院協議会を開いても意見が一致しないとき，②の場合には，30日が経過した時点で，予算が成立する（②の場合を自然成立と呼ぶ）。

2-6　条約の承認

　条約とは文書による国家間の合意である。この条約を締結する権限は内閣にあるが，事前に，時宜によっては事後に，国会の承認を必要とする（憲法73条3号）。両議院で可決すれば，承認が成立するのが原則である。ここでも衆議院の優越が認められ，先議権を除き，予算の議決の規定が準用される（憲法61条・60条2項）。

2-7　内閣総理大臣の指名

　内閣総理大臣の指名は，国会の議決によってなされるが（憲法67条1項），具体的には各議院において記名投票を行い，過半数を得た者を指名する。両議院の指名が一致すれば，指名が成立するのが原則である。しかし，①衆議院と参議院とが異なった指名の議決をしたとき，または，②衆議院の指名の議決後，参議院が休会中の期間を除いて10日以内に指名の議決をしないとき，衆議院の優越がある（憲法67条2項）。①の場合には，両院協議会を開いても意見が一致しないとき，②の場合には，10日が経過した時点で，衆議院の指名が国会の指名となる。

2-8 両院協議会

　予算の議決，条約の承認，内閣総理大臣の指名において，両議院の議決が異なる場合，両院協議会が必ず開かれる（憲法60条2項・61条・67条2項）。両議院で妥協を図るために，各議院から10人ずつ選挙された委員で組織され，非公開で開催される（詳細は国会法84条〜98条参照）。開催しても意見が一致しない場合には，衆議院の議決が国会の議決となる。

　一方，法律案の議決において，両議院が異なった議決をした場合は，両院協議会を開催することができるが（憲法59条3項），意見が一致しない場合でも，衆議院の議決が国会の議決となるわけではない（再可決を必要とする）。

　また，予算の議決，条約の承認，内閣総理大臣の指名は，衆議院で議決後，参議院の議決がないまま一定期間が経過すると自然に衆議院の議決が国会の議決となるが，法律案の議決は，参議院が否決したとみなすことができるにとどまる。それゆえ，衆議院の優越にも場面によって程度に強弱があることがわかる。

【参考文献】
渋谷秀樹・赤坂正浩『憲法2　統治（第9版）』有斐閣，2025年。
高橋和之『立憲主義と日本国憲法（第6版）』有斐閣，2024年。
芦部信喜（高橋和之補訂）『憲法（第8版）』岩波書店，2023年。
毛利透ほか『憲法Ⅰ　総論・統治（第3版）』有斐閣，2022年。

（氏家　仁）

第15章
わが国の統治の仕組み2
行政権

第1節　行政権・行政法とは

　本章は，憲法の規定する行政権の内容，および行政法上の問題点をみていく。行政とは，国家作用のうち立法と司法を除いたものと一般的に定義され，憲法は，行政権の主体としての地位を内閣に認めている。例えば，内閣は法律の執行を担う。前章で法律が制定される過程をみたが，国会が法律を制定すればそれで終わりではなく，法律は執行されなければならない。ただし，すべての行政を内閣で処理することは不可能であるから，その統括の下に省や庁などの行政組織が置かれ，事務が分担されている（国家行政組織法）。

　行政法とは，行政の組織や活動などを規律対象とする法などといわれるが，行政法については，民法や刑法とは異なり，民法典や刑法典のような「行政法」という名をつけられた法典があるわけではなく，行政に関する多様な法令が行政法の法源である。そのように膨大な法令に共通する基礎理論を学ぶのが行政法という科目である。

　本章は，次節において憲法の行政権（内閣）に関する規定を，第3節においては行政法の内容といくつかの問題を概観する。

第2節　行政権（内閣）

　憲法の定める内容を中心に，まず内閣の組織と権限，次に議院内閣制（国会との関係）についてみていこう。

1　内閣の組織と権限

1-1　内閣の組織

「内閣は，法律の定めるところにより，その首長たる内閣総理大臣及びその他の国務大臣でこれを組織する」（憲法 66 条 1 項）。これを受けて，内閣法が，国務大臣の数を原則として 14 人以内とすることなどを定める（内閣法 2 条）。「内閣総理大臣その他の国務大臣は文民でなければならない」（憲法 66 条 2 項）。もっとも，現在，軍人ではない者，過去に軍人ではない者，および過去も現在も軍人ではない者のうち，どの者が文民かについて考え方の対立がある。それは，文民である政治家が軍事権をコントロールし，軍の暴走を抑えるという，文民統制の原則と関係する。

日本国憲法において，内閣の首長である内閣総理大臣は，内閣の一体性の実現のために，国務大臣よりも強い権限・地位を持つ。国務大臣を任命・罷免することができ（憲法 68 条），並びに，内閣を代表して議案を国会に提出し，一般国務及び外交関係について国会に報告し，及び行政各部を指揮監督する（憲法 72 条）。内閣総理大臣は，国会議員のなかから国会の議決で指名される（67 条 1 項。第 14 章第 4 節 2 - 7 も参照）。

内閣には，内閣の事務を助けるために内閣官房と内閣府が置かれている。内閣官房は，「内閣の重要政策に関する基本的な方針に関する企画及び立案並びに総合調整に関する事務」（内閣法 12 条 2 項 2 号）などを行い，内閣の事務を助ける。内閣官房には，国務大臣として内閣官房長官が置かれる（内閣法 13 条）。内閣府も，重要政策に関する内閣の事務を助けることを目的とし，内閣官房を助ける，とされる（内閣府設置法 3 条）。内閣府は，上記内閣法 12 条 2 項 2 号の事務を除いて，行政各部の施策の統一のために必要となる事項の企画及び立案並びに総合調整を行う（内閣府設置法 4 条）。なお，内閣官房も内閣府も内閣総理大臣を主任の大臣とする。

内閣は，複数人がその機関を構成する合議体であって，大統領が単独で機関を構成し，行政権を持つアメリカなどの独任制とは異なる。

1-2　内閣の権限

内閣が行使する行政権の主要なものは，憲法 73 条に列挙されている。それらは，一般の行政事務とは別に，①法律を誠実に執行し，国務を総理すること，

②外交関係を処理すること，③条約を締結すること，④法律の定める基準にしたがい，官吏に関する事務を掌理すること，⑤予算を作成して国会に提出すること，⑥この憲法及び法律の規定を実施するために，政令を制定すること，⑦大赦，特赦，減刑，刑の執行の免除及び復権を決定すること，である。①の「国務を総理する」，④の「官吏に関する事務を掌理する」は意味も難しく，例えば「官吏」に裁判所職員までも含むのか，「掌理する」には，「処理する」という辞書的な意味以上に任命権なども含まれるか，などについて学説に対立がある。なお，③については第14章第4節2－6を，⑥については同章第2節1－1を参照されたい。

このほかにも，憲法に定められた内閣の権限として，天皇の国事に関するすべての行為について助言と承認をし，責任を負うこと（憲法3条・7条），天皇が任命する最高裁裁判所長官を指名すること（憲法6条），国会の臨時会を召集すること（憲法53条），最高裁判所長官以外の裁判官を任命すること（憲法79条1項・80条1項），予見し難い予算の不足に充てるため，国会の議決に基づいて計上された予備費を支出し，国会の事後承認を得ること（憲法87条），国の収入支出の決算を，それに対して会計検査院が行った検査報告とともに次年度に国会に提出すること（憲法90条），国会及び国民に対して定期的に，少なくとも毎年1回は国の財政状況に報告すること（憲法91条）がある。なお，国会法，財政法，会計検査院法など，これらの憲法の規定について具体的に定めた法律があることに注意して欲しい。

内閣はいつでも総辞職できるが，次の場合には必ず総辞職しなければならない（憲法69条・70条）。①衆議院において不信任決議案が可決されるなどし，10日以内に衆議院が解散されないとき（第14章第4節2－3参照），②内閣総理大臣が死亡などで「欠けた」とき，または③衆議院議員選挙後に初めて国会の召集があったとき，である。

2 独立行政委員会

あらゆる行政を内閣が行うわけではなく，政治的中立性や公正さを確保するために，（独立）行政委員会が設けられている。例えば，独占禁止法とそれを補完する下請法を運用するために，公正取引委員会が設けられており，内閣総理大臣の所轄に属する（独占禁止法27条）。公正取引委員会は，カルテル・入札談

合などの違反事業者などに対して課徴金を納付する命令（課徴金納付命令）を出したりする（なお，命令に不満のある企業は，東京地方裁判所に命令取消しの訴えを提起することとなるが，これは次節で見よう）。

行政委員会は多かれ少なかれ内閣から独立して行政を行うところであるので，行政権は内閣に属すると定める憲法65条との関係が問題となる。現在では，行政委員会は憲法に違反しないとの見解が支配的であるが，国会が行政委員会にコントロールを及ぼすべきかどうかなどの視点は必要である。

3　議院内閣制
3−1　議院内閣制とは

行政権と立法権（議会）との関係には，大きく分けて2つの型がある。1つは，行政権と立法権を完全に分離し，行政権の長である大統領を国民による選挙で選ぶ，という大統領制である。大統領制をとる有名な国はアメリカである。もう1つの型は議院内閣制である。これは，行政権と立法権は分離されているものの，行政権（内閣）の長である首相は，立法権（議会）により選出される。議院内閣制の代表例はイギリスである。

とはいえ，実際には，議院内閣制をとる諸国のあいだで，その制度に若干の違いがあることから，議院内閣制の本質的な特徴は何かについて争いが生じた。とくに，その特徴に内閣の解散権を含めるかが問題となった。この議論には，不信任決議に対抗する手段としての解散権により，内閣と議会の権力の均衡・対等性を重視するか，はたまた，内閣が議会の信任を受け，議会に責任を負う点を重視するか，さらには，民主主義の発展に伴い，議会の優位から解散権を制約することをどう把握するかという立場の違いが関係する。

上の立場のいずれにせよ，日本国憲法の場合では，議院内閣制が採用されていることが以下の規定から分かる。憲法には，内閣は行政権の行使について国会に対して連帯して責任を負うこと，内閣総理大臣を国会議員のなかから国会の議決で選ぶこと，内閣総理大臣と国務大臣の過半数は国会議員であること，および内閣の不信任と衆議院の解散（憲法66条ないし69条）が定められている。次はこの解散権をみよう。

3-2　日本国憲法における衆議院の解散

　解散とは，議員にその任期（衆議院議員の場合4年）の満了前に，議員としての資格を失わせる行為である（憲法45条参照）。解散後は，新たな議員を選ぶ選挙が行われる。

　日本国憲法において解散を規定するのは，天皇は内閣の助言と承認により，国民のために次の国事に関する行為を行うとして，「衆議院を解散すること」を挙げる憲法7条と，衆議院で不信任決議が可決された場合などに10日以内に衆議院が解散されない限り，内閣は総辞職しなければならないとする憲法69条である。どちらの条文も，明確に内閣の解散権を規定するわけではない。それゆえ，内閣は，どちらの条文を根拠として解散を行うべきかが議論となった。どちらの条文を根拠とするかで違いが出る点は，解散権の行使に制約が生じるか否かである。憲法69条を根拠とする説では，内閣が解散権を行使できるのは，内閣の不信任の場合に限られるのに対して，憲法7条を根拠とすると，内閣は解散につき制約を受けない。現在は，憲法7条を根拠として内閣が実質的解散権（形式的に解散を行うのは天皇である）を持つという慣行が成立している。

第3節　行政法の内容

1　行政法の全体像

　行政法は，一般に，「行政作用法」，「行政救済法」，および「行政組織法」の3つの分野から構成される，といわれる。行政作用法とは，国や地方公共団体などが国民に働きかけ，権利や義務を内容とする法律関係を変動させることに関するルールである。行政救済法とは，国や地方公共団体などの活動によって，私人の権利利益が侵害されたとき（またはされる恐れがあるとき）の，私人の法的救済に関するルールである。行政組織法とは，国や地方公共団体などの組織の設立根拠や，それらのために職務を行う行政機関（各省大臣や都道府県知事など）の任務，行政機関のあいだの関係などに関するルールである。行政組織法のルールは，直接には国民の権利義務に影響を及ぼさないため，以降では行政作用法と行政救済法の内容を中心にみる。ただし，行政組織法においては近年，PFI事業など，民間と密接に関係する問題もあり，重要である。

> PFI（Private Financial Initiative）事業
>
> 　PFIとは，安くて優れた品質の公共サービスの提供を目的とし，公共施設などの建設，維持管理，運営などを民間の資金，経営能力および技術的能力を活用して行う新しい手法であり，鉄道事業などの民営化とは異なる。
> 　1999年にPFI法（民間資金等の活用による公共施設等の整備等の促進に関する法律）が制定された。PFI事業の事例として，病院の維持管理・運営，小中学校の施設整備などがある。
> 　また，テレビなどで民間が運営する刑務所の話を見たことはないだろうか。これもPFI事業である。例えば，浜田市にある「島根あさひ社会復帰促進センター」では，公権力の行使に関わるような刑務所の運営業務についても幅広く民間に委託されている。それは，2005年の構造改革特別区域法の改正，および関連法令の改正によって可能となった。

　行政法における最も重要な原理として，行政の活動は予め定められた法に従うという法治主義と，これに基づく「法律による行政の原理」がある。法律による行政の原理とは，行政は，全国民を代表する議会の制定した法律に基づいて行われなければならない，という原理である。それは，その内容としてさらに，法律の優位の原則，法律の留保の原則などに分けられる。

2　行政作用法

　行政作用法は，多様な行政活動の法的特徴を扱う。それらには，行政立法，行政計画，行政行為，行政指導，行政契約などのほかに，行政上の義務の履行確保のために強制執行，行政罰および即時強制などがある。現在では，情報公開や個人情報の保護も重要である。ここで，これらすべてを詳細に検討することは難しいので，いくつかを取りあげ，現代社会における情報の重要性に鑑み，情報公開については少し詳しくみてみよう。

　行政行為とは，行政庁が一方的に自らの判断に基づいて国民の権利義務や法律関係を決定する権力的行為である。例としては，飲食店などに対する営業停止命令がある。行政行為にはいくつかの効力が認められるが，なかでも公定力という効力に注意が必要である。公定力とは，仮に違法な行政行為であっても，取消権限のある機関がそれを取消すまでは有効とされ，何人も効果を否定でき

ずに拘束される力を指す。

　行政行為のなかでも不利益処分を課す場合に，名宛人に対して意見聴取の機会（「告知」と「弁明の機会の付与」または「聴聞」）が与えられねばならない（行政手続法）。

　行政行為のように法的義務を課す形ではなく，行政庁が助言などの方法により国民の協力を得る形で行政目的を実現するのが行政指導である。行政手続法が，「行政機関がその任務又は所掌事務の範囲内において一定の行政目的を実現するため特定の者に一定の作為又は不作為を求める指導，勧告，助言その他の行為であって処分に該当しないもの」と行政指導を定義している（行政手続法2条6号）。税務相談などが行政指導の典型例である。

　個人情報保護については，2003年に「行政機関の保有する個人情報の保護に関する法律」が，情報公開については，1999年に「行政機関の保有する情報の公開に関する法律」（情報公開法）が制定されている。行政機関が保有する，個人のプライバシーに関する情報がみだりに公表されてはならない一方，行政機関が保有する情報の公開も，国民が行政に参加するために，または行政活動の適正さを監視するために欠かせない。

　情報公開法についてみると，何人も（情報公開法2条1項で定義された）行政機関の長に対して，その行政機関の保有する行政文書の開示を請求できる（情報公開法3条）。行政機関の長は，「公にすることにより，犯罪の予防，鎮圧又は捜査，公訴の維持，刑の執行その他の公共の安全と秩序の維持に支障を及ぼすおそれがあると行政機関の長が認めることにつき相当の理由がある情報」などの不開示情報が記録されている場合を除いて，原則として文書を開示しなければならない（情報公開法5条）。行政機関の長の行った開示または不開示の決定は行政処分であるので，不服のある者は，行政不服申立てまたは取消訴訟によってその取消しを求めることができる（本節3）。不服申立てが行われたとき，それを審理する主務大臣などが，それを不適法として却下するか，または全部を開示するのでない限り，情報公開・個人情報保護審査会に諮問をし，答申を得なければならない。情報公開・個人情報保護審査会は，弁護士や大学教授などから構成された第三者機関である。

　情報公開・個人情報保護審査会の答申に法的拘束力はないが，上記の事例のように，専門家の判断として強い説得力を有する。

3　行政救済法

　違法な行政の活動によって権利利益が侵害された国民の救済には，複数の方法がある。まず，行政不服申立てまたは行政訴訟によって，行政活動の是正を求める手段がある。また，国家賠償制度は，違法な行政活動によって国民に生じた損失を塡補する。国家賠償については，憲法17条が定め，国家賠償法が具体的に制度を確立した。国家賠償法の内容は，民法の不法行為と重なる部分も少なくない。これとは別に，損失補償がある。これは，適法に行政が道路建設に必要な土地を取得など（公用収用）をしたり，景観の保全のために土地利用に制限をかけたりなど（公用制限）する過程で，公益目的から財産権に重大な不利益を受ける者に生じた損失を補塡する制度である。国家賠償と損失補償は，ともに国民に生じた損害を金銭で塡補する制度であるので，「国家補償制度」として一括りにされる。以下では行政不服申立てと行政訴訟についてみる。

　行政上の不服申立てとは，行政庁の処分その他公権力の行使にあたる行為に関して不服のある者が，行政機関に対して，違法な行為などの是正や排除を求める手続である。これについて，行政不服審査法が制定されている。

【事例】
　集団的自衛権の行使を認めた2014年の閣議決定に関連し，内閣法制局は国会審議に備えて「想定問答」を作成していた。朝日新聞がその開示請求を行ったが，内閣法制局は，公開すべき「行政文書」ではないとして2016年3月に開示を拒否した。翌月，朝日新聞が不服申立てを行ったところ，情報公開・個人情報保護審査会は2017年1月に，想定問答が行政文書に該当すると認め，開示すべきだと答申した。これを受けた法制局は，翌日，朝日新聞へ文書を開示した。

　行政訴訟については，行政事件訴訟法が定める。行政訴訟には，抗告訴訟，当事者訴訟，民衆訴訟及び機関訴訟の4つの種類がある（行政事件訴訟法2条）。ただし，行政訴訟のうち大きな割合を占めるのは，処分の取消訴訟である。これは，抗告訴訟の1つであり，「行政庁の処分その他公権力の行使に当たる行為」（処分）の取消しを求める訴訟である（行政事件訴訟法3条2項）。

　行政訴訟で問題となるのが，抗告訴訟，とくに取消訴訟の訴訟要件である。

いくつかある訴訟要件のなかでも，とくに，処分性と原告適格が問題となる。処分性とは，取消訴訟の対象が，行政庁の「処分」でなくてはならないことである。行政行為が処分である点に争いはないが，ある具体的な行政活動が処分に該当するかが問題となりうる。原告適格とは，取消訴訟において，原告は処分の取消しを求めるにつき，「法律上の利益」を有する者でなければならない（行政事件訴訟法9条）ことである。これらの要件を満たさなければ，せっかくの訴えも不適法として門前払いされ，具体的な請求に対する判断を得られない。問題となる場面の例をみよう。

> 【設例】
> 　鉄道の駅間の連続立体交差化事業について，周辺住民が，事業の実施から生じる騒音などで健康・生活環境に著しい被害を直接に受けるとし，その鉄道事業認可の取消しを求めた。このとき，その事業地の不動産には何らの権利も持たない周辺住民に，訴訟の原告適格は認められるだろうか。

　行政庁による不利益な処分の名宛人は，直接に自らの権利利益を侵害されるので，処分の取消しを求める「法律上の利益」が認められる。問題は，設例の鉄道の周辺住民のように，処分の名宛人以外の第三者が，他人に対する処分により不利益を受けたとして，処分の取消しを求めた場合である。これは，鉄道だけではなく，原子炉や産業廃棄物処理施設の設置許可などのケースでも同様である。この点につき，2004年の行政事件訴訟法改正は，原告適格の拡大を目的として，行政事件訴訟法9条に2項を追加し，その後，上記のような事例で原告適格が認められる判決が出た（最大判平17・12・7民集59・10・2645）。他方，競輪・オートレースの場外車券売場の設置許可について，周辺住民の原告適格を否定した判決（最判平21・10・15民集63・8・1711）も存在する。それゆえ原告適格の拡大への法改正の効果について懐疑的な評価もある。

　最後に，行政上の不服申立てと行政訴訟とを比較しておくと，両者は違法な行政権の行使の是正という点で共通するが，前者は行政機関が審理するのに対し，後者は公正中立な裁判所が審理する。しかし，行政上の不服申立てには，行政庁に裁量がある場合に，処分などの違法性のみならず不当か否かも判断してくれる点や，手続にかかる時間や費用などの点で簡易迅速なため，訴訟には

ないメリットがある。

第4節　行政法と他の分野との関連

　行政法と他の分野との関連などを指摘して，本章を締めくくりたい。行政法は，憲法が定める価値を実現する。その意味で行政法を勉強するうえで，憲法上の価値との関係を考えねばならない。しかし，それのみならず，行政法は，行政罰などで刑事法と関係する。また，行政訴訟において行政事件訴訟法に規定がない場合は民事訴訟の例によるなど，民事法とも関係する。

　行政法には，医療，学校教育，環境，電気通信，租税など，日常生活に密接に関連する多様な法令が存在する。これらの具体的な領域を学ぶことは，行政法の理論の理解を深めるとともに，その面白さを再確認することになろう。

【参考文献】
　内閣に関しては前章の参考文献を参照されたい。以下に，行政法に関する文献を挙げる。
櫻井敬子・橋本博之『行政法（第6版）』弘文堂，2019年。
藤田宙靖『行政法入門（第7版）』有斐閣，2016年。
塩野宏『行政法Ⅰ　行政法総論（第6版補訂版）』有斐閣，2024年。
塩野宏『行政法Ⅱ　行政救済法（第6版）』有斐閣，2019年。
塩野宏『行政法Ⅲ　行政組織法（第5版）』有斐閣，2021年。
宇賀克也『行政法概説Ⅰ　行政法総論（第8版）』有斐閣，2023年。
宇賀克也『行政法概説Ⅱ　行政救済法（第7版）』有斐閣，2021年。
宇賀克也『行政法概説Ⅲ　行政組織法／公務員法／公物法（第6版）』有斐閣，2024年。

（柳生一成）

コラム③　待たせるのは（どのくらいまで）許される？

　憲法 53 条後段は，「いずれかの議院の総議員の 4 分の 1 以上の要求があれば，内閣は臨時国会の召集を決定しなければならない」と定める。

　2017 年 6 月 22 日，衆議員・参議院各 4 分の 1 以上の国会議員が，同条に基づいて臨時国会の召集を要求した。ところが，当時の内閣が国会を召集したのは 90 日以上経過した 9 月 28 日であった。しかも，内閣は審議を行わず，冒頭で衆議院を解散した。参議院は同時に閉会となった。

　要求後に召集決定を行うべき期限を定めた明文の規定はないが，一般的に，召集に必要な「合理的」期間を超えない期間内に召集を決定する必要があるとされている。

　上の召集を要求した参議院議員の一人 X が国に対して，①X が参議院の総議員の 4 分の 1 の一人として臨時会召集決定の要求を行った場合に，内閣が 20 日以内に臨時会が召集されるよう臨時会召集決定を行う義務を負うこと（と予備的に X が 20 日以内に招集を受けられる地位を有すること）の確認と②召集決定の遅滞により議員としての権利を行使できなかったことへの損害賠償を請求した（国家賠償法 1 条 1 項）。

　最高裁は，①の確認の訴えが法律上の争訟に該当するとしたものの，確認の利益がないとして不適法却下とし，②の損害賠償請求も否定した（最判令 5・9・12 民集 77・6・1515）。

（柳生一成）

第16章
わが国の統治の仕組み3 司法権

第1節　司法権

1　司法権の独立と裁判官

　司法権は，国家の権力作用の1つであり，具体的な争訟について，法を適用し，宣言する国家の作用である。つまり，司法権とは，裁判所が権力機関として裁判を行うことであり，民事裁判での人々の権利義務や刑事裁判での有罪・無罪を決めて強制できるところに特徴がある。そして，その際に，事実を明らかにするとともに，法律を正しく解釈・適用することにより紛争を解決し，国民の権利・利益を擁護する役割を担っている。

　司法権は，国民の権利を擁護し，公平な裁判をするために，裁判官が外部からの圧力や干渉を受けずにその専門的能力を発揮できることが必要である。これを司法権の独立という。裁判官が，中立的判断をするための仕組みとして，裁判官の職権の独立や裁判官の身分の保障が制度化されている。

　まず，司法権の独立は，司法権が立法権や行政権から独立していること，裁判官が裁判するにあたって独立して職務を行使することの2つの意味をもつ。この職務の独立のためには，裁判官は，国会・内閣などの外部機関からの干渉を受けないということだけでなく，上席裁判官や上級裁判所など司法部の内部的な干渉も受けないということも必要である。裁判官は，良心に従って独立して，その職権を行うことになる（憲法76条3項）。

　司法権の独立をめぐっては，大津事件とよばれる有名な事件がある。これは，1891（明治24）年，来日中のロシア皇太子を警備担当の巡査が切りつけて負傷させた事件につき，政府がロシアとの関係悪化を恐れ，「皇室に対する罪」を適

用して巡査を死刑にしようとした。しかし，現在の最高裁長官にあたる大審院院長の児島惟謙は，政府の要請を退け，法を遵守し，謀殺未遂罪を適用させたというものである。この事件は，司法に対する政府の干渉が排除されて司法の独立が守られたという側面と，大審院院長が事件の担当裁判官に対して干渉したという側面もある。

　戦後では，平賀書簡事件とよばれる事件がある。これは，1969（昭和44）年，自衛隊の違憲をめぐる長沼訴訟において，平賀健太札幌地裁所長（当時）が事件を担当する福島重雄裁判長に対して，自衛隊の違憲判断を避けるべきであるということを示唆する内容の私信を送った事件である。事件発覚後，裁判に対する干渉であるとして，最高裁は平賀所長を厳重注意処分に付した。

　また，大阪国際空港事件の最高裁判決（最大判昭56・12・16民集35・10・1369）では，長期間にわたる裁判の後に訴えが却下されたが，当時の最高裁判事である団藤重光氏のノートが発見され，審理過程で元最高裁長官の介入があったことが明らかになり，物議をかもしている。

　次に，裁判官の身分保障について，一定の場合を除いて，罷免されることはない（憲法78条）。また，裁判官の意に反して，免官・転官・転所・職務の停止または報酬の減額をされないことになっている（憲法79条6項・80条2項）。

　例外的に罷免される場合があるが，1つ目は，裁判により，心身の故障のために職務を取ることができないと決定された場合，2つ目は，弾劾裁判による場合，3つ目は，最高裁判所裁判官の国民審査によって，投票者の過半数が裁判官の罷免を可とする場合である。また，裁判官は，「職務上の義務に違反し，若しくは職務を怠り，または品位を辱める行状があったとき」，裁判により懲戒される（裁判所法49条）。

　弾劾裁判とは，裁判官の身分にふさわしくない行為をしたり，職務上の義務に違反したとして，裁判官訴追委員会（国会議員からなる）から罷免の訴追を受けた裁判官を辞めさせるかどうか判断するものである。戦後に8件の罷免訴追があった（2025年3月現在）。2024（令和6）年4月3日判決の岡口基一裁判官の事例は，SNSでの不適切な投稿が問題となったものである。

　裁判官の懲戒について，寺西判事補懲戒処分事件が有名である。これは，仙台地裁所属の現職裁判官である寺西判事補が，通信傍受法に反対する集会に参加し，所長から事前に処分するという警告を受けたことに触れつつ，「法案に反

対の立場で発言することは禁止されていないと思うが，パネリストとしての発言は辞退する」という旨の発言をしたところ，裁判所法52条1号で禁止された積極的政治活動にあたるとして仙台高裁による分限裁判（裁判官の免職や懲戒について行われる裁判）にかけられ，戒告処分を受けた。最高裁は，裁判官は積極的政治活動を禁止されるのは裁判官の独立と中立・公正を確保するためであり，本件集会での言動は単なる個人の意見の表明を超える厳に避けるべきものであるとして，即時抗告を退け，処分が確定した（最判平10・12・1民集52・9・1761）。

そして，最高裁判所は，「訴訟に関する手続，弁護士，裁判所の内部規律及び司法事務処理に関する事項」について規則を定めることができる（憲法77条1項）。これを規則制定権と呼び，権力分立の見地から，司法の独立を確保するために，司法部内における最高裁判所の統制と監督を強化する権限となっている。

2　司法権の限界

日本の裁判所は，司法権を行使して裁判をすることができるが，その司法権を行使できない場合もある。

その1つが，事件性による限界である。裁判所法3条には，「一切の法律上の争訟」を裁判すると規定している。裁判所が裁判できるのは，当事者の具体的権利義務や法律関係の存否に関する紛争であり，法令の適用で終局的に解決することができるものに限られている。

この事件性が争われた有名な判例として，板まんだら事件と呼ばれるものがある。「板まんだら」を安置する施設を作るため寄付が募られ，それに応じた原告であったが，その「板まんだら」は本尊ではなかったとのちに判明して，寄付が重要な要素の錯誤であり無効であるとして，寄付金の返還を求めた事件である。この事件において，要素の錯誤があったか否かの判断には，宗教上の価値や教義に関する判断が必要であり，それが訴訟の帰趨を左右する必要不可欠なものとなっている。しかし，こうした信仰の対象の価値または宗教上の教義に関する対立は，裁判所における裁判になじむものではない。したがって，法律を適用しても終局的に解決できるものではないとして，その訴えを却下した（最判昭56・4・7民集35・3・443）。

次に，統治行為論による限界である。これは，直接国家統治の基本に関する

高度に政治性のある国家行為について，法律上の争訟であっても，事件の性質上，裁判所が司法審査しないというものである。統治行為論については，その理解をめぐって，内在的制約説と自制説の2つの考え方がある。
　内在的制約説とは，権力分立を念頭に置き，政治性が強く，司法権が扱いうる法的問題として考えると問題の本質から外れて適切な解決ができないような事件は，裁判所の権限外だとする考えである。つまり，司法判断が可能だとしても，裁判所の審査権の外にあり，その判断は，主権者たる国民の政治的責任に委ねられているとするものである。一方，自制説とは，民主政治を念頭に置き，政治性は強くても法的問題として司法権が扱うことは可能ではあるが，むしろ，解決するためには，政治部門に委ね，最終的には主権者である国民が政治的プロセスを通じて解決する方がよいとして，司法部門は判断を差し控えるとする考えである。今日，2つの考え方は，二者択一ではなく，両方の考え方が混じりあっていると考えられている。
　この統治行為論が用いられた有名な判例として，砂川事件がある。この事件は，東京の砂川町付近の在日米軍立川飛行場の拡張を巡る闘争において，基地拡張に反対するデモ隊の一部が，米軍基地の立入禁止の境界柵を壊し，基地内に数メートル立ち入ったとして，デモ隊のうち7人が日本国とアメリカ合衆国との間の安全保障条約3条に基づく行政協定（現在の地位協定）違反で起訴されたものである。地裁は，日本政府が米軍駐留を許容したことにつき，憲法9条2項前段によって禁止される戦力の保持にあたり，違憲であるとしたことから，最高裁で争われることになった。最高裁は，協定の有効性について，「主権国としてのわが国の存立の基礎に極めて重大な関係をもつ高度の政治性を有する」から，「違憲なりや否やの法的判断は，純司法的機能をその使命とする司法裁判所の審査には原則としてなじま」ず，「一見極めて明白に違憲無効であると認められない限りは，裁判所の司法審査権の範囲外」であると判断した（最判昭34・12・16刑集13・13・3225）。
　そして，部分社会論による限界である。市民社会のなかには，大学や宗教団体，政党などの自律的な法規範をもつ団体が無数にある。このような内部団体の紛争については，その内部規律の問題である限り，その団体の自主的・自律的な解決に任せて，司法審査は及ばないという考えである。
　この部分社会論が用いられた富山大学単位不認定事件では，大学は「一般市

民社会とは異なる特殊な部分社会を形成」し,「一般市民法秩序と直接関係を有しない内部的問題にとどまる限り」は「司法審査の対象にはならない」としている（最判昭52・3・15民集31・2・234）。

　もっとも，こうした司法権の限界を克服する仕組みもある。個人の利益の保護を目的とする主観訴訟に対する客観訴訟の制度であり，公益の保護を目的とする民衆訴訟と機関訴訟がある。民衆訴訟とは，国または公共団体の機関に法規に適合しない行為の是正を求める訴訟のことであり，住民訴訟が代表例である。機関訴訟とは，国または公共団体の機関相互間における権限の存否またはその行使に関する訴訟である。機関訴訟の例として，米軍普天間飛行場の名護市辺野古への移設計画をめぐり，埋め立ての承認を取り消した沖縄県知事を国が訴えた事例がある（最判平28・12・20民集70・9・2281）。この判決の原審である福岡高裁那覇支部の「普天間の危険を除去するには，辺野古に新施設を建設するしかない」という判断（福岡高裁那覇支部判平28・9・16判時2317・42）に対し，裁判所がそこまで立ち入ることができるのかが問題になった。最高裁はそこに触れずに，前知事の判断の過程や内容に不合理な点はないと沖縄県の承認取消を認めなかった。

第2節　裁判所の機能と裁判権

1　裁判所の組織

　日本の裁判所は，最高裁判所とその他の下級裁判所から構成される。高等裁判所は，東京都，大阪市，名古屋市，広島市，福岡市，仙台市，札幌市，高松市の8カ所と，金沢市（名古屋高裁），岡山市（広島高裁），松江市（広島高裁），宮崎市（福岡高裁），那覇市（福岡高裁），秋田市（仙台高裁）の6カ所の支部が存在する。地方裁判所は，各都道府県庁所在地と，北海道は面積が広いために函館市・旭川市・釧路市にもあり，合計50カ所と各地裁の支部から成る。例えば，東京地方裁判所の支部としては，立川支部がある（2009年までは八王子支部）。家事審判，家事調停及び少年審判等を扱う家庭裁判所は，地方裁判所と同じ場所にある。さらに，簡易裁判所は，全国438カ所に存在し，東京には，墨田庁舎などに加えて，八丈島・伊豆大島・新島などにも存在する。

　国によっては，行政裁判所などの特別裁判所を設置するものもあるが，憲法

は，最高裁を中心とする通常裁判所に司法権を付与し，特別裁判所の設置を禁止している（憲法 76 条 2 項）。

2　裁判所の人々と判断するための仕組み

　裁判官は，統治機構の一翼である司法権を担う裁判所に属し，裁判所および司法行政権の行使を担当する職種である。司法試験合格者が司法修習を受けたのち，任官希望者のなかから採用される。最高裁判所長官は，内閣の指名に基づいて天皇が任命し（憲法 6 条 2 項），最高裁判所判事は，内閣が任命し（憲法 79 条 1 項），天皇がこれを認証する（裁判所法 39 条 3 項）。一方，通常の裁判官は，最高裁判所の指名した者の名簿によって内閣が任命する（憲法 80 条 1 項）。裁判官は，当事者間の具体的権利義務に関して争いがある場合に，立法府である国会が定めた一切の法令を具体的な事件に適用して，当該事件を終局的に解決する。このようにして，社会に発生する紛争を解決する役割を担っている

　裁判官は，最高裁判所長官を筆頭に 15 人の最高裁判所判事のほか，高等裁判所長官，判事，判事補，簡易裁判所判事に分かれる。

　裁判には，単独制（簡易裁判所や地方裁判所等で行われる）と合議制（裁判長・右陪席・左陪席）の 2 種類がある。合議制は，個々の裁判官が相互にその知識・経験を補完し，慎重な審理を通じて正当な結論が導かれるように図られている。基本は 3 人であるが，大規模訴訟等では 5 人にもできる。一方，単独制は，機動的な訴訟運営が可能となり，裁判の迅速化が期待できる。最高裁は，小法廷（5 人）と大法廷（15 人）に分かれており，大法廷は，判例変更をするときに用いられる。

　各裁判所では，裁判官のほか，裁判の記録や調書などを作成・保管する裁判所書記官，裁判官の命を受けて，事件の審理および裁判に関して必要な調査を行う裁判所調査官，離婚事件における夫婦の現状の把握，少年事件における少年や家庭の問題の実地調査・把握などを行う家庭裁判所調査官なども役割を担っている。

3　裁判権の対象

　裁判権は，日本にいるすべての人に妥当するが，外国国家・外交使節・国際機関の場合，裁判権があるかどうかが問題になる（主権免除）。国家の活動はす

べて裁判権がなく日本で裁判できないという絶対免除主義の考え方もあるが，現在は制限免除主義をとっており，国家による通商・事業活動の場合，免除は認められず，日本の裁判に服する必要がある（2009年に成立した「外国等に対する我が国の民事裁判権に関する法律」）。

また，天皇の場合も，裁判権に服するかという問題があるが，民事裁判権が及ぶことはない（最判平元・11・20民集43・10・1160）。

第3節　違憲立法審査権

1　違憲立法審査権と司法消極主義

違憲立法審査権とは，国家の行為が憲法に違反していないかどうかを裁判所が判断する制度である。憲法81条には，「最高裁判所は，一切の法律，命令，規則又は処分が憲法に適合するかしないかを決定する権限を有する終審裁判所である」と規定している。条文だけを読むと，違憲審査権は，最高裁判所だけにあるように読めるが，下級裁判所を含む司法権を行使するすべての裁判所にあるとされている。

違憲立法審査権のあり方については，世界的に2つに分かれている。日本は，アメリカと同様，付随的違憲審査と呼ばれており，具体的な事件を処理するのに必要な限度で，違憲審査を行うことができる。これに対し，ドイツやヨーロッパの多くは，抽象的違憲審査と呼ばれており，違憲審査のための特別裁判所を設置し，国家行為の合憲性を具体的な事件の解決とは無関係に抽象的に審査する形で行われている。

違憲判決の場合，事件に適用される法令の規定そのものを違憲とする法令違憲と，法令自体は合憲でも，その法令が適用される事例に注目し，その事例の当事者に適用される限りにおいて違憲とする適用違憲の2つの場合に分かれる。

法令違憲の場合，違憲とされた法令は，それ以降，行政機関や裁判所によって適用・執行されることはなく，一般的に無効となる。もっとも，判決によって違憲とされた法令の規定を判決の趣旨にそって修正したり，削除したりするのは国会の権限であることから，違憲判決が出されてから立法措置がとられるまで長期間かかる場合もある（尊属殺人重罰規定の場合，22年かかってようやく規定が廃止された）。

表 16 − 1　違憲判断一覧

事件名	判決日（最大判）	内容
尊属殺重罰規定事件	昭 48・4・4（1973 年）刑集 27・3・265	尊属殺に対する刑罰が死刑・無期懲役に限られているのは，法の下の平等に反する（憲法 14 条 1 項違反）。
薬事法距離制限事件	昭 50・4・30（1975 年）民集 29・4・572	薬局開設の基準として既存の薬局との距離制限を定めることは，職業選択の自由を侵害する（憲法 21 条 1 項違反）。
衆議院議員定数不均衡事件	①昭 51・4・14（1976 年）民集 30・3・223　②昭 60・7・17（1985 年）民集 39・5・1100	議員の定数配分は，投票価値の平等に反する（憲法 14 条 1 項・15 条 1 項・3 項・44 条但違反）。(1976 年は 4.99 倍，1985 年は 4.40 倍)
森林法共有分割制限事件	昭 62・4・22（1987 年）民集 41・3・408	共有森林の分割請求権を否定することは，財産権を侵害する（憲法 29 条 2 項違反）。
郵便法免責規定事件	平 14・9・11（2002 年）民集 56・7・1439	書留郵便局の遅配について，国の損害賠償責任を免除するのは，国家賠償請求権を侵害する（憲法 17 条違反）。
在外邦人選挙権制限事件	平 17・9・14（2005 年）民集 59・7・2087	在外国民の国政選挙での投票を認めなかったことは選挙権を侵害する（憲法 15 条 1 項・3 項・43 条 1 項・44 条但違反）。
非嫡出子国籍法取得制限事件	平 20・6・4（2008 年）民集 62・6・1367	日本人の父と外国人の母のあいだに生まれた婚外子に日本国籍を認めないことは，法の下の平等に反する（憲法 14 条 1 項違反）。
非嫡出子法定相続分規定事件	平 25・9・4（2013 年）民集 67・6・1720	非嫡出子の法定相続分を嫡出子の 2 分の 1 にすることは，法の下の平等に反する（憲法 14 条 1 項違反）。
女子再婚禁止期間事件	平 27・12・16（2015 年）民集 69・8・2427	民法の女性の再婚禁止期間（6 カ月間）が 100 日を超えるのは過剰な制約であり，法の下の平等に反する（憲法 14 条 1 項・24 条 1 項違反）。
在外邦人の国民審査	令 4・5・25（2022 年）民集 76・4・711	在外日本人に最高裁判所裁判官の国民審査権を認めていない国民審査法は，

事件		公務員の選定罷免権や国民審査を規定する憲法に違反する（憲法15条1項，79条2項，3項違反）。
性別変更要件をめぐる事件	令5・10・25（2023年）民集77・7・1792	性同一性障害者が戸籍上の性別の変更をする際，生殖機能を永続的に欠く状態でなければならないことを要件とする性同一性障害者特例法の規定は，身体への侵襲を受けない自由を侵害する（憲法13条に違反）。
旧優生保護法の強制不妊手術をめぐる事件	令6・7・3（2024年）民集78・3・382	旧優生保護法中のいわゆる優生規定（同法3条1項1号から3号まで，10条及び13条2項）は，個人の尊厳と人格の尊重に著しく反するとともに，法の下の平等にも反する（憲法13条，14条違反）。

　日本における違憲立法審査権の行使は，少ない傾向にある。これは，立法府である国会と裁判所の正面衝突を回避するためといわれる。つまり，裁判所は有権者に直接責任を負わないのだから，政治責任を負っている議会や政府の判断を無効にするのは消極的でなければならないという考え方が背景にある。

　しかし，こうした司法の自己抑制は，司法消極主義ともいわれており，国民の権利を実現することを妨げることにもなりうるため，改善を求める意見もある。一方で，2020年代に入って違憲判決の数は増えつつあり，これまでの傾向から変わる可能性がある（表16-1）。

2　合憲限定解釈

　司法消極主義のもと，憲法訴訟は，どのような判断をしているのだろうか。よく用いられている方法として，合憲限定解釈と呼ばれているものがある。これは，憲法上の問題をできるだけ憲法に違反しないように解釈するというものである。

　この問題について，福岡県青少年保護育成条例事件が有名である。これは，25歳の成人男性が交際中の当時16歳の女性と性的関係をもったことで逮捕された事件である。当時の青少年保護育成条例には，「何人も，青少年に対し，い

ん行又はわいせつな行為をしてはならない」とあり，「いん行」の解釈が争点となった（最大判昭60・10・23刑集39・6・413）。「いん行」それ自体不明確であることから，明確性の原則違反ともとれるが，最高裁は，「『淫行』とは，広く青少年に対する性行為一般をいうものと解すべきでなく，青少年を誘惑し，威迫し，欺罔し又は困惑させる等その心身の未成熟に乗じた不当な手段により行う性交又は性交類似行為のほか，青少年を単に自己の性的欲望を満足させるための対象として扱つているとしか認められないような性交又は性交類似行為をいうものと解するのが相当」と解釈し，この条例を違憲にすることを避けた。

第4節　司法権に対する国民の関与

　司法は，国民生活から遠い存在と考えられているが，いつどのようなトラブルに巻き込まれるのかわからない以上，いざというときに使えるものである必要がある。

　司法が国民との関係で重要な場面は，まず，裁判を受ける権利（憲法32条）である。これは，政治的権力から独立した公平な司法機関に対して，すべての個人が平等な権利・自由の救済を求め，かつそのような公平な裁判所以外の機関から裁判されることのない権利である。刑事裁判においては，被告人が公正な裁判を受ける権利であり，民事裁判・行政裁判においては，各人が裁判所に訴えを提起する権利である。どちらも，法の支配の実現に不可欠な権利といえる。

　裁判を受ける権利をあまねく保障するためには，司法アクセスを充実させる必要がある。例えば，司法のIT化，法テラス，法律扶助などの支援体制を充実させることで，国民の裁判を受ける権利を実現することになる。もちろん，それは障害者や外国人の権利を保障することにもつながる。

　また，2009年から始まった裁判員制度は，これまでと異なり，国民が裁判に参加することで，司法への理解が進むように実施されている。

　次に，裁判の公開である。憲法82条1項には，「裁判の対審及び判決は，公開法廷でこれを行ふ」とあり，民事裁判の口頭弁論，刑事裁判の公判手続の公開を原則としている。これは，近代的な裁判制度の原則の1つであり，その傍聴を自由に認めることで，主権者である国民が国家の行為を監視することができる。

もっとも，物理的に傍聴席の数の制約があったり，写真撮影の制限があったりするため，完全な権利ではない。一方で，非訟事件など，一定の事件の場合には，民事訴訟の原則である当事者主義や口頭弁論が行われず職権主義がとられたり，審理が非公開になることもある。これは，当事者の要請から認められるものであり，企業秘密，特許権侵害における秘密の保護や，性犯罪の被害者のプライバシー保護の場合がその代表例である。

　そして，憲法31条の適正手続である。これは，「何人も，法律の定める手続によらなければ，その生命若しくは自由を奪はれ，又はその他の刑罰を科せられない」というものであり，公権力を手続的に拘束し，人権を手続的に保障しようとするデュー・プロセスの考え方である。このデュー・プロセスは，①法律で定められた手続が適正であること，②実体もまた法律で定められなければならないこと，③法律で定められた実体規定が適正でなければならないこと，という3つを含む考え方である。そして，真実発見のためならば，何をしても許されるわけではなく，裁判所が公平な立場から，被告人に一定の弁解と防御の機会を与えたうえで判断をするよう，手続上も保障されているのである。被告人は，いかなる罪に問われているかを知らされず，また自己の言い分も聞いてもらえぬまま刑罰を科されることがあってはならない。

　最後に，信頼できる裁判を実現するために，とくに最高裁の裁判官に対して，国民審査をする機会が設けられている。最高裁判所裁判官は，任命後初めて行われる衆議院議員総選挙の際に国民審査を受け，その後は審査から10年を経過した後に行われる衆議院総選挙の際に再審査を受ける（憲法79条2項）。これまで，国民審査によって罷免させられた最高裁判事はいないが，こうした機会に，各判事がどのような判断をしているのかをチェックし，裁判が公平かつ国民の考え方と乖離していないかを確認する必要があろう。

【参考文献】
笹田栄司ほか『トピックからはじめる統治制度―憲法を考える（第3版）』有斐閣，2025年。
大屋雄裕『裁判の原点―社会を動かす法学入門』河出書房新社，2018年。
戸松秀典『プレップ憲法訴訟』弘文堂，2011年。

（長島光一）

第17章
わが国の統治の仕組み4
平和主義と憲法9条の解釈

第1節　憲法における戦争と平和

　「日本国憲法」という新憲法の制定が第二次世界大戦における日本の敗戦に起因するように，わが国の憲法は，その出自からして「戦争」と切っても切れない関係にある。とりわけ，このことは，憲法制定の意義や目的を確認した憲法前文において顕著に現れている。「日本国民は，……われらとわれらの子孫のために，……政府の行為によって再び戦争の惨禍が起ることのないやうにすることを決意し，ここに主権が国民に存することを宣言し，この憲法を確定する」。そして，この多くの犠牲をもたらした悲惨な戦争を繰り返さないという憲法前文の「決意」を具体化するものとして定められたのが，「平和主義」条項とも称される憲法9条である。本章では，こうした戦争や平和に関係する憲法のルールについて解説する。

1　平和主義の理念

　日本国憲法において「平和」という言葉は合計5回登場する。そのうち4回は，憲法制定の意義や目的，基本原理を宣言した次に示す憲法前文第2段落においてである。

　「日本国民は，恒久の平和を念願し，人間相互の関係を支配する崇高な理想を深く自覚するのであって，平和を愛する諸国民の公正と信義に信頼して，われらの安全と生存を保持しようと決意した。われらは，平和を維持し，専制と隷従，圧迫と偏狭を地上から永遠に除去しようと努めてゐる国際社会において，

名誉ある地位を占めたいと思ふ。われらは，全世界の国民が，ひとしく恐怖と欠乏から免れ，平和のうちに生存する権利を有することを確認する」〔傍点は筆者〕。

「国際平和」の誠実な希求を掲げる憲法9条1項の規定と合わせて，このように，日本国憲法は繰り返し「平和」について言及している。これが，「平和主義」が国民主権や基本的人権の尊重と並ぶ日本国憲法の三大基本原理とされる所以である。

もっとも，「平和主義」という言葉自体，多義的であることに注意を要する。そもそも，ここでの「平和」とは何であろうか。仮に「平和」を自国の独立や安全が確保されている状態を指すとするならば，例えば，外国軍隊の侵攻に対して，政府が軍隊を始めとする実力をもって国民の生命や財産を防衛することは，それによって自国の平和な状態が保たれうるという点で，ある種の平和主義の理念に共鳴する。この「穏和な平和主義」とも称される立場は，国が自衛のための何らかの実力組織を保持することを完全には否定しない。他方で，「平和主義」が，その目的に関係なく，戦争や武力の行使の完全な拒否を要請するものであるならば，自国を防衛するための実力を組織し，外国軍隊の侵攻に対して政府が実力をもって抵抗することも平和な状態であるとはいえないと評価されるだろう。特に後者の立場は，「絶対的平和主義」や「非武装平和主義」と称され，憲法9条の解釈の際にも自衛隊を違憲とする論拠として持ち出される。

2　平和的生存権

こうした平和主義という理念の多義性は，先に引用した憲法前文第2段落の末尾に登場する「平和のうちに生存する権利」（通称，「平和的生存権」）にも当てはまる。穏和な平和主義の立場からすれば，自衛のための実力組織の存在は，この権利の侵害を必ずしも帰結しないが，絶対的平和主義の立場からすると，その存在自体が，国民の平和的生存権に対する大きな脅威と目される。したがって，平和主義と同様に，平和的生存権の法的性格も，この権利を主張する者の「平和」の概念理解に依存する部分が少なくない。

そもそも，平和的生存権は，憲法前文にのみ登場し，憲法本文の人権規定のなかには登場しない。そのため，前文のみに規定された権利に理念的意味を超

えた法規範性が認められるのか，とりわけ，通常，法的権利であるならば，その権利侵害に対して個人が裁判所に訴えて救済を求めることができるという意味において，裁判規範性が認められるのかが問題となる。この点に関する判例や学説の評価は分かれており，いずれの性格についても肯定説と否定説とで議論が伯仲している。

　まずもって，憲法前文も本文と同様に憲法の一部を成すものであり，その改正には本文の人権規定と同様に憲法 96 条の改正手続を必要とすることから，前文にも法規範性が承認されるべきである。問題は，平和的生存権に法規範性があるとして，この権利を根拠に裁判で救済を求められるほど，具体的権利性があると言えるのかである。「平和のうちに生存する」という権利の内容は，その文言を見る限りでは抽象的である。確かに，権利の内容が抽象的で憲法の次元で一義的に定まらないことは，直ちにその権利の裁判規範性を否定する根拠にはならない。しかし，平和主義の理念と同様に，「平和」という言葉が多義的である以上，権利侵害を主張する者の「平和」に対する一定の立場から，政府の個々の行為につき平和を侵害しているか否かを裁判所に判断させることは困難であり，場合によっては裁判所を政治的問題に巻き込む可能性がある（毛利透ほか『憲法Ⅰ』128 頁も参照）。また，その権利が本文に規定されていない以上，政府の活動によって平和に関する個人の権利が侵害されたと主張するとしても，本文の他の人権規定によってその権利侵害の救済を求めることができないのか，他の人権規定の適用を排除してまで，事案を平和的生存権の問題として構成する固有の意義があるのかを慎重に検討しなければならないだろう。

　平和的生存権の裁判規範性が争点となった事件として，自衛隊基地建設のための保安林指定解除処分の違法性が争われた長沼訴訟や，イラク復興支援特別措置法に基づく自衛隊のイラク派遣の合憲性が問題となった自衛隊イラク派遣訴訟が重要である。まず長沼訴訟第一審判決（札幌地判昭 48・9・7 訴月 19・9・1）において，裁判所は平和的生存権が上記解除処分の取消しを求める住民の訴えの利益を基礎付けるとしたが，控訴審判決（札幌高判昭 51・8・5 行集 27・8・1175）は，憲法前文の「平和は崇高な理想ないし目的としての概念にとどまるものであることが明らかであって，前文中に定める『平和のうちに生存する権利』も裁判規範として，なんら現実的，個別的内容をもつものとして具体化されているものではない」とした。これに対して，自衛隊イラク派遣訴訟控訴審

判決（名古屋高判平20・4・17判時2056・74）は，長沼訴訟控訴審判決とは対照的に，「単に憲法の基本的精神や理念を表明したに留まるものではない」として，平和的生存権に「憲法上の法的な権利」としての性格を認め，「裁判所に対してその保護・救済を求め法的強制措置の発動を請求し得るという意味における具体的権利性が肯定される場合がある」と述べた。ただし，結果的に，同控訴審判決は，具体的権利としての平和的生存権が侵害されたとまでは認められないとして原告らの請求を退けている。

他の下級審の裁判例においても，平和的生存権が損害賠償請求権の基礎となり得ることを示唆するものもあり（岡山地判平21・2・24判時2046・124），このような傾向を踏まえて，近時の学説では，その権利の内容が抽象的であることを理由に裁判規範性を否定することは困難となっているとの見方もある。しかし，裁判規範性が認められるとしても，実際に裁判所がその権利侵害を認定するかは別問題である。戦争遂行中ならまだしも，戦争が現実に迫っていない段階で，その権利侵害を認定することには，裁判所の民主的正当性や政治部門との権限分配の観点から大きな抑制が働くものと思われる。

3　国際関係の問題としての平和

しばしば戦争が国境を超えた武力紛争であるように，グローバル化した現代社会において，ますます平和の実現は自国のみで完結し得るものではなく，国際社会全体において達成されるべき共通の課題となっている。前文において，日本国民の「安全と生存」を「平和を愛する諸国民の公正と信義」に委ねることを宣言する日本国憲法は，まさに，平和という主題が国際関係の問題であることを自覚している。また先に見た平和的生存権も，その権利の享有主体を日本国民ではなく「全世界の国民」の権利と定めている。このように日本国憲法は，戦争や平和という主題が，国内法の問題に純化して議論することのできない事柄であることを正確に認識している。

3-1　国際法による規律①——正戦論から武力行使禁止原則へ——

国際社会において戦争や平和は国際法のもとに規律されてきた。国際法の父と称されるフーゴー・グロティウスの主張がよく知られているように，かつては国際法の世界においても，自己防衛や財産の回復，処罰を戦争の正当な原因

とし（正しい戦争），それを正当な原因のない戦争（不正な戦争）から区別する「正戦論」ないしは「差別戦争観」が唱えられていた。しかし18世紀後半になると，主権国家の行う戦争に正も不正もないとの考えのもとに，戦争が合法化され，交戦国を対等に扱う「無差別戦争観」が支配的となる。もっとも，ライフル銃や戦車，毒ガスなどの大量破壊兵器による甚大な被害をもたらした第一次世界大戦の経験を経て，国際社会は戦争違法化へと転換する。その転換点となるのが1928年に締結されたパリ不戦条約である。「国際紛争解決ノ為ニ戦争ニ訴フルコトヲ非ト」する同条約1条の文言は，同様の規定を置く日本国憲法9条1項にも受け継がれている。ただし，不戦条約が違法とする戦争は侵略戦争であるとされ，例えば，「満州事変」や「日華事変」と呼称される宣戦布告によらない軍事行動が不戦条約によって禁止されている「戦争」に当たるのかについて曖昧さが残されていた。

そこで，第二次世界大戦における戦争がこうした「事変」の名の下で展開されていたことの反省を踏まえ，1945年に制定された国連憲章は，2条4項において，「武力による威嚇又は武力の行使」を一般的に禁止する条文を定めている。いわゆる武力行使禁止原則である。ここで「戦争」という用語の使用が意識的に避けられているように，これによって，国際法上は「戦争」を合法と認める例外は一切存在しなくなった。国連憲章の翌年に公布された日本国憲法もまた，9条1項において「武力による威嚇又は武力の行使」という憲章の文言をそのまま借用している。

3-2 国際法による規律②―集団安全保障体制と自衛権―

これに加えて，国連憲章は，国際の平和と安全を維持することを目的に国連を設立し，原則として「共同の利益を除く他は武力を用いないこと」を確認しつつ（国連憲章前文），国連加盟国が違法な武力行使を行う国に対して集団的に共同して対抗する「集団安全保障体制」を確立した。この集団安全保障の仕組みにおいて中心的な役割を果たすのが「安全保障理事会」である。通称「安保理」は，常任理事国5カ国（中国，フランス，ロシア連邦，イギリス，アメリカ）と，総会が2年の任期で選ぶ非常任理事国10カ国で構成され，「平和に対する脅威，平和の破壊又は侵略行為の存在を決定し，並びに，国際の平和及び安全を維持し又は回復するために勧告し，又は憲章41条（非軍事的措置）及び42

条（軍事的措置）に従っていかなる措置をとるかを決定する」（国連憲章39条）。ここで，憲章41条の非軍事的措置とは，経済関係や運輸通信手段の全部又は一部の中断など兵力の使用を伴わない措置を指し，他方で42条の軍事的措置とは，陸海空の多国籍軍による軍事行動を指す。

　しかし，安保理での非手続事項（実質事項）には「常任理事国の同意投票を含む9理事国の賛成投票」が必要とされ（国連憲章27条3項），常任理事国のうち1カ国でも反対すると議案は成立しない。いわゆる常任理事国の「拒否権（veto power）」と呼ばれるものである。例えば，2022年2月24日のロシアによるウクライナ侵攻に対しては，非難決議案が82カ国という多くの提案国によって提出されたが，常任理事国であるロシアの拒否権で否決された。また，2024年11月20日に日本を含む非常任理事国10カ国が提出したイスラエルによるパレスチナ自治区ガザでの戦闘に対する無条件での即時停戦と人質全員の解放を求める決議案もまた，常任理事国であるアメリカの拒否権行使によって否決されている。このように，集団安全保障体制には，そもそも常任理事国による侵略に対しては機能しないという欠点が存在する。

　こうした常任理事国による拒否権行使が想定される事態はもちろんのこと，国連加盟国に対する武力攻撃が発生した場合には，国連憲章51条において，国連加盟国には，安保理が「国際の平和及び安全の維持に必要な措置をとるまでの間，個別的又は集団的自衛の固有の権利」を行使することが認められている。いわゆる「個別的自衛権」または「集団的自衛権」である。個別的自衛権は一国が武力攻撃を受けた自国を防衛するために武力攻撃国に対し武力で反撃する権利であるのに対し，集団的自衛権は武力攻撃を受けた国家の友好国または同盟国が武力攻撃国に対して武力で反撃する権利である。もっとも，日本の場合，後述するように，戦争放棄と戦力不保持を定める憲法9条との関係において，国際法上認められている自衛権の範囲は，個別的自衛権を意味するものと限定的に解する学説が有力であり，2014年7月1日の第2次安倍政権下での閣議決定まで政府見解も同様の解釈に依拠してきた。2014年の閣議決定以降，政府見解においては，憲法9条のもとでも集団的自衛権の一部行使を容認する解釈が採用されている。

第2節　憲法9条の解釈

　日本国憲法は，前文で掲げる平和主義の理念を具体化するべく，戦争放棄と戦力不保持を内容とする次のような条文を定めた。「日本国民は，正義と秩序を基調とする国際平和を誠実に希求し，国権の発動たる戦争と武力による威嚇又は武力の行使は，国際紛争を解決する手段としては，永久にこれを放棄する」（憲法9条1項）。「前項の目的を達成するため，陸海空軍その他の戦力は，これを保持しない。国の交戦権は，これを認めない」（憲法9条2項）。日本国憲法制定以来，9条の解釈は，学界のみならず政治の世界においても中心的な論点であり続けた。とりわけ，現に自衛隊が存在し，その活動の範囲が緊迫化する国際情勢を理由に拡大し続けていくなかで，こうした事態が9条と整合するものであるのかを確認しておくことは重要である。以下では，学説と政府見解を中心に同条の解釈を論じていく。

1　憲法9条とその解釈の背景
1−1　制定経緯とその解釈における役割

　憲法9条の出自は，連合国最高司令官マッカーサーが1946年2月2日に提示した新憲法の基本原則に関して定めたマッカーサー・ノートに由来する。そこでは，日本に陸海空軍を保有する権能や交戦権を否定し，「紛争解決のための手段としての戦争，さらには自己の安全を保持するための手段としての戦争」ですらも認めない徹底した戦争放棄と戦力不保持の考えが打ち出されていた。しかし，後者の意味での戦争＝自衛戦争を放棄する文言は同年2月13日に日本側に示された総司令部（GHQ）案では削除され，最終的に放棄されるのは，紛争解決手段としての「武力による威嚇または武力の行使」とされた。こうした変更の背景には，GHQ民生局の側で国際法上認められている自衛権を憲法で否定するのは行き過ぎだとの考えがあったとされる。

　さらに，現在の9条の解釈との関係においても重要な修正が，衆議院憲法改正小委員会で芦田均委員長の提案で同条2項の冒頭に加えられた修正である。この通称「芦田修正」において，「陸海空軍その他の戦力は，これを保持しない」という条文の前に，「前項の目的を達成するため」との文言が挿入された。

学説においては少数説であるが，この芦田修正を根拠に，「前項の目的」を自衛目的以外の武力行使，すなわち侵略戦争の禁止と解したうえで，2項の「戦力」は自衛目的の戦力の保持を否定するものではないと説く見解もある（自衛力留保説）。このように，同条の制定経緯から各論者の9条解釈の正当性が説かれることは多々あり，9条それ自体の文言の解釈（文理解釈）と合わせて，自衛隊の合憲性を論じる際の学説や政府見解の拠り所とされてきた。

ただし，9条の制定経緯を同条の解釈の正しさの根拠とすることには注意が必要である。憲法の条文の意味を解釈する際にその制定過程に関与した人々の意図（制憲者意思）を重視する解釈方法は「原意主義」とも称される。問題は，原意を重視する解釈を採用するには更に何をもって正当な原意とするのかに関する上位のルール（ルールのルール）が必要であるということである。制定過程に関与した議員のうち，いずれの者の意思を重視するのか，個々の議員の内心にかかわらず結果として制定されたテクストが制憲者意思なのではないか等，原意主義には多くの難点が指摘できる。したがって，条文の制定経緯や原意は，それだけをもって解釈の正しさを裏付ける唯一の論拠となり得るものではなく，むしろ，条文を解釈する際の出発点または参考資料としての価値があるものと捉えるに留めておくのが無難である。

1−2　緊迫化する国際情勢と憲法9条

学説において，しばしば憲法9条は一切の軍事力または戦力の保持を放棄していると解するのが「文字通りの解釈」または「もっとも自然な解釈」と評される。この解釈を裏付けるかのように，憲法制定当時，陸海軍が占領軍によって武装解除された結果，実際に日本に軍隊は存在しなかった。しかし，東西冷戦が激化するにつれて，アメリカの占領政策は日本に自国防衛の一端を担わせるべく再軍備の方向へと動いていく。再軍備が現実化する最たる要因となったのが，1950年の朝鮮戦争の勃発である。このとき，アメリカ側は再軍備を求めたものの，9条との関係を考慮して，結果的に設置されたのが，後の自衛隊の前身となる警察予備隊である。この組織は，治安維持のための警察力の範囲に留まるものとして9条2項の「戦力」には該当しないとされた。もっとも，占領解除後の経過を見れば明らかなように，1952年には保安隊，1954年には自衛隊が設置され，現在では，その規模や装備の観点から，もはや警察力の範

囲を超えた実力組織が存在するに至っている。

　国際情勢の変化を起因として憲法9条の拘束力が相対化されるのは，警察予備隊や自衛隊の設置の時期に限られない。例えば，2001年9月11日のアメリカ同時多発テロは，これを契機とした行われたアフガン戦争とイラク戦争に後方支援活動というかたちで自衛隊を関与させた。同盟国であるアメリカの求めに応じて，日本政府は，イラク復興支援特別措置法（2007年に失効）を制定し，非戦闘地域ではあるものの，日本の周辺地域に留まらない自衛隊の海外派遣を可能にしたのである。しかし，後方支援活動であったとしても，他国の武力行使に関与することを9条が想定していたのかは疑問である。また上述のように，集団的自衛権の行使を一部容認する2014年7月の閣議決定の際も，日本を取り巻く安全保障環境の変化が従来の政府解釈の変更を正当化する要因に挙げられていた。このように，制定の間もない時期から現在に至るまで，憲法9条は常に安全保障に関わる国際情勢の変化に晒されてきた。

2　憲法9条の条文解釈

　国際情勢の変化を起因とする自衛隊の存在やその活動範囲の拡大に対して，憲法9条からどのような規範的要請を読み取ることができるのか。以下で，主要な争点を中心に憲法9条の条文解釈を確認しよう。

2-1　憲法9条1項の解釈

　1項では，「国権の発動たる戦争と，武力による威嚇又は武力の行使」を「国際紛争を解決する手段としては，永久にこれを放棄する」と規定されている。まずもって，「国権の発動たる戦争」とは，現在では国際法上も違法とされる政府の正式な意思表示に基づく武力紛争，「武力による威嚇」とは，武力行使の可能性を背景とする自国の主張の相手国への強要，「武力の行使」とは，他国に対する事実上の武力行使全般のことであると解されている。日本史に照らすと，1895年の日清戦争後の三国干渉が「武力による威嚇」，1931年の満州事変が「武力の行使」の例として挙げられる。

　ここでの最大の争点は，同項によって永久に「放棄」されているものは何かである。とりわけ，文言を解釈するうえで「国際紛争を解決する手段として」という限定付きの放棄がなされている点が重要となる。この点に関して，この

文言が不戦条約1条に由来することを踏まえて，同項によって放棄されているのは自衛目的以外の「戦争」と「武力による威嚇および武力の行使」，すなわち侵略戦争であると解する見解（限定放棄説）と，戦争が自衛目的とそれ以外の目的に区別することが困難であることから両者を区別することなく，すべての戦争を放棄したと解する見解（全面放棄説）が提唱されている。限定放棄説が通説である。

2-2　憲法9条2項の解釈

次に2項前段について見ると，そこでは「陸海空軍その他の戦力は，これを保持しない」との規定がなされているところ，上述のように芦田修正によって前段冒頭に挿入された「前項の目的を達成するため」という文言との関係で，「戦力」の不保持の範囲をめぐって解釈の対立がある。すなわち，芦田修正を考慮して自衛目的の戦力の保持は許容されると解する自衛力留保説と，芦田修正に解釈上の意義を認めず，あらゆる戦力の保持が全面的に禁止されると解する完全非武装説の対立である。1項で全面放棄説に依拠する場合，当然に2項でも完全非武装説を採用することになる。また1項で限定放棄説に依拠する場合も，2項で戦力の全面的な不保持を読み取る場合，結果的に自衛目的の武力行使も不可能となる。通説は，1項限定放棄説および2項完全非武装説であり，政府見解も基本的にこの解釈に沿って展開されている。

ただし，政府見解においては，自衛隊を違憲と解する通説と異なり，①国家が独立国である以上，当然に自衛権を有しており日本も同様であること，②そのため，他国から武力攻撃を受けた場合には国土を防衛する手段として武力の行使が憲法上認められることを前提に，③2項で禁止されている「戦力」とは，「自衛のための必要最小限度の実力」を超えるものであり，それを超えない実力組織を保持することは禁止されていないとの解釈に依拠している。このような解釈に依拠して，政府は一貫して自衛隊を合憲と解してきた。ただし，2015年より以前は，政府見解においても自衛権は個別的自衛権を意味し，自衛隊の防衛出動は，(1) わが国に対する急迫不正の侵害があり，(2) これを排除するために他の適当な手段がなく，(3) それに対する武力の行使が必要最小限度の実力行使に留まるという三要件を満たす場合にのみ認められていたが，2014年7月の閣議決定によって，集団的自衛権の限定的な行使を容認するものへと変更

された。

　最後に,「交戦権」を否定する2項後段について説明しておく。この点に関して，主として,「国家として戦争を行う権利」と解する理解と，敵国兵力の殺傷や領土の攻撃・占領，敵船の拿捕など「戦争において交戦国が有する権利」と解する理解があるが，国際法上，戦争が違法化され，また2項前段の「前項の目的を達成するため」という断り書きが後段の交戦権否認条項には付されていないことから，後者の見解が妥当である。この点, 2項後段で交戦権が全面的に否定されると，結局すべての戦争を放棄したのと同じであると解され得るが，1項で全面放棄説に依拠しない限り，国際紛争を解決する手段にわたらない範囲で，侵略国に対して防衛上必要な軍事行動をとることは可能である。他方で政府見解は，日本が当然に自衛権を有していることから,「交戦権」と「自衛行動権」は区別され，後者は9条のもとでも認められると解している。

2-3　憲法9条に関係する重要判例

　憲法9条との関係で重要な判例として，警察予備隊の合憲性に関して最高裁判所に訴えを提起した警察予備隊違憲訴訟（最大判昭27・10・28民集6・9・782）や，旧日米安全保障条約における駐留米軍の合憲性が争われた砂川事件最高裁判決（最大判昭34・12・16刑集13・13・3225）などがある。警察予備隊訴訟では，最高裁判所に抽象的に違憲審査を行う特別の権限はないとして，訴えが却下されている。また砂川事件では，日本に駐留する外国の軍隊は9条2項が禁止する「戦力」には該当しないと指摘され,「アメリカ合衆国軍隊の駐留は，憲法9条，98条2項および前文の趣旨に適合こそすれ，これらの条章に反して違憲無効であることが一見極めて明白であるとは，到底認められない」との判断が下されている。今のところ，自衛隊の合憲性について正面から判断した最高裁判決は存在しない。

【参考文献】
長谷部恭男『憲法と平和を問いなおす』ちくま新書，2004年。
長谷部恭男「平和主義と立憲主義」同『憲法の理性 増補新装版』東京大学出版会，
　　2016年，3頁以下。
長谷部恭男『戦争と法』文藝春秋，2020年。

横大道聡「平和主義・国際貢献・集団的自衛権」『法律時報』86巻5号，2014年，45頁以下。

毛利透・小泉良幸・淺野博宣・松本哲治『憲法Ⅰ　総論・統治』有斐閣，2022年，122頁以下。

川岸伸「ウクライナ侵攻と武力行使の禁止」『法学教室』509号，2023年，15頁以下。

山中倫太郎「日本の防衛法制」『法学教室』509号，2023年，41頁以下。

(中岡　淳)

第5編　法の各領域2

市民と法

第18章
取引関係をめぐる規律1
財貨の移転について

第1節　民法の構造

　民法は，私人間の財産関係および家族関係を一般的に規律する法律である。わが国の民法典は，総則，物権，債権，親族および相続の5つの編から構成されているが，物権編と債権編が私人間の財産関係を規律するもの（財産法）であり，親族編と相続編が私人間の家族関係を規律するもの（家族法）である。総則編は，他の4編（主に物権編と債権編）の共通項をまとめたものである。

　わが国の民法典は，ドイツ民法典に倣い，パンデクテン・システムという法典編纂方式を採用している。これは，個別の規定に共通する事項を一括りにして前に出し，抽象的な規定（総則）を具体的な規定（各則）の前に配置することによって，条文を体系的に整理する方式である。わが国の民法典には，第1編に民法全体の「総則」が定められているが，その他にも様々な総則が点在している。例えば，第3編（債権）では，第1章に債権全体の「総則」が置かれているほか，第2章（契約）の第1節には，契約全体の「総則」が置かれており，第3節（売買）の第1款には，売買契約の「総則」が置かれている。このように，編・章・節・款といった各カテゴリーの共通項が，その冒頭の「総則」にまとめられるのである。

第2節　民法の三大原則

　民法には，①権利能力平等の原則，②私的自治の原則，③所有権絶対の原則という3つの基本原理がある。これを「民法の三大原則」という。

権利能力平等の原則とは，権利および義務の主体となる資格（権利能力）は全ての人に等しく認められるとする原則をいう。この原則によって，全ての人は，国籍・職業・年齢・性別等にかかわらず，権利の取得および義務の負担をすることができるのである。

　私的自治の原則とは，個人の意思によって私的な法律関係を自由に形成することができるとする原則をいう。この原則は，様々な場面で具体的な原則として現れる。例えば，契約においては「契約自由の原則」（民法521条・522条2項参照），遺言においては「遺言自由の原則」として現れるのである。

　所有権絶対の原則とは，所有者は，自由にその所有物を使用，収益および処分する権利を有しており，他人や国家がその権利を侵害することは許されないとする原則をいう。その権利が侵害された場合には，所有者がその侵害を排除することが認められる。

第3節　権利義務の主体としての人

1　権利能力

　権利能力とは，権利および義務の主体となる資格をいう。権利能力平等の原則により，全ての人は，平等に権利能力を有するものとされているが，外国人は，法令または条約の規定によって権利能力を制限されることがある（民法3条2項）。

　人は，出生によって権利能力を取得する（民法3条1項）。そのため，胎児には，権利能力が認められないことになるが，不法行為による損害賠償請求権（民法721条），相続（民法886条1項），遺贈（民法965条）については，胎児は既に生まれたものとみなされる。出生の時期が少し早いか遅いかという偶然の事情によって結果が異なるのは不公平であり，それが特に問題となる上記3つの事柄に関しては，胎児の権利能力を例外的に認めているのである。したがって，出生の擬制は，胎児が実際に出生した場合に認めれば足りるものであるから，胎児が死産した場合には認められない（民法886条2項・965条）。

　権利能力の終期に関する明文の規定は存在しないが，人は，死亡によって権利能力を喪失するものとされている。

2　意思能力

　私的自治の原則により，人は，自己の意思によって私的な法律関係を形成することができるのであるが，その法律関係から義務が発生した場合には，その義務による法的拘束を受けることになる。そのことは，本人が十分な判断能力を有している場合には，自己責任の観点から正当化しうるが，そうでない場合には，本人にとって酷な結果となり得る。そこで，民法は，意思能力のない者の法律行為を無効とすることによって，判断能力の不十分な者の保護を図っている（民法3条の2）。

　意思能力とは，自己の行為の利害得失や法的結果を認識することができる能力をいう。一般的には，7歳から10歳程度の判断能力があれば，意思能力があると認められるが，意思能力の有無は，行為者の判断能力および行為の種類・内容によって個別具体的に判断されるものである。例えば，知能の発達が早い子どもであれば，通常の子どもより早く意思能力を備えることになるし，不動産を賃貸借する際に必要な意思能力は，日用品を購入する際に必要な意思能力よりも高度なものとなる。

3　行為能力（制限行為能力者制度）

　意思能力制度の他にも，判断能力の不十分な者を保護する制度として，制限行為能力者制度がある。単独で確定的に有効な法律行為をする資格を「行為能力」といい，この資格が制限される者を「制限行為能力者」という。制限行為能力者には，①未成年者，②成年被後見人，③被保佐人，④被補助人という4つの類型があり，類型ごとに行為能力制限の内容・範囲および保護者の権限が異なっている。

3-1　未成年者

　未成年者とは，18歳未満の者をいう（民法4条）。未成年者が法律行為をするには，法定代理人（親権者または未成年後見人）の同意を得なければならず（民法5条1項本文），その同意を得ずにした法律行為は，未成年者または法定代理人において取り消すことができる（民法5条2項・120条1項）。ただし，単に権利を得たり義務を免れたりする法律行為（民法5条1項ただし書），法定代理人から処分を許された財産を処分する行為（民法5条3項），法定代理人から許

可された営業に関する法律行為（民法6条1項）については，未成年者が，単独で確定的かつ有効にすることができる。なお，法定代理人は，未成年者に代わって法律行為をすることもできる（民法824条・859条）。

3-2　成年被後見人

　成年被後見人とは，精神上の障害により事理を弁識する能力を欠く常況にある者であって，後見開始の審判を受けた者をいう（民法7条・8条）。成年被後見人には，成年後見人が付される（民法8条）。成年被後見人の法律行為は，成年後見人の同意の有無にかかわらず，成年被後見人または成年後見人において取り消すことができる（民法9条本文・120条1項）。そのため，原則として，成年後見人が成年被後見人に代わって法律行為をすることになる（民法859条）。ただし，日用品の購入その他日常生活に関する行為については，成年被後見人が，単独で確定的かつ有効にすることができる（民法9条但書）。

3-3　被保佐人

　被保佐人とは，精神上の障害により事理を弁識する能力が著しく不十分である者であって，保佐開始の審判を受けた者をいう（民法11条・12条）。被保佐人には，保佐人が付される（民法12条）。被保佐人は，原則として単独で確定的に有効な法律行為をすることができるが，民法13条1項各号の法律行為をする場合や，家庭裁判所の審判によって保佐人の同意を要するものとされた法律行為をする場合には，保佐人の同意を得なければならない（民法13条1項・2項）。その同意を得ずにした法律行為は，被保佐人または保佐人において取り消すことができる（民法13条4項・120条1項）。なお，保佐人は，家庭裁判所の審判によって「特定の法律行為」の代理権を付与されることがある（民法876条の4）。

3-4　被補助人

　被補助人とは，精神上の障害により事理を弁識する能力が不十分である者であって，補助開始の審判を受けた者をいう（民法15条・16条）。被補助人には，補助人が付される（民法16条）。被補助人は，原則として単独で確定的に有効な法律行為をすることができるが，家庭裁判所の審判によって補助人の同意を

要するものとされた法律行為（民法13条1項各号の法律行為の一部に限られる）をする場合には，補助人の同意を得なければならない（民法17条1項）。その同意を得ずにした法律行為は，被補助人または補助人において取り消すことができる（民法17条4項・120条1項）。なお，補助人は，家庭裁判所の審判によって「特定の法律行為」の代理権を付与されることがある（民法876条の9）。

3-5 制限行為能力者の相手方の保護

　制限行為能力者の法律行為が取消可能であるということは，その取引の相手方が不利益を受ける可能性があるということを意味する。そこで，民法は，相手方の利益を保護するために，①相手方の催告権（民法20条）と，②詐術を用いた制限行為能力者の取消権を排除する制度（民法21条）を定めている。

　①の制度は，取消可能な法律行為が放置されることによって，相手方が法的に不安定な立場に置かれ続けることを防ぐための制度である。他方，②の制度は，制限行為能力者が行為能力者（行為能力の制限を受けない者）であることを相手方に信じさせるために詐術を用いた場合には，その行為の取消しを認めないとすることによって，法律行為の有効性を信じた相手方を保護する制度である。

第4節　法律行為

1　法律行為と意思表示

　法律行為は，権利義務の変動（権利義務の発生，変更および消滅）の原因となるものであり，意思表示を要素に含むという特徴を持つ。また，意思表示とは，権利義務の変動を生じさせる意思を外部に表示する行為をいう。権利義務の変動の原因には，契約・契約解除・遺贈のように意思表示を要素に含むものと，不法行為・相続のように意思表示を要素に含まないものとがあるが，前者が法律行為という概念によって一括りにされているのである。

2　法律行為または意思表示の効力が否定される場合

　法律行為がなされた場合，原則として，意思表示の内容通りに権利義務の変動が認められるが，例外として，法律行為の内容が公序良俗（社会秩序や一般的

道徳観念）に反する場合（民法90条）および強行法規に反する場合（民法91条）には，その法律行為は，無効となる。また，意思表示に瑕疵がある場合には，その意思表示は，無効または取消可能となる。意思表示の瑕疵には，①心裡留保，②通謀虚偽表示，③錯誤，④詐欺，⑤強迫という5つの類型がある。

2-1 心裡留保

心裡留保とは，表示に対応する意思が存在しない意思表示であって，表意者がそれを認識しているものをいう。例えば，嘘や冗談で「この宝石を無料で譲渡する」と相手方に表示したような場合である。心裡留保は，原則として有効であるが，相手方がその意思表示が心裡留保であることを知っていたか，過失によって知らなかった場合には，無効となる（民法93条1項）。ただし，その無効は，善意の第三者に対抗することができない（民法93条2項）。

2-2 通謀虚偽表示

通謀虚偽表示とは，表示に対応する意思が存在しない意思表示であって，表意者と相手方との間に通謀があったものをいう。例えば，土地の所有者が，買主と通謀して，その土地を売却したかのように偽装したような場合である。通謀虚偽表示は，無効となるが（民法94条1項），その無効は，善意の第三者に対抗することができない（民法94条2項）。

2-3 錯誤

錯誤とは，表意者の認識と現実とが一致しないことをいう。錯誤には，①意思表示に対応する意思を欠く錯誤（民法95条1項1号）と，②表意者が法律行為の基礎とした事情についてのその認識が真実に反する錯誤（民法95条1項2号）がある。例えば，①の錯誤は，売買代金を「1,500万円」と書くつもりであったのに，誤って「150万円」と書いてしまったような場合であり，②の錯誤は，有名な画家の作品だと思って購入した絵画が贋作であったような場合である。

錯誤が法律行為の目的および取引上の社会通念に照らして重要なものである場合には，その錯誤による意思表示を取り消すことができるが（民法95条1項柱書），②の錯誤による意思表示については，その事情が法律行為の基礎とされ

第18章　取引関係をめぐる規律1　財貨の移転について　199

ていることが表示されていたときに限り，取り消すことができる（民法95条2項）。また，錯誤が表意者の重大な過失によるものであった場合には，原則として，その錯誤による意思表示を取り消すことができないが，例外として，(a)相手方が表意者に錯誤があることを知っていたか，重大な過失によって知らなかったとき，(b)相手方が表意者と同一の錯誤に陥っていたときには，その錯誤による意思表示を取り消すことができる（民法95条3項）。ただし，錯誤による意思表示の取消しは，善意無過失の第三者に対抗することができない（民法95条4項）。

2-4 詐欺・強迫

詐欺とは，他人を騙して錯誤に陥らせ，その錯誤に基づく意思表示をさせることをいう。詐欺による意思表示は，取り消すことができるが（民法96条1項），第三者の詐欺によって意思表示をした場合には，相手方が詐欺の事実を知っているか，過失によって知らなかったときに限り，取り消すことができる（民法96条2項）。ただし，詐欺による意思表示の取消しは，善意無過失の第三者に対抗することができない（民法96条3項）。

強迫とは，害意を示して他人を畏怖させ，その畏怖に基づく意思表示をさせることをいう。強迫による意思表示は，取り消すことができる（民法96条1項）。詐欺の場合とは違い，第三者の強迫によって意思表示をした場合であっても，その意思表示は，相手方の善意・悪意にかかわらず取り消すことができる。また，強迫による意思表示の取消しは，善意無過失の第三者にも対抗することができる。

3 無効と取消し

無効と取消しは，法律行為または意思表示の効力を否定するという点では共通する制度であるが，両者の間には，次のような相違点がある。

(1) 無効な法律行為・意思表示は，初めから効力を生じない。一方，取消可能な法律行為・意思表示は，一応有効なものとして効力を生じるが，取り消されると，初めから無効であったものとみなされる（民法121条）。

(2) 無効の主張は，原則として誰でもすることができる。一方，取消しの主張は，取消権者に限ってすることができる（民法120条）。

(3) 無効な法律行為・意思表示は, 追認によって有効なものとすることができない (民法 119 条)。一方, 取消可能な法律行為・意思表示は, 取消権者の追認によって完全に有効なものとすることができる (民法 122 条)。

(4) 無効の主張は, 期間の制限がなく, いつでもすることができる。一方, 取消しの主張は, 取消権が時効によって消滅する前にしなければならない (民法 126 条)。

第5節　代理

1　代理制度の概要

代理とは, 法律行為の当事者でない者 (代理人) が, 本人に代わって意思表示をすることまたは相手方の意思表示を受領することをいい, 代理の有効性が認められる場合には, 法律行為の効果が本人に帰属する。すなわち, 代理人と相手方との間で意思表示が行われるが, その法律行為の効果は, 本人と相手方との間に直接生じるのである。

代理の有効性 (本人への効果帰属) が認められるためには, ①代理人が顕名 (本人のためにすることを示すこと) をしたこと, ②代理人が代理権の範囲内で意思表示をしたことが必要である (民法 99 条)。代理人が顕名をしなかった場合には, 原則として, 代理人に法律行為の効果が帰属するが, 例外として, 相手方が, 代理人が本人のためにすることを知っているか, 過失によって知らなかったときは, 本人に法律行為の効果が帰属する (民法 100 条)。他方で, 代理権を有しない者が代理人として意思表示をした場合や, 代理人が代理権の範囲を超えて意思表示をした場合には, 無権代理となる (なお, 代理権には, 法律の規定によって付与される「法定代理権」と, 本人の意思によって付与される「任意代理権」がある)。

2　無権代理

無権代理の場合, 法律行為の効果は, 原則として本人に帰属しないが, 本人が追認をしたときは, その行為の時に遡って本人に帰属する (民法 113 条 1 項・116 条本文)。本人が追認を拒絶したときは, 法律行為の効果が本人に帰属しないことが確定する。他方で, 無権代理人と法律行為をした相手方は, 本人に対

し，相当の期間を定めて，その期間内に法律行為を追認するか否かを催告することができ，本人がその期間内に確答しない場合には，追認を拒絶したものとみなされる（民法114条）。また，善意の相手方は，本人が追認をしない間は，法律行為を取り消すことができる（民法115条）。

これに対し，無権代理人は，相手方の選択に従い，相手方に対して履行責任または損害賠償責任を負う。ただし，①無権代理人が自己の代理権を証明した場合，②本人が追認をした場合，③無権代理人が代理権を有しないことを相手方が知っていた場合，④無権代理人が代理権を有しないことを相手方が過失によって知らなかった場合（無権代理人が自己に代理権がないことを知っていたときを除く），⑤無権代理人が制限行為能力者であった場合には，相手方は，無権代理人の責任を追及することができない（民法117条）。

3　表見代理

表見代理とは，無権代理人が代理権を有しているかのような外観を備えており，かつ，その外観の発生に本人が関わっている場合に，その外観（代理権の存在）を信じて取引関係に入った相手方を保護する制度である。表見代理が成立した場合には，本人の追認・追認拒絶の有無にかかわらず，法律行為の効果が本人に帰属する。表見代理は，①代理権授与の表示による表見代理（民法109条1項），②権限外の行為の表見代理（民法110条），③代理権消滅後の表見代理（民法112条1項）に大別されるが，①と②の重畳適用型の表見代理（民法109条2項）や，②と③の重畳適用型の表見代理（民法112条2項）も認められている。

第6節　契約

1　契約の成立

契約は，2つの対立する意思表示が合致すること（合意）によって成立するものである。一般的には，一方が契約の内容を示してその締結を申し入れる意思表示（申込み）を行い，これに対し，相手方がその申込みに応じて当該契約を締結する意思表示（承諾）を行うことによって，契約が成立する（民法522条1項）。民法は，当事者の合意のみによって成立する契約（諾成契約）を原則とす

るが，合意および目的物の引渡しによって成立する契約（要物契約）も例外的に認めている（民法587条参照）。

2　契約の効果

契約の成立によって，特定の者に対して一定の行為を請求する権利（債権）および特定の者に対して一定の行為をすべき義務（債務）が発生する。例えば，売買契約が成立した場合，売主には，買主に対して代金の支払いを請求する権利および目的物を引き渡す義務が発生し，買主には，売主に対して目的物の引渡しを請求する権利および代金を支払う義務が発生する。また，贈与契約が成立した場合，贈与者には，受贈者に対して目的物を引き渡す義務が発生し，受贈者には，贈与者に対して目的物の引渡しを請求する権利が発生するが，贈与者の債権および受贈者の債務は，発生しない。

このように，売買契約は，両当事者が互いに対価的意義のある債務を負う契約（双務契約）であり，かつ，両当事者が互いに対価的意義のある出捐をする契約（有償契約）であるが，他方で，贈与契約は，一方の当事者のみが債務を負う契約（片務契約）であり，かつ，一方の当事者のみが出捐をする契約（無償契約）である。一般的に，双務契約と有償契約，片務契約と無償契約はそれぞれ一致するが，例外的に，片務契約であるが有償契約となるものとして，利息付消費貸借契約がある。

3　履行の強制

契約の成立によって債権および債務が発生するのであるが，債権の内容を実現するためには債務の履行が必要である。多くの場合，債務者が任意に債務を履行するが，何らかの事情によって債務を履行しないこともある。そこで，民法は，債権の内容を強制的に実現させる制度（履行の強制）を定めている。

債務者が任意に債務を履行しない場合には，債権者は，履行の強制を裁判所に請求することができる（民法414条1項本文）。ただし，夫婦の同居義務（民法752条）のように，債務者の自由な意思が尊重されるべき債務については，履行を強制することが許されない（民法414条1項但書）。履行を強制する主な方法としては，①直接強制，②代替執行，③間接強制がある。

直接強制とは，国家機関が直接的・強制的に債権の内容を実現させる方法で

ある。例えば，債務者から目的物を取り上げて，債権者に引き渡すような方法である。物の引渡しや金銭の支払いを目的とする債務については，直接強制によって履行を強制することができる（民事執行法43条以下・168条以下）。

　代替執行とは，第三者に債権の内容を実現させ，その費用を債務者から取り立てる方法である。債務者の作為または不作為を目的とする債務（作為債務・不作為債務）については，代替執行によって履行を強制することができる（民事執行法171条1項）。ただし，作為債務・不作為債務に代替性がない場合には，代替執行をすることはできない。

　間接強制とは，債務を履行するまで一定額の金銭（例えば，1日当たり○○円）を債務者から債権者に支払わせることによって，債務者に心理的圧迫を加えて債務の履行を促す方法である。代替性のない作為債務・不作為債務のみならず，直接強制や代替執行が認められる債務についても，間接強制によって履行を強制することができる（民事執行法172条1項・173条1項）。

4　債務不履行に基づく損害賠償および契約解除
4−1　債務不履行の3類型

　債務不履行とは，債務者が債務の本旨に従った履行をしないことをいう。民法は，債務不履行の類型として「履行不能」と「履行遅滞」を定めているが，判例・学説は，「不完全履行」という類型の債務不履行も認めている。

　履行不能とは，債務の履行が不可能なことをいう。例えば，売買の目的物が火事で焼失したような場合（物理的不能）や，売主が目的物を買主に引き渡す前に，第三者に二重譲渡して目的物を引き渡したような場合（法律的不能）である。

　履行遅滞とは，債務の履行が可能であるにもかかわらず，履行期を過ぎても債務を履行しないことをいう。履行遅滞となる時期は，履行期の定めによって異なる。すなわち，①履行期が確定期限である場合（2025年4月5日を履行期とするような場合）には，確定期限の到来した時から履行遅滞となり，②履行期が不確定期限である場合（ある人が死亡した時を履行期とするような場合）には，債務者が不確定期限の到来後に履行請求を受けた時または不確定期限の到来を知った時のいずれか早い時から履行遅滞となり，③履行期の定めがない場合には，債務者が履行請求を受けた時から履行遅滞となる（民法412条）。

　不完全履行とは，債務の履行は一応なされているが，その履行が債務の本旨

に照らして不完全なものをいう。例えば，ペットショップが病気の犬を買主に引き渡したような場合や，医師が患者に適切な治療をしなかったような場合である。

4−2　債務不履行に基づく損害賠償

　債務不履行となった場合には，債権者は，債務者に対し，債務不履行によって生じた損害の賠償を請求することができる（民法415条1項本文）。ただし，債務不履行が契約その他の債務の発生原因および取引上の社会通念に照らして「債務者の責めに帰することができない事由」によるものであるときは，債務者は，損害賠償責任を負わない（民法415条1項但書）。すなわち，債務者は，「債務者の責めに帰すべき事由」（債務者の帰責事由）の不存在を証明することによって，損害賠償責任を免れることができるのである。なお，債務者の帰責事由は，伝統的に，債務者の故意・過失や履行補助者（債務者が債務の履行のために使用する者）の故意・過失を意味するものと解されている。

　債務者が自己の帰責事由の不存在を証明した場合であっても，債権者は，債務者に対して債務の履行を請求することができる。債務者は，民法415条1項但書によって損害賠償責任を免除されるのであって，債務（ないしはその履行義務）を免除されるわけではないからである。もっとも，履行不能の場合には，債権者は，債務者の帰責事由の有無にかかわらず，債務者に対して債務の履行を請求することができない（民法412条の2第1項）。

4−3　債務不履行に基づく契約解除

　契約解除とは，債権者が債務者に対する一方的な意思表示によって，契約関係を遡及的に消滅させることをいう。契約の規定によって契約解除が認められる場合（約定解除）と，法律の規定によって契約解除が認められる場合（法定解除）があるが，債務不履行による契約解除は，法定解除の一種である。

　履行遅滞の場合には，債権者が相当の期間を定めて債務の履行を催告し，その期間内に債務者が履行しないときは，債権者は，契約を解除することができる（民法541条本文）。ただし，その期間を経過した時における債務不履行がその契約および取引上の社会通念に照らして軽微であるときは，債権者は，契約を解除することができない（民法541条但書）。他方で，履行不能の場合には，

債権者は，債務の履行を催告することなく，直ちに契約を解除することができる（民法542条1項1号）。債務を履行することが不可能である以上，債務の履行を催告する意味がないからである。

　なお，債務不履行による契約解除は，債務不履行の状態にある契約から債権者を解放するための制度であり，債権者が債務者の責任を追及する制度ではないから，債務者の帰責事由は，契約解除の要件とはされていない。他方で，債務不履行が債権者の帰責事由によるものである場合には，その債務不履行は債権者を契約から解放すべき理由とはならないから，債権者は，債務不履行による契約解除をすることができない（民法543条）。

【参考文献】
近江幸治『民法講義Ⅳ　債権総論（第4版）』成文堂，2020年。
近江幸治『民法講義Ⅴ　契約法（第4版）』成文堂，2022年。
佐久間毅『民法の基礎1　総則（第5版）』有斐閣，2020年。
潮見佳男『民法（全）〔第3版〕』有斐閣，2022年。
四宮和夫＝能見善久『民法総則（第9版）』弘文堂，2018年。
野村豊弘『民事法入門（第8版補訂版）』有斐閣，2022年。

（松本幸治）

第19章
取引関係をめぐる規律2 財貨の帰属について

第1節 物権制度の必要性

　取引といえば，一般的に売主（売手）と買主（買手）が「物」を交換する形で行われている。製造された物＝商品と物の交換や，貨幣と貨幣の交換もこれに含まれる。我々の生活は，取引つまり物の交換によって支えられているといえる。取引の対象となる「物」は自分のものであれば，いうまでもないが，他人のものも，その所有者の許可があれば，取引の対象とすることができる。この取引の対象（客体）と取引を行っている人（法人も含む）との関係は，取引の安全を図るうえで極めて重要である。民法は，所有権を中心とする物権制度を設けており，債権とともに財産法と称され，市場取引を支えている。

第2節 所有権を中心とする物権制度

　物権とは，ある特定の「物」に対して直接的に行使できる権利である。その典型は所有権である。民法206条は，「所有者は，法令の制限内において，自由にその所有物の使用，収益及び処分をする権利を有する」と規定している。
　自分が所有している「物」（有体物，民法85条）の権利を自由に行使することができて，はじめて自由な取引が成り立つ。今日では，当たり前のように思われているが，その歴史的な背景も想像しながら，この物権（所有権）制度を考える必要があろう。

第3節　他物権と物権法定主義

　現在の法律制度においては，所有権だけでなく，ほかの物権も多く規定されている。民法典の第2編の「物権」は，第2章「占有権」（民法180条以下），第3章「所有権」（民法206条以下），第4章「地上権」（民法265条以下），第5章「永小作権」（民法270条以下），第6章「地役権」（民法280条以下），第7章「留置権」（民法295条以下），第8章「先取特権」（民法303条以下），第9章「質権」（民法342条以下），そして第10章「抵当権」（民法369条以下）によって構成されている。また，民法263条と294条は入会権を設けている。判例によって認められてきた水利権や温泉権等の慣習上の用益物権もある。さらに，特定の分野として鉱業法に規定する鉱業権や漁業法に規定する漁業権等がある。

　所有者の物の使用価値及び交換価値を全面的に支配できるものとして，所有権制度が設けられている。所有権以外の物権のほとんどは，あくまでも所有権のうえに成り立っているため，所有権を制限する権利であるともいえる。立法者はこの点についても配慮し，所有権に対する過度な制限にならないよう，「物権は，この法律その他の法律に定めるもののほか，創設することができない」（民法175条）という「物権法定主義の原則」を設けている。物権法定主義は取引にとって大きな意義を有している。それは公示が可能になるという点である。

第4節　物権変動―契約に基づく所有権の移転―

　所有権などの物権変動とは，物権の発生・変更・消滅のことをいう。所持している事実状態を保護する占有権とは異なって，所有権等の物権は，抽象的な存在であり，その移転が外からみえないため，取引の安全とりわけ第三者の保護をいかに図るかが問題となる。その典型的な場面は，不動産売買契約による所有権の移転である。

　例えば，A所有の不動産をBに売ることについて考えてみよう。A・B間は，不動産の売買契約を締結すれば，AはBに対して目的物の引渡しや登記の移転の義務が発生し，BはAに対して代金を支払う義務が生じる。この場合は，「常識」的に考えると，Aによる不動産の引渡しや登記の移転と同時に所有権の移

転が発生することになろう。しかし，所有権は，不動産そのものではないため，上記の考えと法律上の常識とのあいだにずれが生じる。

1 意思主義（民法176条）

　この点について，民法176条は，「物権の設定及び移転は，当事者の意思表示のみによって，その効力を生ずる」と定めている。つまり，この場合の不動産の所有権の移転は，原則としてA・B間の売買契約が締結されることによって発生する。この条文は，フランス法に由来し，「意思主義」と呼ばれるものである。ここでの「意思表示」について，所有権の移転意思を契約の締結という形で表していると解されている。地上権や抵当権を設定する場合なども同様であり，それぞれの設定契約によって物権が設定されることになる。

　学説は，取引の常識に従い，買主による代金が支払われると同時に所有権が移転するという主張が有力である。通常，取引の常識として不動産の売買契約において，登記の移転と代金の支払いと同時に行われるため，代金の支払いと同時に所有権の移転も発生するという考えは，取引の安全を図ることができるといえる。ただし，動産の場合は，不特定物を対象とする売買契約が締結されたとしても，ただちに所有権の移転が発生するわけではない。例えば，ある銘柄のテレビ2台を購入する場合，購入先の在庫にある同銘柄のテレビのどの2台かが特定されなければ，所有権の取得はできない。

　民法176条の意思表示は，契約が有効に成立していなければ，また，詐欺・強迫や，制限行為能力者を理由に，当事者一方の意思表示が取り消されたのであれば，所有権の移転は生じなかったことになる。なお，意思主義に対して，所有権の移転には当事者の合意に基づく登記という形式が必要だという立法（ドイツ法）もある。これを形式主義と呼ぶ。

2 対抗要件主義（民法177条・178条）

　物権法定主義の存在意義の1つとして，公示を可能にする点が挙げられる。それでは，なぜ所有権の移転について公示を論ずる必要があるのか。

　債権の場合は，債権者と債務者のあいだの相対的な関係であるのに対して，物権の場合は，だれに対しても主張できる権利であり，取引の安全を守るため，目的物たる不動産の権利状況についてあらかじめ明らかにしておく必要がある。

それは，所有権移転自体は，売主と買主のあいだの契約（意思表示）などによって生じるが，第三者との関係を考えると，意思表示によって所有権の移転が実現したとしても，第三者に対抗できるわけではない。つまり，公示（不動産の場合は登記，動産の場合は引渡し）しない限り，第三者に対して所有権の移転を主張（対抗）することができないことになっている。

そこで，民法177条（不動産に関する物権の変動の対抗要件）及び民法178条（動産に関する物権の譲渡の対抗要件）は，以下のような規定を設けている。

第177条　不動産に関する物権の得喪及び変更は，不動産登記法（平成16年法律第123号）その他の登記に関する法律の定めるところに従いその登記をしなければ，第三者に対抗することができない。

第178条　動産に関する物権の譲渡は，その動産の引渡しがなければ，第三者に対抗することができない。

この場合の登記や引渡しを対抗要件といい，この仕組みを対抗要件主義という。

2-1　対抗要件主義が適用される典型的な場面——不動産の二重譲渡

例えば，A所有の不動産をBに譲渡したが，その後，Aは同不動産をCに譲渡した。二重譲渡であるが，この場合におけるBは，Cに対して所有権を対抗できるか。民法177条によると，先に登記の移転を受けた者は，「第三者に対抗することが」できることになる。つまり，Bより後に不動産の売買契約を締結したCが，先に登記の移転を受けたのであれば，Bに対して当該不動産につき，所有権の取得を主張することができることになるのである。これは登記の対抗要件主義という原則である。

2-2　意思主義との関係

しかし，意思主義（民法176条）によると，A所有の不動産は，すでに売買契約によってBに譲渡されたため，A・Bのあいだに特約がないかぎり，当該不動産の売買契約が締結された時点で所有権者はBに変わることになる。Aはさらに同不動産をCに譲渡することになると，所有者でない無権利者AがCと売買契約を締結することになるはずである。この場合，Aは所有者Bから所有権を取り戻さないかぎり，Cは所有者になれないはずである。それなのに，

210

Cが登記の移転を先に受けたから，確定的な所有権を取得できることになっている。このように，登記の対抗要件主義を規定する民法177条は，176条とのあいだに論理的に矛盾しているのではないかという疑問が生じる。

　これらの条文は，フランスの仕組み（対抗要件主義）を継受したものである。つまり，所有権の移転は，「当事者の意思表示のみによって，その効力を生ずる」（民法176条）という規定を原則として置き，さらに不動産について登記を対抗要件（民法177条）として定め，動産について引渡しを対抗要件（民法178条）として定めており，対抗要件主義の仕組みを構成している。

　これらの条文をさらに設例に当てはめると，確かに第一譲受人Bは，契約締結時に所有権を取得することになったが，しかしながら，この場合の所有権移転は，第三者との関係を規律する民法177条（動産の場合は178条）の制限を受けることになる。制限というのは，第二譲受人Cが後から同不動産につき売買契約を締結したものの，第一譲受人より先に不動産の登記移転を行ったのであれば，確定的な所有権を得ることができる。そもそも無権利者Aから不動産を購入したCであるにもかかわらず，守られているのか。

　Aは既に不動産をBに売却したとはいえ，登記の名義人がAのまま（動産の場合は，目的物がAの手元に残っていること）である場合，第二の譲受人Cが登記名義人Aという外観を信頼して取引を行い，登記移転を受けたのであれば，確定的な所有権を取得することになる。言い換えれば，第一譲受人B及び第二譲受人Cは，Aとの売買契約を締結すれば，双方とも所有権を取得できる立場にあるが，両者とも同じ不動産の所有者になることができないため，登記の対抗要件を用いて所有権者を決めることになっている。つまり，民法177条は，X名義の登記を信頼した第三者Cを保護する規定であると同時に，その反射効として，Bの権利を失わせる規定でもある。

　登記名義という外観を信頼して取引を行ったCは善意・無過失であることが必要であるという考えもある。これは，公信力説と呼ばれるが，しかし，民法177条は善意・無過失まで要求しているわけではない。また，民法177条・178条の対抗要件は，あくまでも第三者との関係において主張するためのものであって，所有権の移転自体を有効にするものではないことに注意を要する。

第5節　不動産登記制度

1　登記と登記簿

　取引の安全を守るために，どのような物権変動も第三者への対抗要件として登記が必要不可欠である。日本では，土地と建物とは別の不動産として扱われているため，登記も別々に行われている。

　不動産登記法（以下「不登法」という）は，2004年の全面改正によって，インターネット上で登記申請することができるようになった。登記事項証明書のサンプル（土地）をみると，最初にあるのは，土地の所在地・地番（一筆の土地ごとに付す番号），地目（土地の用途），地積，所有者等を記載する「表題部」であり，当該不動産の事実状態が記載され，いわゆる「表示に関する登記」と呼ばれるものである。そして，前述の対抗要件をなすものとして，権利部（甲区，乙区）という欄が設けられ，「権利に関する登記」と呼ばれる。そのうち甲区は，所有権に関する事項が記載され，乙区は，所有権以外の権利に関する事項が記載される。例えば，所有権の移転登記については，甲区に記載されるが，抵当権設定，地上権設定，地役権設定等の所有権以外の権利に関する事項は，乙区に記載されることになる。

2　登記の手続

　まず，登記の事務は，不動産の所在地を管轄する法務局，地方法務局，これらの支局や出張所（これらは「登記所」と呼ばれている）がつかさどる（不登法6条1項）。

　権利に関する登記の申請は，法令に別段の定めがある場合を除き，正確性を確保するために，登記権利者と登記義務者が共同してしなければならない（不登法60条）。これは，いわゆる「共同申請の原則」である。登記権利者とは，登記によって直接利益を受ける者をいう。これに対して，登記によって直接不利益を受ける登記名義人のことを，登記義務者という。例えば，売買契約による所有権の移転登記における売主は登記義務者に該当し，買主は登記権利者に該当する。

　新築した建物または区分建物以外の表題登記がない建物の所有権を取得した

図19－1　登記事項証明書（不動産）の見本

様式例・1

| 表題部　（土地の表示） | 調製 | 余白 | 不動産番号 | 0000000000000 |

| 地図番号 | 余白 | 筆界特定 | 余白 |

| 所　在 | 特別区南都町一丁目 | | 余白 |

①地番	②地目	③地積　㎡	原因及びその日付〔登記の日付〕
101番	宅地	300:00	不詳〔平成20年10月14日〕

| 所有者 | 特別区南都町一丁目1番1号　甲野太郎 |

権利部（甲区）（所有権に関する事項）

順位番号	登記の目的	受付年月日・受付番号	権利者その他の事項
1	所有権保存	平成20年10月15日　第637号	所有者　特別区南都町一丁目1番1号　甲野太郎
2	所有権移転	平成20年10月27日　第718号	原因　平成20年10月26日売買　所有者　特別区南都町一丁目5番5号　法務五郎

権利部（乙区）（所有権以外の権利に関する事項）

順位番号	登記の目的	受付年月日・受付番号	権利者その他の事項
1	抵当権設定	平成20年11月12日　第807号	原因　平成20年11月4日金銭消費貸借同日設定 債権額　金4,000万円 利息　年2・60％（年365日日割計算） 損害金　年14・5％（年365日日割計算） 債務者　特別区南都町一丁目5番5号　法務五郎 抵当権者　特別区北都町三丁目3番3号　株式会社南北銀行 （取扱店　南都支店） 共同担保　目録(あ)第2340号

共同担保目録

| 記号及び番号 | (あ)第2340号 | | | 調製 | 平成20年11月12日 |

番　号	担保の目的である権利の表示	順位番号	予　備
1	特別区南都町一丁目　101番の土地	1	余白
2	特別区南都町一丁目　101番地　家屋番号　101番の建物	1	余白

これは登記記録に記録されている事項の全部を証明した書面である。

平成21年3月27日
関東法務局特別出張所　　　　　登記官　　　　　法　務　八　郎

＊　下線のあるものは抹消事項であることを示す。

整理番号　D23992　（1/1）　　1/1

（出所）法務省のウェブサイト（http://www.moj.go.jp/content/000001918.pdf）より転載。

第19章　取引関係をめぐる規律2　財貨の帰属について　213

者は，その所有権の取得の日から1カ月以内に，表題登記を申請しなければならない（不登法47条1項）。これは「所有権保存登記」と呼ばれる。

登記の申請は，かつての出頭主義が廃止され，オンライン申請か書面申請の方法のいずれかにより，不動産を識別するために必要な事項，申請人の氏名または名称，登記の目的その他の登記の申請に必要な事項として政令で定める情報（申請情報）を登記所に提供しなければならない（不登法18条）。登記が完了したときは，登記名義人となった申請人に対して，登記官から登記識別情報が通知されることになっている（同21条）。

3　中間省略登記

例えば，A所有の不動産をBに売却し，BがこれをCに転売した場合，通常の所有権移転登記と異なり，中間者Bを省略して，AからCに所有権移転登記を直接行った場合を中間省略登記という。

この場合は，CがまだBに代金を支払っていなければ，AとCの合意だけで中間省略登記を認めると，Bの同時履行抗弁権（代金を支払わなければ登記を移転しないと主張できる立場）を失うことになるため，Bは登記抹消を求めることができる。

しかし，Cがすでに代金をBに支払った場合，Bは登記抹消を求めることができるか。最判昭35・4・21民集14・6・946は，登記の現状が実質上の権利関係と一致していること，登記簿にBの名義を登載する利益はなかったことなどの事情があるとして，Bの登記抹消の請求を認めなかった。

では，上記の例でCはAに対して中間省略登記を請求することができるだろうか。最判昭40・9・21民集19・6・1560は，常に当事者全員の同意が必要であるとしている。

4　仮登記

BがAから不動産を購入して，所有権の移転登記を行っていないうちに，第三者Cが二重譲渡を受けて，先に登記をしてしまうと，Bの所有権を失ってしまう可能性がある。このような問題の発生を防ぐために，Bは仮登記仮処分を請求することができる。仮登記を行うと，順位保全の効力を有するが，対抗要件にはならない。第三者Cが現れ，所有権の移転登記を受けたとしても，Bは

仮登記に基づき，「本登記の順位は，当該仮登記の順位による」（不登法106条）を主張し，本登記を求めることができる。Cの本登記は無効となる。

第6節　登記をしなければ対抗できない第三者

　二重譲渡の例で，第一譲受人Bにとって第二譲受人Cは登記しなければ対抗できない第三者である。所有権の二重譲渡の場面だけではなく，抵当権や地上権の二重設定の際も同様な問題が生じる。B・Cは，両立しえない「食うか食われるかの関係」にあるといえる。

　第三者について，当事者A・Bとその包括承継人以外の者であり，登記の欠缺を主張する正当の利益を有する者である（大連判明41・12・15民録14・1276）と解されており，制限説を採用し，通説の立場でもある。

　「詐欺又は強迫によって登記の申請を妨げた第三者」及び「他人のために登記を申請する義務を負う第三者」（登記手続の代理人）は，その登記がないことを主張することができない（不登法5条）。また，無権利の名義人，不法占拠者および賃借人は，第三者に該当せず，登記なしに対抗できる。

　問題は，二重譲渡の第二譲受人Cが悪意のときの扱いである。民法177条の第三者については，悪意者を排除しておらず，かつて判例も第二譲受人Cの善意・悪意を問わないとしていた。しかし，最判昭43・8・2民集22・8・1571は，「実体上物権変動があった事実を知る者において右物権変動についての登記の欠缺を主張することが信義に反するものと認められる事情がある場合には，かかる背信的悪意者は，登記の欠缺を主張するについて正当な利益を有しないものであって」，民法177条にいう第三者に当たらないものとし，背信的悪意者排除の法理を確立した。学説では，二重譲渡の第一譲受人Bの存在を知っている第二譲受人Cを保護する必要がないという悪意者排除論が有力になっている。

第7節　契約以外の原因による物権変動

1　取消しと登記

　例えば，A所有の土地をBに譲渡し，Bはその土地を第三者Cに譲渡した

が，A・B間の売買契約におけるAの意思表示は，取消原因によって取り消された。この場合，B・Cの関係はどのように処理されるのかが問題である。

まず，取消し後の第三者Cは，登記していなければ不動産の所有権を対抗できない。これに対して，取消し前に利害関係に入った第三者Cとの関係では，登記がなくても対抗できる（大判昭4・2・20民集8・59）。しかし，詐欺による意思表示の取消しは，善意無過失の第三者Cに対抗することができない（民法96条3項）。強迫や制限行為能力者などの原因で取り消された場合には，Cは保護されないのが判例の立場である。

2 解除と登記

解除前に登場した第三者との関係については，その権利を害することはできない（民法545条1項但書）が，この第三者が保護されるには登記が必要である（最判昭33・6・14民集12・9・1449）。解除後の第三者との関係についても，対抗問題として登記が必要である（最判昭35・11・29民集14・13・2869）。

3 相続と登記

共同相続の場合は，単独所有権移転の登記をうけた第三取得者に対し，他の共同相続人は自己の持分を登記なくして対抗しうるものと解されている（最判昭38・2・22民集17・1・235）。2018（平成30）年改正民法899条の2第1項が適用されることになったが，各相続人は法定相続分を超えない不動産物権の取得について，登記がなくても第三者に対抗することができる。また，相続放棄の効力は，登記等の有無を問わず，何人に対してもその効力を生ずべきものであるとするのが判例である（最判昭42・1・20民集21・1・16）。遺産分割の場合には，「相続開始の時にさかのぼってその効力を生ずる。ただし，第三者の権利を害することはできない」（民法909条）とし，遺産分割により相続分と異なる権利を取得した相続人は，登記を経なければ，分割後に当該不動産につき権利を取得した第三者に対し，自己の権利の取得を対抗することができない（最判昭46・1・26民集25・1・90）。2018（平成30）年改正民法において，遺産分割前の第三者は従前と同じく909条但書によって保護されるが，遺産分割後の第三者との関係について，899条の2第1項が適用される。従来の177条の適用による場合の結論と異ならない。

表 19 − 1　担保物権

	法定担保物権		約定担保物権	
	留置権	先取特権	質権	抵当権
優先弁済的効力	×	○	○	○
留置的効力	○	×	○	×
収益的効力	×	×	○（不動産のみ）	×

第8節　担保

　担保とは，債権者が債権を回収できるようにするために講じる手段であり，ほかの債権者に対して優先的に行使することができるものである。担保は，物的担保及び人的担保の2種類に大別することができる。

1　物的担保（典型担保）

　物的担保は（＝担保物権）とは，債権者は債務者または第三者（保証人）に属する財産のうえに，他の債権者に優先して弁済を受けることができる物権をいう。民法上いくつか認められている（表19 − 1）。

1 − 1　法定担保物権

　当事者間の設定行為によるものではなく，法律上当然に発生するものを法定担保物権といい，留置権（民法295条）と先取特権（民法303条）がある。

　留置権とは，「他人の物の占有者は，その物に関して生じた債権を有するときは，その債権の弁済を受けるまで，その物を留置することができる」（民法295条1項本文）権利をいう。「ただし，その債権が弁済期にないときは，この限りでない」（同条1項但書）。

　先取特権とは，「先取特権者は，この法律その他の法律の規定に従い，その債務者の財産について，他の債権者に先立って自己の債権の弁済を受ける権利」（民法303条）をいう。例えば，ある会社が倒産したときの従業員の未払い給料債権は，これに該当する。

1-2　約定担保物権

また，当事者間の設定行為（契約）によってはじめて生じるものを約定担保物権といい，質権（民法342条）と抵当権（民法369条）がある。

(1)　質権

質権とは，「債権者（質権者），その債権の担保として債務者又は第三者（質権設定者）から受け取った物を占有し，かつ，その物について他の債権者に先立って自己の債権の弁済を受ける権利」（民法342条）である。質権の設定は，「債権者にその目的物を引き渡すことによって，その効力を生ずる」（民法344条）。また，質権者は，質権設定者に自己に代わって質物の占有をさせることができない（民法345条）。

(2)　抵当権

抵当権とは，抵当権者（債権者）が債務者又は第三者が占有を移転しないで債務の担保に供した不動産について，他の債権者に先立って自己の債権の弁済を受ける権利である（民法369条）。

抵当権の効力の及ぶ範囲について，抵当権は，抵当地の上に存する建物を除き，その目的である不動産に付加して一体となっている物に及ぶ（民法370条）。なお，民法87条の従物も抵当権の目的物と範囲に含まれるか否かが問題である。抵当目的物不動産との経済的一体性の観点から考えて，抵当権の設定時期を問わず，従物は付加一体物に含まれ，抵当権の効力が及ぶ（通説，民法370条の解釈）。ただし，抵当の効力を排除するという特約がある場合は，この限りでない。

抵当権の設定は，物権変動に該当するため，第三者への対抗要件として登記が必要である。登記されることによって，「同一の不動産について数個の抵当権が設定されたときは，その抵当権の順位は，登記の前後による」（民法373条）としている。先順位（先に登記されたもの）が消滅したときは，後順位の抵当権の順位は当然に上昇する。これを，「順位昇進の原則」という。

抵当権の実行は，抵当権者がみずから手続を開始することによって実現されるだけでなく，ほかの債権者が抵当目的物不動産について競売手続を開始した場合も優先弁済権を行使することができる。また，債権者は，「目的物の売却，

賃貸，滅失又は損傷によって債務者が受けるべき金銭その他の物に対しても，行使することができる」（民法304条）。これを物上代位という。

抵当権設定について，個人の場合は，住宅ローン債務の担保のため銀行（債権者）を抵当権者とする抵当権設定のように1回限りのものが多いと思われる。しかし，会社の場合は，取引銀行とのあいだに常に「債権 ↔ 債務」の関係が発生し，そのつど設定手続や抹消手続を行わなければならないとすると，双方にとってもコストが発生してしまう。そこで，民法398条の2第1項は，「一定の範囲に属する不特定の債権を極度額の限度において担保するためにも設定することができる」と定め，つまり，将来にわたって継続的に発生する複数の債権を一括して担保する抵当権を設定することができるとしている。これを根抵当権という。根抵当権を設定するとき，被担保債権の範囲及び極度額（優先弁済を受ける限度額）を約定しなければならない。

2 非典型担保

上記の担保物権は，法律によって定められたものであるのに対して，法律上の規定がなく，変則的な担保手段として，非典型担保と呼ばれるものがある。

2-1 仮登記担保

仮登記は主に不動産について行われ，将来の権利を保全するために行われ，順位保全の効力がある（不登法105条・106条）。不動産取引において，仮登記をしておけば，その後に第三者が出現したとしても，第三者の本登記より先になされているので，第三者の権利はくつがえることになる。

1978年に仮登記担保契約に関する法律という特別法が制定され，仮登記を利用した権利移転予約型担保は，この法律により規律されることになった。担保仮登記がされている土地等に対する強制競売，担保権の実行としての競売又は企業担保権の実行手続（強制競売等）においては，その担保仮登記の権利者は，他の債権者に先立って，その債権の弁済を受けることができる（仮登記担保法13条1項）。この場合における順位に関しては，その担保仮登記に係る権利を抵当権とみなし，その担保仮登記のされたときにその抵当権の設定の登記がされたものとみなす（同法13条1項）。現在，ほとんど利用されていない。

2-2 譲渡担保

例えば，事業の運転資金融資を受けたいAが，自ら所有する担保目的物の所有権をいったん債権者Bに移転し，Aが債務を弁済すれば，当該目的物の所有権はAに戻る，という債権担保方法を「譲渡担保」という。弁済されない場合には，目的物の所有権はそのまま債権者Bに帰属することになる。

この債権の担保方法は古くから行われ，判例によっても認められている。判例によって不動産や個別動産（例えば，債務者工場の機械などの生産手段や在庫商品などの「集合物」）など多様なものが譲渡担保の目的物として認められている。不動産の譲渡担保は，最近，あまり行われていないが，集合物の譲渡担保は中小企業の資金調達において大きな役割を果たしている（最判昭54・2・15民集33・1・51）。

債務者が所有する財産を担保目的物として供し，所有権が債権者に移転されるが，現実の占有は債務者や物上保証人（第三者）に残しておくことができる。また，被担保債権の弁済期限が到来すれば，譲渡担保権者は，譲渡担保の目的物を第三者に処分することができる。

第三者への対抗要件は，不動産について所有権の移転登記（民法177条）であるが，集合動産譲渡担保の場合は，引渡し（民法178条）または動産譲渡登記（動産債権譲渡特例法3条1項）である。

2-3 そのほかの担保手段

例えば，所有権留保という担保の方法があり，つまり，売買契約における買主による代金が完済されるまでは，売主が目的物の所有権を留保する担保契約をいう。売主は，代金弁済の遅延を理由に契約を解除し，既に引き渡した目的物の返還を求めることもできる。

また，Bが第三債務者Cに対して有する債権について，債権者AがBから

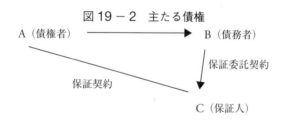

図19-2 主たる債権

取り立てまたは受領の委任を受け，ＡはＣから受領した金銭をＢに引き渡さず，Ｂに対する債権を相殺する。これを代理受領という。

3 人的担保

　債権者が債務者から債権を十分に回収するために，上記の物的担保のほか，債務者以外の第三者の責任財産を債権の担保として充てる方法がある。人的担保と呼ばれるものである（図19－3）。

　「保証人は，主たる債務者がその債務を履行しないときに，その履行をする責任を負う（民法446条1項）。例えば，主たる債務者Ｂは債務の弁済ができない場合には，第三者であるＣ（保証人）に弁済してもらえるよう依頼（保証委託契約）して，Ｃが承諾して，Ａとのあいだに保証契約を締結することになる。

　このように，保証契約はあくまでも保証人Ｃが債権者Ａに対して，主たる債務者Ｂが債務を履行しないときには，私が代わって履行する約束である。通常，主たる債務者ＢがＣに依頼するが，依頼がなくても，Ｃが自らＢの債務を肩代わりすることができる。知人や親族などが保証人の依頼を受けると，気軽に応じてしまうことが考えられる。そこで，民法446条2項は，保証契約は，書面でしなければ，その効力を生じないと定めており，つまり，口頭の約束は無効であるとしている。また，保証契約がその内容を記録した電磁的記録によってされたときは，その保証契約は，書面によってされたものとみなされる（民法446条3項）。

　保証人には，催告の抗弁権と検索の抗弁権がある。すなわち「債権者が保証人に債務の履行を請求したときは，保証人は，まず主たる債務者に催告をすべき旨を請求することができる」（民法452条）ことと，「債権者が前条の規定に従い主たる債務者に催告をした後であっても，保証人が主たる債務者に弁済をする資力があり，かつ，執行が容易であることを証明したときは，債権者は，まず主たる債務者の財産について執行をしなければならない」（民法453条）。しかし，連帯保証人は，この2つの権利を有しない（民法454条）。

　実務では，連帯保証が利用されるケースが多い。連帯保証の場合は，保証人Ｃは，Ａから主たる債務者Ｂより先に請求を受けても弁済しなければならない。

　また，保証人Ｃが主たる債務者Ｂに代わって債務を弁済し，それによってＢの債務を消滅させた場合，ＣはＢに対して求償することができる。

なお，民法は，根抵当制度とパラレルなものとして，一定の範囲に属する不特定の債務を主たる債務とする根保証契約（民法465条の2）を設けている。実務では，根保証契約は，中小企業が融資を受けるときの代表者の個人保証などに多用されており，民法は，「その契約の締結に先立ち，その締結の日前1箇月以内に作成された公正証書で保証人になろうとする者が保証債務を履行する意思を表示していなければ，その効力を生じない」（民法465条の6第1項）と定めている。

【参考文献】
潮見佳男『民法（全）〔第3版〕』有斐閣，2022年。
道垣内弘人『リーガルベイシス民法入門（第5版）』日本経済新聞出版社，2024年。
内田貴『民法1　総則・物権総論（第4版）』東京大学出版会，2008年。
大村敦志『基本民法1（第3版）』有斐閣，2007年。
近江幸治『民法講義Ⅱ　物権法（第4版）』成文堂，2020年。

（胡　光輝）

第 20 章
取引関係をめぐる規律 3
賠償と保険

第 1 節　身近な事故と損害賠償――自転車事故――

　本章では、自転車による交通事故という身近な問題を素材として、不法行為に基づく損害賠償請求について学ぶとともに、損害保険の役割についても学ぶこととしたい。

　自転車で走行中の 11 歳の小学生が歩行中の 62 歳の女性に正面衝突し、女性が意識障害・四肢可動不可となった事案において、約 9,520 万円という損害額が認められた裁判例がある（神戸地判平 25・7・4 判時 2197・84）。この裁判例は、細かく見ると、少しややこしい。しかし、この裁判例は、賠償と保険の学習において、非常に参考になるものである。図 20 − 1 を参考に、この裁判例を見てみよう。

　まず、この訴訟には、原告が 2 人いる。被害者の X1 と保険会社 X2 である（原告が複数存在する場合、X1、X2……のように記載する）。この保険会社 X2 は、

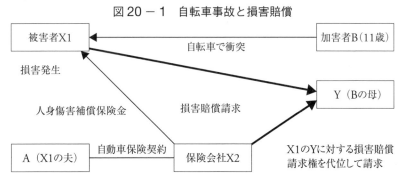

図 20 − 1　自転車事故と損害賠償

X1の夫であるAとのあいだで人身傷害補償保険を含む自動車保険契約を締結しており，本件事故によるX1の損害について，人身傷害補償保険金を5,999万9,990円支払ったものである。次に被告は加害者である小学生Bではなく，Bの唯一の親権者である母親Yである。

さて，ここまでで，例えば次のような疑問が頭に浮かんだかもしれない。なぜ自転車事故の本件において，自動車保険が出てくるのか？　保険会社が原告になって被告からお金を取ろうとするのはどういうことか？　加害者ではなく，加害者の母親が被告となるのは，どういうことか？これらの疑問を解消するために，不法行為に基づく損害賠償請求について概観した後（第2節），保険の役割について概観することとする（第3節）。

第2節　賠償法—不法行為法を中心に—

1　損害賠償
1-1　債務不履行責任と不法行為責任

損害賠償には，「債務不履行による損害賠償」（民法415条）と「不法行為による損害賠償」（民法709条）の2種類がある。本章では，不法行為を中心に扱うものであるが，債務不履行責任と不法行為責任はしばしば対比されるので，ここで規定を確認しておきたい。

まず，債務不履行責任に関する規定を概観する。民法415条1項本文は，「債務者がその債務の本旨に従った履行をしないとき又は債務の履行が不能であるときは，債権者は，これによって生じた損害の賠償を請求することができる」と定めており，損害賠償の範囲に関しては，民法416条1項が「債務の不履行に対する損害賠償の請求は，これによって通常生ずべき損害の賠償をさせることをその目的とする」と定め（これは「通常損害」と呼ばれる），同条2項が「特別の事情によって生じた損害であっても，当事者がその事情を予見すべきであったときは，債権者は，その賠償を請求することができる」と定めている（これは「特別損害」と呼ばれる）。また，損害賠償は，原則として，金銭をもってその額を定めるとされている（民法417条）。その他，民法418条は，「債務の不履行又はこれによる損害の発生若しくは拡大に関して債権者に過失があったときは，裁判所は，これを考慮して，損害賠償の責任及びその額を定める」と定

める（これを「過失相殺」という）。

　次に，不法行為責任に関する規定を概観する。まず，最も基本となる条文が「故意又は過失によって他人の権利又は法律上保護される利益を侵害した者は，これによって生じた損害を賠償する責任を負う」と定める民法709条である。民法709条に基づく損害賠償請求の要件については，後で見るとして，ここでは債務不履行責任に関する諸規定との対比を行うことにしよう。債務不履行責任については，損害賠償の範囲に関する民法416条があった。しかしながら，不法行為に関してはそのような明文規定がない。そこで，不法行為責任に関しても，民法416条が類推適用されると考えられている（最判昭48・6・7民集27・6・681等）。次に，金銭賠償（民法417条）の規定は，不法行為による損害賠償に準用される（民法722条1項）。また，民法722条2項は，「被害者に過失があったときは，裁判所は，これを考慮して，損害賠償の額を定めることができる。」と定め，過失相殺の規定を設けている。

　第1節の裁判例のように，自転車と歩行者のように債権債務関係のない場合には，債務不履行責任が問題となる余地はなく，もっぱら不法行為責任のみが問題となる。

1−2　多様な不法行為責任

　民法には，先に述べた民法709条の不法行為責任のほかにも，いくつかの類型の不法行為責任が定められている。行為者に責任能力がない場合，当該行為者は，損害賠償責任を負わないが（民法712条・713条），この場合，その責任無能力者を監督する法定の義務を負う者が損害賠償責任を負うことになる（民法714条：監督義務者責任）。ある事業のために他人を使用する者は，被用者がその事業の執行について第三者に加えた損害を賠償する責任を負うこととなる（民法715条：使用者責任）。土地の工作物の設置又は保存に瑕疵があることによって他人に損害を生じたときは，その工作物の占有者は，損害賠償責任を負うこととなる（民法717条：土地工作物責任）。動物の占有者は，その動物が他人に加えた損害を賠償する責任を負うこととなる（民法718条：動物占有者責任）。これら民法714条・715条・717条・718条は，原則として損害賠償責任を負うが，相当の注意をしていた等の場合には責任を負わない，という仕組みが採用されている。

民法以外にも不法行為責任を定めた法令は多数ある。例えば，自動車交通事故事案で用いられる自動車損害賠償保障法3条本文は，「自己のために自動車を運行の用に供する者は，その運行によって他人の生命又は身体を害したときは，これによって生じた損害を賠償する責に任ずる」と定め，同条但書が免責事由を規定する。

2　民法709条に基づく損害賠償請求
2-1　要件
　民法709条は，「故意又は過失によって他人の権利又は法律上保護される利益を侵害した者は，これによって生じた損害を賠償する責任を負う」と定めている。すなわち，本条に基づいて損害賠償請求をするためには，以下の要件が充たされていなければならない。

（1）　被害者の「権利又は法律上保護される利益が侵害され」たこと
（2）　行為者の「故意又は過失」
（3）　故意・過失行為と被害者の権利・法益侵害とのあいだの因果関係（故意・過失「によって」権利・法益を侵害したこと）
（4）　「損害」の発生
（5）　権利・法益侵害と損害とのあいだの因果関係（侵害行為「によって生じた」損害であること）

　民法709条はこのように抽象的であり，わかりにくいので，第1節の裁判例を例に考えてみることにしよう。事実としては，Bの運転する自転車がX1に衝突して，X1が四肢可動不能状態となり，治療を行うこととなった。この場合，X1の身体が害されている（要件1）。要件1の利益は人格的利益や財産的利益などに分類されるが，身体は人格的利益に含まれる。次に，行為者であるBに「故意又は過失」があったといえるかが問題となる（要件2）。故意「又は」過失であるので，意図的に自転車をぶつけたなどと立証する必要はなく，過失があったと認められれば，この要件は充たされる。過失とは何かが問題となるが，結果回避義務違反を意味すると理解されている。この点については，後で裁判例の判示を見てみよう。ここでは仮に過失があったとしよう。Bの結果回

避義務違反によってX1が負傷しているので，過失によって権利侵害が生じたという因果関係は認められる（要件3）。次に，「損害」という要件であるが，損害は財産的損害と非財産的損害に区別される。財産的損害は治療費のようなものであり，非財産的損害は慰謝料である（民法710条参照）。本件では，X1に治療費等の財産的損害のほか，慰謝料という非財産的損害も発生している（要件4）。裁判例で認定された損害については，後で述べることにしよう。最後に，権利侵害行為と損害の間に因果関係がなければならない（要件5）。この点については，既に述べたが，民法416条を類推適用するというのが判例の立場である。

2-2 効果

民法709条の効果は，損害賠償請求権の発生である。賠償方法は，金銭賠償を原則としている（民法722条1項・417条）。

2-3 不法行為責任を負わない場合

民法709条の要件を充たしている場合においても，加害者側が一定の事由を立証したときは，不法行為責任を負わないことがある。例えば，正当防衛（民法720条1項本文）や緊急避難（民法720条2項）などがあるが，ここでは，主に責任無能力について述べることとしたい。民法712条は，「未成年者は，他人に損害を加えた場合において，自己の行為の責任を弁識するに足りる知能を備えていなかったときは，その行為について賠償の責任を負わない。」と定めている。そして，民法713条本文は，「精神上の障害により自己の行為の責任を弁識する能力を欠く状態にあるあいだに他人に損害を加えた者は，その賠償の責任を負わない。」と定めている。

3　責任無能力者の監督者責任（民法714条）

ここでは，第1節の裁判例と関連する民法714条について見ておきたい。民法714条は，責任無能力者の監督者の責任に関する規定である。前述のとおり，不法行為によって他人に損害を加えた者が責任能力を備えていなかった場合，その者は責任を負わない（民法712条・713条）。しかし，これでは，被害者の保護に欠ける。そこで，民法714条1項は，「前二条〔民法712条・713条〕

の規定により責任無能力者がその責任を負わない場合において，その責任無能力者を監督する法定の義務を負う者は，その責任無能力者が第三者に加えた損害を賠償する責任を負う。ただし，監督義務者がその義務を怠らなかったとき，又はその義務を怠らなくても損害が生ずべきであったときは，この限りでない。」と定めている。

4 具体例―第1節の裁判例―

　さて，第1節の裁判例の事例をもとに整理してみよう。小学生であるBが自転車に乗って，歩行者X1に衝突し，X1が負傷したという事案であった。この事案では，Bの親Yや保険会社X2といった登場人物がいるが，複雑になるので，まず，検討プロセスを示すこととしよう。①BのX1に対する不法行為が成立するか否か。②Bに責任能力がないとすると，Yが民法714条に基づいて責任を負うか否か。③Yが損害賠償責任を負う場合に，誰に対していくら支払う必要があるか（X1とX2の関係）。それでは，この順に見ていくこととする。

4-1 不法行為の成否

　民法709条の要件のところで，X1の身体的利益が侵害されていること（要件1）は述べた。次に問題になるのは，過失があるかである（要件2）。第1節の裁判例では，「本件事故は，Bが，本件道路上を被告自転車で走行するに際し，自車の前方を注視して交通安全を図るべき自転車運転者としての基本的注意義務があるにもかかわらず，これを尽くさないまま，しかも相当程度勾配のある本件道路を速い速度で走行し，その結果，衝突直前に至るまでX1に気が付かなかったことによって発生したものと認めるのが相当である」とし，加害者Bの過失を認めている。そして，この過失によって権利侵害が発生しているという因果関係はある（要件3）。あとは，損害に関する要件4・5であるが，X1の損害は，表20-1のように認定されている。

　では，過失相殺についてはどうか（民法722条2項）。本件では，裁判所は，「X1においても，進路前方の安全に留意して歩行すべきであり，前方の確認がやや不十分であったものの，上記認定のX1らとB運転の被告自転車の大きな速度差，Bの加害行為及び注意義務違反の内容・程度等に鑑みると，X1に過失相殺の対象としなければならない程の過失があったとは認め難い」として，過

表 20 − 1　損害賠償額の内訳

①	治療費：298 万 2,471 円	⑥	傷害慰謝料：300 万円
②	装身具(プロテクター等)：3 万 9,982 円	⑦	後遺障害慰謝料：2,800 万円
③	入院雑費：27 万 3,000 円	⑧	後遺障害逸失利益：2,190 万 4,918 円
④	入院付添費：109 万 2,000 円	⑨	将来の介護費：3,938 万 6,420 円
⑤	休業損害(家事不可能)：143 万 4,160 円	計	9,811 万 2,951 円

失相殺を否定している。

　ところで，X1 は，本件事故後，国民年金法による障害基礎年金を受給している。これは，不法行為によって被害者が得た利益であり，損害賠償額から差し引かれる（これを「損益相殺」という。なお，明文規定はない）。これにより，上記損害額から障害基礎年金分が差し引かれ，9,520 万 7,082 円が損害額となった。

　もっとも，B は，本件事故当時 11 歳の小学生であったから，未だ責任能力がなかったとものとされた。そのため，B は損害賠償責任を負わない（民法 712 条）。

4－2　責任無能力者の監督者責任の成否

　今回被告となったのは，B の唯一の親権者（民法 820 条）であり，B と同居してその監護に当たり監督義務を負っていた母 Y である（民法 714 条 1 項本文）。Y は，B に対し，日常的に自転車の走行方法について指導するなど監督義務を果たしていたと主張したが（民法 714 条 1 項但書），裁判所は，「B の加害行為及び注意義務違反の内容・程度，また，Y は，B に対してヘルメットの着用も指導していたと言いながら……，本件事故当時は B がこれを忘れて来ていることなどに照らすと，Y による指導や注意が奏功していなかったこと，すなわち，Y が B に対して自転車の運転に関する十分な指導や注意をしていたとはいえず，監督義務を果たしていなかったことは明らかである」として，Y の免責主張を認めなかった。

4－3　損害賠償請求権者について

　Y が 9,520 万 7,082 円という損害額を賠償する責任を負うとしても，被害者である X1 がその全額を受け取ることはできない。なぜなら，X1 は保険会社

X2からすでに5,999万9,990円の人身傷害保険金を受け取っているからである。後述するように，保険会社が人身傷害保険金を支払った場合，被害者の加害者に対する損害賠償請求権が保険会社に移転する。その結果，本件では，Yは，X1に対して3,520万7,092円をX2に対して5,999万9,990円を支払うこととなる。

第3節　保険

1　保険契約について

　保険には，健康保険や労災保険のようなものもあるが，本章では，損害保険や生命保険といった保険会社が販売している保険について述べることとする。ビジネスとしての保険業は，保険業法という法律によって規律されている。これは監督法であって，保険契約当事者間の私法的規律については，保険業法ではなく，保険法に定められている。すなわち，保険法は，保険に係る契約の成立，効力，履行及び終了について定めるものである（保険法1条）。

　保険契約とは，当事者の一方たる保険者（保険会社）が一定の事由が生じたことを条件として財産上の給付を行うことを約し，相手方たる保険契約者がこれに対して当該一定の事由の発生の可能性に応じたものとして保険料を支払うことを約する契約（保険法2条1号）である。保険法は，保険契約を①損害保険契約，②傷害疾病損害保険契約，③生命保険契約，④傷害疾病定額保険契約に分類する（保険法2条6号～9号）。保険法の章立ては，①②が「損害保険」としてまとめられ（保険法第2章），③生命保険（同第3章），④傷害疾病定額保険（同第4章）と並んでいる。

　保険というと，火災保険・自動車保険・入院保険・個人年金保険などさまざまな種類があるが，保険法はそれらの保険商品に関する詳細な規定を設けているわけではなく，それらに関するルールは保険者の作成する保険約款に定められている。実際の訴訟では，保険約款にどのような定めがあるかを確認する必要がある。どのような場合に保険金が支払われるのか，どのような場合には保険金が支払われないのか（免責事由）は，保険約款に定められているからである。第1節の裁判例に登場する自動車保険の人身傷害補償保険も，保険法に直接の定めがあるわけではなく，自動車保険約款に多くの規定がある。なお，自

動車損害賠償保障法5条が契約締結を強制している自動車損害賠償責任保険（いわゆる「自賠責保険」である）があるが，保険会社がCM等で紹介しているのは，それではなく，任意自動車保険である。

2 損害保険と請求権代位

保険契約のうち，保険者が一定の偶然の事故（例：火災，自動車事故）によって生ずることのある損害を塡補することを約するものを，損害保険契約という（保険法2条6号）。そして，損害保険契約により塡補される損害を受ける人のことを「被保険者」という（保険法2条4号イ）。例えば，自己の所有家屋について火災保険契約を締結したAは，保険契約者兼被保険者であり，火災により家屋が焼失した場合，被保険者であるAが保険金請求権を行使しうることとなる。なお，生命保険契約にいう「被保険者」は，その人の生死に関して保険金が支払われることになる，その人のことをいい（保険法2条4号ロ），損害保険とは意味が異なるので注意されたい。すなわち，例えば，A・B夫妻がおり，Aが自己を被保険者，Bを保険金受取人に指定して，死亡保険契約を締結した場合，Aが死亡したときは，Bが死亡保険金請求権を取得することとなる。

さて，例えば，火災保険契約を例にとると，保険が掛けられた家屋が第三者によって放火された場合，どうなるか。単純化のために，建物の価値（保険価額）＝保険金額＝1,000万円，損害額＝1,000万円として，考えてみよう（図20−2）。

放火の被害者は，加害者に対して，民法709条に基づく損害賠償請求権を取得すると同時に，火災保険契約に基づく保険金請求権も取得することとなる。

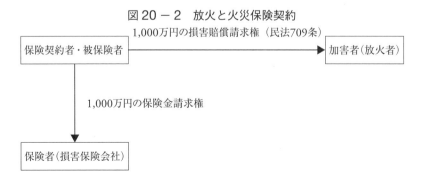

図20−2 放火と火災保険契約

そうすると，被害者は，双方から1,000万円を受け取り，総額2,000万円を受け取ることができるのだろうか。これでは，火災によって，1,000万円の利得が生じてしまう。それでは，保険者が保険金を支払えば，被害者の損害は塡補されたのだから，加害者は放火者であるにもかかわらずもはや賠償しなくてよいのか。

　この問題に対し，保険法は，「請求権代位」という制度を用意している（保険法25条。これは損害保険の規定である）。すなわち，保険者は，保険金を支払ったときは，保険事故による損害が生じたことにより被保険者が取得する債権について当然に被保険者に代位する。したがって，保険者は，被保険者に保険金を支払うと，被保険者が有していた損害賠償請求権を取得し，加害者に対して行使することができるようになるのである。

3　具体例——第1節の裁判例——

　今回の裁判例では，自動車保険契約が登場したが，ここでいう自動車保険契約は，先に見た自賠責保険ではない。いわゆる任意自動車保険である。任意自動車保険は，対人賠償保険，対物賠償保険，人身傷害補償保険，車両保険等の保険がセットになった保険商品である。人身傷害補償保険は，保険証券に記載された被保険者（これを「記名被保険者」という）やその配偶者等が被った損害に対して，保険約款の定める損害額算定基準にしたがって保険金を支払うという商品である。この保険は基本的には被保険自動車の運行に起因する事故を対象とするものであるが，自転車事故による被害をも補償対象としていたことがあったようである（現在の商品内容については，保険会社のウェブサイトを参照されたい）。第1節の裁判例の事案に登場する人身傷害補償保険では，自転車事故が補償対象となっていたものである。人身傷害補償保険は，損害額を算定した上で保険金を支払うものであり，損害保険である。そのため，保険会社が自動車保険の人身傷害保険金を支払えば，請求権代位が生じ，被害者の加害者に対する損害賠償請求権は保険会社に移転する。

　今回の裁判例でA（契約者・記名被保険者）とX2とのあいだで締結された自動車保険契約には，記名被保険者の配偶者の人的損害について幅広くカバーするタイプの人身傷害補償保険が含まれていた。そのため，X2からX1に対して，同保険から人身傷害補償保険金が支払われた。このことにより，X2は，X1

232

がYに対して有する損害賠償請求権を代位取得したとして，同権利を行使したのが，今回の事案である。

　第1節で紹介した裁判例の事案は，決して他人事ではない。誰しもが他人に損害を与えるリスクを負っている。近年では，自転車向けの保険が多く販売されており，自転車事故による賠償責任についてカバーする保険が普及している。損害賠償責任を負うリスクをカバーする責任保険は，加害者にとっても，被害者にとっても有益なものである。どのような場合に損害賠償責任を負うかを知ることができなければ，どのような責任保険が必要かを検討することはできない。その意味で「賠償」と「保険」は密接に関連するものである。本章では，民法709条の不法行為責任と民法714条の監督義務者責任を中心に扱ったが，その他の不法行為責任に関しても，参考文献等で学んでほしい。そして，その損害賠償責任を負うリスクをカバーする保険が存在するのか，調査・検討するとよいだろう。

【参考文献】
野澤正充『事務管理・不当利得・不法行為（第4版）［セカンドステージ債権法Ⅲ］』日本評論社，2024年。
大村敦志『新基本民法　不法行為編（第2版）』有斐閣，2020年。
山下友信・竹濵修・洲崎博史・山本哲生『保険法（第4版）』有斐閣，2019年。
竹井直樹「自転車事故をめぐる保険の現状」『法律のひろば』65巻6号，2012年，21頁以下。

（松田真治）

第21章 家族関係をめぐる規律

第1節　家族

1　家族とは

　かつて，小学校から各家庭への手紙である「学校だより」等のあて名を「ご父兄の方へ」と表記したり，学校の子どもの様子を観覧する日のことを「父兄参観日」という名称を用いたりすることがあった。この「父兄」とは，対象者の保護者を意味していた。戦前の明治民法のもとでは，「家」を中心とした制度を採っており，一家の長は父であり，その父が亡くなったりした場合は長兄が家を継いだ。長男が長子相続をすることにより，土地の分割相続を回避し，農業における生産性の向上を図るといった社会的背景等もあった。家長の権限は大きく，一家のことは家長がすべて公私にわたり決定していた。現在の小学校の「学校だより」等の学校から家庭への手紙のあて名は，「保護者の方へ」と表記されたり，「保護者参観」と呼ばれるようになってきている。

　第二次世界大戦後，日本国憲法24条の規定する男女の本質的平等の考え，憲法13条の規定する個人の尊厳という考えにより，「家族」の在り方は大きく変容した。「家制度」の廃止により夫婦と子ども中心の，いわゆる核家族と呼ばれる家族構成が増えていった。

　誰とどのように暮らすかは，それぞれ個人の自由であり，大切なことは，何よりも互いに心地よい関係であることが大事である。人それぞれの性的指向は自由であることから，さまざまな家族のかたちがあるといえる。LGBTQ＋（レズビアン，ゲイ，バイセクシャル，トランスジェンダー，クイアもしくはクエスチョニング，上記以外の多様な性を「＋」としている，の頭文字をとったもの）と表現さ

れ，さまざまな人と人のつながりについて配慮されるようになってきている。

　例えば，2015年4月1日より渋谷区において同性パートナーシップ条例が施行され，同年10月には同性カップルの受付が行われ，同年11月から同性パートナーシップ証明書が発行されている。同様の施策は世田谷区でも行われている。そして2024年の6月時点で導入自治体は459自治体と報告されている。これらには法的な効果は存在しないものの，新たな人のつながり「家族」の側面をもっているといえよう。

　現在，G7（アメリカ，イギリス，ドイツ，フランス，イタリア，カナダ，日本）の中で，わが国のみ同性婚やそれに準じる制度を認めていない。同性婚の立法を求める複数の訴訟提起もなされており，今後の法的保護のゆくえが注目されている。

　Sexual Orientation（性的指向）and Gender Identity（性自認）の頭文字をとりSOGI（ソジ）と表記し，すべての人を対象とする表現を用いる場面も増えている。Gender Expression（性別表現）を加えてSOGIE（ソジー）ということもある。

　2020年に総務省が公表した国勢調査によると世帯の単身化が進んでおり（2020年一般世帯数約5,570万世帯），一人暮らしが世帯全体の約38％を占め，単身高齢者は前回調査（2015年）に比べ13.3％増加し約671万人となっている。単身世帯，高齢者単身世帯ともに増加傾向が予想され，単身世帯は，2050年で44.3％になると見込まれている（総務省統計局「令和2年国勢調査」，国立社会保障・人口問題研究所「日本の世帯数の将来推計（全国推計）」令和6年推計）。このように，「家族」のあり方は近年，大きく変わってきている。

　また，生殖補助医療が発達し，これまでにはなかった新たな問題が生じてきている。生殖補助医療は，生殖の補助を目的にしてなされる医療であり，人工受精，体外受精，顕微授精，代理懐胎等がある（法制審議会生殖補助医療関連親子部会）。人工受精には，夫の精子を用いる配偶者間人工受精（AIH），夫以外の精子提供者の精子を用いる非配偶者間人工授精（AID）がある。生殖補助医療による出産は認められるものであるか。認められるとして，どのようなケースについて認めるのか，誰が親になり，出生した子が出自を知る権利をどのようにするか等々の問題がある（令和3年12月11日「生殖補助医療の提供等及びこれにより出生した子の親子関係に関する民法の特例に関する法律」が施行されている）。

2　親族

　民法における親族とは，①六親等内の血族，②配偶者，③三親等内の姻族をさす（民法725条）。血族は，血縁のある①自然血族，及び，②法定血族（養子縁組　民法727条）の2種類がある。配偶者は，法律上の婚姻関係にある当事者，相互をさす。姻族とは，配偶者の血族と血族の配偶者のことである。夫の両親と妻の両親や兄弟の妻同志は，姻族関係にはない。

　親等は，親族間における親疎の関係を示し，世代を数えて決める概念である。親等は，直系と傍系とに区別される。直系とは，父母→子→孫のように，血統が一直線上に並んだ関係のことである。傍系とは，兄弟姉妹，伯叔父母，従兄弟姉妹のように，同じ始祖を通じてのつながりをもっている関係である。直系の血族間は，世代数がそのまま親等となり，父母が一親等，祖父母が二親等と上に六代遡り，下は子が一親等，孫が二親等と六代下る。傍系の血族は，同じ

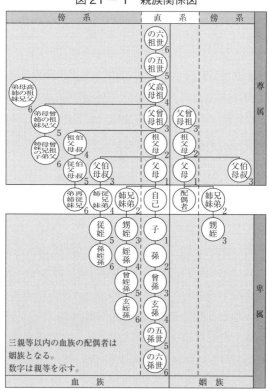

図21-1　親族関係図

始祖と通じてのつながりであるから，兄弟が一親等，伯叔父母は三親等，従兄弟は四親等となる（民法726条）。

血族には，尊属と卑属という分類がある。尊属は，自分より前の世代（父母・祖父母・おじ・おばなど）を指し，卑属とは，自分より後の世代（子・孫・おい・めいなど）を指す。この分類は誕生が先か後かは関係ない。兄弟姉妹，いとこなど同じ世代は，どちらにもあたらない。

3 婚姻

婚姻は，当事者の自由な合意のみに基づき成立する（憲法24条）。婚姻の成立は，役所に「婚姻届」が受理されることによって効力が生じる（法律婚主義，民法739条，形式的要件）。

婚姻できる年齢は，かつては男18歳，女16歳からであるとされていたが，成年年齢を18歳とする改正と同時に男女ともに18歳と改正された（民法731条）。

また，令和6年改正前民法では女は，前の婚姻の解消または取消しの日から起算して100日を経過した後でなければ，再婚をすることができないと規定されていた（再婚禁止期間，改正前民法733条）。女の再婚禁止期間は，前夫と再婚後の夫との嫡出推定が重複することにより父が定まらない状況を回避するべく規定されていたが，下記「5 親子」で触れる改正後の嫡出推定規定では，そのような状況は生じないことから，女の再婚禁止期間を規定する必要はなくなり，現在では廃止されている（令和6年4月1日施行）。

直系血族・3親等内の傍系血族間（民法734条1項本文），直系血族間（民法735条前段），養親子間（民法736条）での婚姻については，優生学的視点や道義的視点から禁止されており，これらに反する婚姻は取り消すことができる（民法744条）。養子と養親の実の娘という関係においては婚姻が認められる（民法734条1項但書）。

婚姻関係から生じる義務には民法752条による「同居，協力，扶助の義務」と「貞操義務」とがある。民法752条では，夫婦は同居し，互いに協力し扶助しなければならない旨が定められており，夫婦の一方が同居に応じない場合については，他方配偶者は，同居の調停や審判を求めることができることとなる。

もっとも，DV（ドメスティック・バイオレンス）がある場合や，別居してお

り，同居の意思がない場合にまで同居の義務は求められるものではない。近年主に夫から妻への家庭内暴力が問題となっており（DV），1990年代以降，国連でも重要問題とされ，わが国においても2001年に「配偶者からの暴力の防止及び被害者の保護等に関する法律（DV法）」が制定された。また，貞操義務について直接定めた条文はないが，民法770条1項1号にて配偶者の不貞な行為を離婚原因としていること，及び重婚が禁止されている（民法732条）ことから，夫婦は互いに貞操義務を負っていると考えられる。違反した場合には離婚原因となり精神的損害賠償を受けることになる。

4 離婚

婚姻関係が破綻した場合には，婚姻を続ける意味は乏しく，解消（解約）することが認められる。これが離婚である。離婚の方法は，下記の6つが認められる。

① 協議離婚　夫婦の協議による離婚，離婚届の提出により成立（民法763条）
② 調停離婚　離婚の協議ができない場合，家庭裁判所に調停の申立てをして行う離婚，裁判所が調停調書に夫婦が離婚する旨を記載することで成立（家事事件手続法268条1項，257条）。
③ 審判離婚　調停が成立しない場合，家庭裁判所が調停に代わるものとして，離婚の審判を行い審判の確定により成立（家事事件手続法284条1項）。
④ 判決離婚　調停を申し立てたが成立しない場合，家庭裁判所に新たに離婚の訴えを提起することで行われる離婚。離婚請求を認める判決の確定により成立（民法770条）。
⑤ 認諾離婚　離婚訴訟において，相手方が離婚請求を認める（認諾する）ことで行われる離婚。裁判所が認諾調書に相手方が離婚請求を認諾する旨を記載することで成立（人事訴訟法37条1項）。
⑥ 和解離婚　離婚訴訟において，夫婦が離婚することにより紛争を解決する旨の合意をすることで行われる離婚。裁判所が和解調書に夫婦が離婚する旨を記載することにより成立（人事訴訟法37条1項）。

5 親子

親子関係には，実親子関係と養親子関係があり，実子にはその両親間に婚姻

関係があるか否かにより嫡出子と嫡出でない子とがいる。

(1) 実親子関係
① 嫡出子
　民法では妻が婚姻中に懐胎した子は，夫の子と推定する（民法772条1項前段）。また，婚姻前に懐胎した子であって，婚姻が成立した後に生まれたものも，夫の子と推定する旨，規定されている（民法772条1項後段）。妊娠期間を表す言葉「十月十日（とつきとおか）」は，太陰暦1カ月28日とし数え月で，9カ月と10日で262日目を出産予定日とする。すなわち妊娠期間を200日から300日くらいとして，婚姻の成立の日から200日を経過した後または婚姻の解消若しくは取消しの日から300日以内に生まれた子についても，婚姻中に懐胎したものと推定すると規定している（民法772条2項）。
　「3 婚姻」に記載した通り，女性の再婚禁止期間は廃止され，離婚の後，すぐ再婚，間をおかずに離婚，そして再婚，というケースも考えられる。そこで，子を懐胎した時から子の出生までの間に2以上の婚姻をしていたときは，その子は，その出生の直近の婚姻における夫の子と推定される（民法772条3項）。

② 嫡出でない子
　婚姻関係にない男女間に生まれた子であり，嫡出でない子とその父または

図21-2　嫡出推定規定に関する図

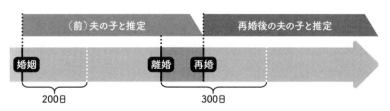

(出所) 法務省パンフレット「令和4年民法（親子法制）改正に関するもの」

母との関係は，認知により発生する。認知には，父または母が認知届を提出することにより行う任意認知と，任意に認知がなされない場合には，裁判所に認知の訴えを提起して親子関係を確定させる強制認知とがある（民法779条，787条）。

(2) 養親子関係

人為的に親子関係を作り出す方法として養子制度がある。成立のためには，届け出という形式要件と縁組意思という実質的要件とを備える必要がある。

養子制度には，実親との血族関係が残る普通養子と実親との血族関係が残らない特別養子とがある。

普通養子の場合，養子縁組により，養親となる者と養子となる者とのあいだに，嫡出の親子関係を人為的に作り出すもので，年長養子や尊属養子を禁止する規定がある（民法793条）。20歳に達した者は，養子をとることが認められる（民法792条）。他方，特別養子は，従来の親子関係から離れて，新たな親子関係を作るものである。養親となるものは，原則として25歳以上である必要があり（夫婦の一方が25歳以上であれば，他方は20歳になっていればよい）（民法817条の4），養子となる者は，原則として，15歳未満でなければならないと規定されている（民法817条の5）。特別養子は実親との血族関係が終了するため，実父母の同意が必要である（民法817条の6）。

6 親権

未成年の子は，父母の親権に服する。子が養子である場合には，養親の親権に服する（民法818条）。親権は，未成年者に対する親の権利義務の総称である。子を監護し教育する権利を有し義務を負う（民法820条）。また，親権を行う者は子の財産管理の財産管理や，法律行為を代理する（法定代理，民法824条）。

親権者と子の利益相反する行為については，親権者はその子のために特別代理人の選任を家庭裁判所に請求する必要がある（民法826条）。

2024年5月17日に成立，2026年までに施行される改正民法では，離婚の際の子の養育に在り方について大きく改正がなされた。その背景は，父母の離婚が子の養育に与える深刻な影響，子の養育の在り方の多様化がある。例えば，協議離婚の際は，父母の協議によりどちらか一方を親権者として定めなければ

ならなかったが，父母の双方又は一方を親権者として指定することができることとなった（改正民法819条1項）。

7　後見

後見とは本人の後ろ盾となり本人を補佐する仕組みである。後見には，未成年者に対して親権を行う者がないとき，または親権を行う者が管理権を有しないときに開始される未成年後見と事理弁識能力，すなわち精神的判断能力が欠けている者に対して，後見開始の審判により開始される成年後見とがある。成年後見は，法定後見制度と任意後見制度に分けられ，法定後見制度には後見，保佐及び補助の制度がある（民法838条，876条，876条の6）。

2000年4月から成年後見法と同じタイミングで公的介護保険制度が始まった。本人の認知機能の低下や寝たきり状態を原因として日常的に介護を必要とする高齢者に対し，介護を社会全体で支える仕組みである。

8　扶養

直系血族及び兄弟姉妹は，互いに扶養する義務がある（民法877条）。扶養の順位，程度・内容（金額），方法は，協議により決するが協議が調わないときや協議ができないときには，家庭裁判所が一切の事情を考慮して審判により決定する（民法878条・879条・880条）。

第2節　相続

相続とは，ある自然人が亡くなる前に有していた法律関係や権利義務関係が，亡くなることにより権利能力を失い，他の自然人に当該法律関係や権利義務関係が承継されていく制度のことである。

1　相続人

戦前は家制度によって家の長である戸主という存在があり，戸主は家に属するすべての財産の所有者であった。相続により戸主の地位と戸主の所有する財産が，基本的には長男が単独相続しており，戸主の地位とその財産を相続することは「家督相続」と呼ばれていた。昭和22年，戦後の民法改正により家督

制度廃止され，相続の形態は財産相続制度として一本化され，配偶者の財産的保護・子どもたちの平等などを念頭に現行の相続法が制定された。被相続人（亡くなった人）の配偶者は常に相続人となる（民法890条）。そして被相続人の子，直系尊属及び兄弟姉妹に相続権が認められている（民法887条，889条）。法定相続分に関する規定は，改正がなされ，下記の通り変遷している（民法900条）。

表21－1　法定相続に関する図

昭和22年現行民法制定

第1順位		第2順位		第3順位	
配偶者	1/3	配偶者	1/2	配偶者	2/3
直系卑属	2/3	直系尊属	1/2	兄弟姉妹	1/3

昭和37年改正

第1順位		第2順位		第3順位	
配偶者	1/3	配偶者	1/2	配偶者	2/3
子	2/3	直系尊属	1/2	兄弟姉妹	1/3

昭和55年改正：配偶者の法定相続分の引上げ　⇐令和7年現在

第1順位		第2順位		第3順位	
配偶者	1/2	配偶者	2/3	配偶者	3/4
子	1/2	直系尊属	1/3	兄弟姉妹	1/4

　代襲相続は，被相続人の子が相続開始の前に死亡した場合，または相続欠格または廃除によりその相続権を失った場合に，その者の子（孫）がこれを代襲して相続するものである。本来の相続人が相続の放棄をしている場合には，代襲相続は発生しない（民法887条）。

2　相続欠格と廃除

　相続人の欠格事由とは，当然に相続人としての地位を失う事由のことである。例えば，財産がほしいからといって，夫を殺めた妻は，夫の財産を相続することはできないとするものである。もともと相続は，共同体の財産を受け継いで

いくことにより共同体を維持するという意味がある。よってその共同体の利益を害する行為をした者に相続を認めるとなると，本来の相続の精神にも反することとなる。よって，民法では一定の場合，当然に相続人としての地位を認めないものと定めている（民法891条）。

　推定相続人の廃除とは，被相続人が「この者には相続させたくない」として家庭裁判所に申し立てる制度である。遺留分のない兄弟姉妹は除かれる。方法としては，生前に家庭裁判所に申し立てる方法と遺言書に書いておく方法とがある。例えば，平素から親に柔順でなかった子が，正当な理由なく，70歳を超える父を縄で縛り，父が苦しみ皮膚が破れて出血しているのを放置するような，父に対して虐待または重大な侮辱をした場合，このような子に自分の財産は渡したくないと思うのは当然の成り行きである。そのような場合に，家庭裁判所にて「相続人にはさせたくない」として手続をとることとなる（民法892条）。

3　相続の効力

　相続は，死亡によって開始する（民法882条）。相続の一般的効力として，相続人は，相続開始の時から，被相続人の財産に属した一切の権利義務を承継する（民法896条）。ただし，扶養請求権等，被相続人の一身に専属したものは，この限りではない（民法896条但書）。被相続人に帰属した財産（権利義務）は相続人が複数いるときは共有というかたちで帰属することとなる（民法898条）。各共同相続人は，その相続分に応じて，被相続人の権利義務を承継する（民法899条）。

4　遺産分割

　被相続人が死亡して相続が開始されると，その遺産は，既に述べた通り，共同相続人の共有となる（民法898条）。これを遺産分割により，共有財産を各相続人に帰属させる必要がある。被相続人の遺言に基づく「指定分割」と，共同相続人の合意に基づく「協議分割」がある。

　相続開始後に，相続欠格者や廃除者等の相続権を有しない者が，相続財産につき，占有している場合，相続権を有する真正相続人は相続権を侵害されていることとなる。そこで，相続財産の返還請求をすることが認められている。相続回復請求権は，相続人またはその法定代理人が，相続権を侵害された事実を

知った時から5年間行使しないときは，時効によって消滅する。相続開始のときから20年を経過した時も同様である（民法884条）。

5 相続の承認・放棄

相続の開始により被相続人の財産は，プラスの財産（現金や不動産等）もマイナスの財産（借入金等）すべてが相続人全員に移転することとなる。相続人は，このような状況を，無条件に受け入れるのか，すべて拒否するのか，プラスの財産が多いときのみ受け入れるのか，というように選択的に態度決定することが認められている。

① 単純承認（民法920条，921条）

相続人が，単純承認をしたときは，無限に被相続人の権利義務を承継する（民法920条）。民法は，単純承認を相続の基本形態としている。相続人は，自己のために相続があったことを知ったときから，3カ月（熟慮期間）以内に，相続について単純承認か限定承認または放棄をする必要があり（民法915条1項）。この期間内に相続人が，限定承認も放棄もしない場合には単純承認をしたものとして扱われる（民法921条2号）。

② 限定承認

相続の効力を承認した上で相続財産の承継は希望するが，マイナスの財産（借入金等）については，プラスの財産の範囲内でのみ責任を負担するという，相続の承認を限定した範囲で行う承認である（民法922条）。プラスの財産とマイナスの財産とでどちらが多いのか不明な場合や，特定の財産について欲しい場合などに考えられる承認方法である。一定期間内に家庭裁判所に申述する必要がある（民法915条1項）。

③ 相続放棄

相続の開始による効果をすべて放棄する意思表示であり，相続人として当初から存在していなかった者として扱われる。相続放棄をしようとする者は，一定期間内に，その旨を家庭裁判所に申述しなければならない（民法915条1項，938条）。

6 遺言

遺言は，遺言者が亡くなった際に効力を生ずるものとして，一定の方式を踏

んでなされる相手方のない単独行為である（民法960条以下）。普通方式の遺言には，自筆証書遺言，公正証書遺言，秘密証書遺言がある。自筆証書遺言は，遺言者みずからが遺言書を作成する，遺言者が，その全文，日付，氏名を自筆しこれに印を押さなければならない（民法968条1項）。公正証書遺言は，証人2人以上が立会い，遺言者が遺言の趣旨を口授し，公証人法の定めるところにより作成される（民法969条）。秘密証書遺言は，まず遺言者が，その証書に署名し，印章を押し，遺言者がその証書を封じ証書に用いた印章により封印し，遺言者が公証人1人及び証人2人以上の前に封書を提出し，自己の遺言書である旨並びにその筆者の氏名，住所を申述し，公証人がその証書を提出した日付及び遺言者の申述を封紙に記載した後，遺言者及び証人とともにこれに署名し押印をする方式によるものである（民法970条）。秘密証書遺言の上記の要件に欠けていたとしても自筆証書遺言の方式を具備していれば，自筆証書遺言による遺言としての効力がある（民法971条）。

　特別方式の遺言として，死亡の危急に迫った者の遺言等がある（民法976条以下）。

7　遺留分

　遺言は，遺言者が死後も自己の財産を自由に処分ができるようにする制度である。しかし，残された家族の中には，今後の生活のために相続財産を必要としている人がいる場合もある。そこで，民法では，遺言者の財産処分の希望に関係なく，一定の相続人に限定して，どうしても残してやらなければならない遺産の割合を保証した。この制度を遺留分制度という。

　遺留分が認められるのは，法定相続人のなかで兄弟姉妹以外の相続人である（民法1042条）。遺留分の割合は，直系尊属のみの場合には相続分の3分の1，それ以外の場合には相続分の2分の1とされる。被相続人が，特定財産を第三者に贈与ないし遺贈したことにより，相続財産が相続人の遺留分に満たない場合（遺留分侵害）には，侵害された相続人は，遺留分侵害額に相当する金銭の支払を請求することが認められている（遺留分侵害額請求権，民法1046条）。

8　贈与分・特別の寄与

　相続人の中で被相続人の財産の維持や増加について特別の寄与があった者は，

第21章　家族関係をめぐる規律　　245

寄与のない相続人よりも多くの財産（寄与のない相続人よりも多く受け取る部分を「寄与分」という）を受け取ることができる（寄与分制度，民法904条の2）。

　寄与分制度はその対象とされる寄与分権者が相続人に限定されるのに対し，特別の寄与は，被相続人の親族に認められる規定である。被相続人に対して無償で療養看護等の労務の提供をして被相続人の財産の維持や増加について特別の寄与をした被相続人の親族は，相続の開始後，相続人に対して，特別寄与料の支払いを請求することができる（特別の寄与の制度，民法1050条）。

【参考文献】
山川一陽・堀野裕子『民法のはなし』国際書院，2019年。
山川一陽『親族法・相続法講義（第7版）』日本加除出版，2021年。
高橋朋子・床谷文雄・棚村政行『民法7(第7版)』有斐閣，2023年。
LGBT法連合会編『SOGIをめぐる法整備はいま― LGBTQが直面する法的な現状と課題』かもがわ出版，2023年。
認定NPO法人　虹色ダイバーシティ「地方自治体のパートナーシップ制度登録件数（2024年5月31日時点）」https://nijiirodiversity.jp/

（堀野裕子）

第22章
民事紛争と裁判

第1節　民事訴訟の意義

　民事訴訟法は，民法等の民事法を実現するための裁判手続を定めたものである。もっとも，紛争が起こった場合に，裁判を選択するケースは少ない。通常は，事件の性質に応じて，交渉をしたり，知識のある人に仲裁を頼んだり，諦めたりするなどの選択肢から，事件の性質や解決に係る費用や時間を考えて，本人にとって最も適している解決方法をとるものである。どのような手続によれば，当事者が納得する解決になるのかは，ケースバイケースであり，裁判はそうした選択肢の1つである。人間関係の感情のもつれを原因とした争いやビジネス上で巨額の資金が動く争いなど，話し合いでは解決できない場合には，本人同士での紛争解決は困難となり，裁判による解決が必要となる。

　裁判が必要となる理由は，自力救済の禁止という原則から導き出せる。この自力救済の禁止とは，私人が法の定める手続によらずに自己の権利を実現することを禁止する原則である。例えば，お金を貸しても返してくれない場合，借りた人の財布からお金を抜き取ったり，借りた人の家に行ってめぼしい物を持ち去ったりすることで，自力で解決が図られるかもしれない。しかし，いくら自分の権利を実現するためとはいえ，他人の家に押し入ったり，財布から盗む行為は犯罪であり，問題を解決するためという理由で容認していたら，社会から秩序はなくなってしまう。また，借りた人にも言い分があり，もしかすると既に返していたのを貸した人が勘違いをしているだけかもしれない。こうした理由のもとで自力救済が禁止されている。もっとも，この原則だけでは，権利を守られるべき者が守られなくなってしまうという弊害も生じる。

そこで，公平な裁判により，国家が権利を確定し，権利を実現することを保障している。具体的には，争っている当事者双方に十分な主張と立証の機会を与え，それを踏まえて中立公平な国家機関である裁判所が判断する。

もちろん，裁判官も人であり，事実認定を間違えるかもしれない。また，後から新しい証拠がみつかるかもしれない。そこで，日本の裁判制度は三審制を取っており，1審で間違った判断をしたとしても，2審で覆すこともできるシステムになっている。

第2節　民事訴訟の概略と基本原則

民事訴訟は，原告が被告を訴え，双方の意見を聞いたうえで裁判所が判断をする仕組みである。したがって，原告と被告，裁判所それぞれの役割がある。まず，原告と被告，すなわち，当事者は，事実を主張し，証拠を収集し提出するという役割を担っている。一方，裁判所は，訴訟の運営（コートマネジメント）をするとともに，当事者の主張や証拠に基づき，事実を認定し，法解釈と法の適用を行うという役割を担っている。当事者間の対立構造を，当事者主義という。

訴訟は，原告が裁判所に訴えを提起し，被告に訴状が送達されることで始まり，幾度かの口頭弁論において審理を重ねて，裁判所が判決を出すという流れになっている。訴訟の流れ自体はシンプルであるが，当事者間が対等であるという原則が前提にある（図22-1）。しかし，原告と被告に情報や資金力の格差があるような場合に，この原則を貫いてもよいかという問題も生じる。

医療過誤訴訟や薬害訴訟，公害環境訴訟等の現代型訴訟と呼ばれる事件の場

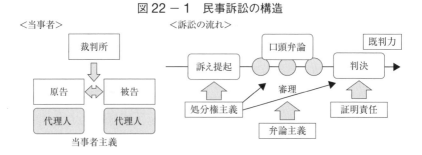

図22-1　民事訴訟の構造

合，原告は被害を受けた患者であり，多くは貧困世帯であり，法的な知識も被害原因もよくわかっていないことが多い。一方，被告は大企業であり社会的に発言力があるうえに，資金力があり，被害発生に至る過程を検証し得る多くの情報を保持している。こうした格差がある場合，原告が被告を訴えるとしても，現実的に裁判をすることは困難であり，お金も時間も情報もない原告は泣き寝入りを強いられることになってしまう。そこで，代理人たる弁護士の社会正義のためのプロボノ活動（専門性を活かした社会貢献活動），原告を支援する科学者による調査の協力，法学者による理論的サポート，さらには裁判所による釈明によるアドバイスといった工夫により，社会常識に合致した結論へと導くための努力と改善がされてきた。このように，当事者の格差是正や真相究明のための修正によって，実質的に事件に適した当事者間の対等性を確保するようになっている。

　民事訴訟を紛争解決手続という視点から考えると，4つにまとめられる。1つ目は，「争いの中身は当事者に，手続の進行は裁判所に」という考え方である。これは，当事者が裁判においてイニシアチブをとり，裁判所が進行するという役割分担を意味する。2つ目は，「論争・対話主義」という考え方である。これは，議題を確定して問題設定をし，議論を尽くすことで問題解決のための共通認識を作るというものであり，議論の対象のことを訴訟物という。3つ目は，「立証責任」という考え方である。これは，その主張の根拠を誰が示すのかという問題であり，誰がどう主張立証するのか，その責任の所在を明らかにするものである。4つ目は，「個別的解決の原則」である。これは，利害関係者を明らかにして，その関係者に議題の審議結果の効力を及ぼすというものである。

　民事訴訟法は，このような4つの考え方に基づき，手続を具体化している。民事訴訟でとくに重要となる法的概念は，①処分権主義，②弁論主義，③証明責任，④既判力，という4つである。

　処分権主義とは，私的自治の原則を背景に，原告が裁判所に紛争解決を依頼する際に，原告が，①訴訟を提起するか，②訴訟のテーマ（訴訟物）を何にしてどのような解決を求めるか，③自ら判決以外の方法によって終了させるか，これらの決定権を有するというものである。当事者が求めるからこそ，裁判が進むことの所以である（「訴えなければ裁判なし」）。

　弁論主義とは，判決の基礎をなす事実と，その確定に必要な証拠の収集およ

び提出を当事者の権能と責任とする考え方である。具体的には，①裁判所は，当事者の主張しない事実を裁判の資料として採用してはならない（主張責任），②裁判所は，当事者間に争いのない事実をそのまま裁判の証拠として採用しなければならない（自白），③当事者間に争いのある事実を証拠によって認定する際には，必ず当事者の申し出た証拠によらなければならない（職権証拠調べの禁止）という3つに整理できる（弁論主義3つのテーゼ）。

証明責任とは，裁判官による法規の適用を可能とするために定めた訴訟上の不利益分担のルール（客観的証明責任）であり，各々に分配された事項を証明できなかった者が敗訴になるというものである。これを当事者の視点から考えると，口頭弁論で証拠を提出して証明しなければ，結果として，無証明の不利益をうけるため，各当事者は，不利益を受けないように，あらかじめ立証しなければならないというルール（主観的証明責任）につながる（なお，前頁で「立証責任」という言葉を使っているが，これは行為責任をイメージするものであり，実務で用いられている。今日では，主観的証明責任と客観的証明責任の両方を含めた概念として，証明責任という言葉が一般的に用いられている）。

既判力とは，訴訟当事者と裁判所が，その確定判決で示された判決に拘束され，後の訴訟で同じ問題を蒸し返すことを禁じられる効力であり，前訴の訴訟物の判断と矛盾・抵触する当事者の主張は後訴で排斥されるという消極的作用の側面と，前訴の判断を前提として後訴裁判所も審理し判決するという積極的側面がある。

民事訴訟法は，こうした考え方を骨格にして，細かい訴訟手続が整備されている。

第3節　代替的紛争処理手続

民事紛争の解決の方法は裁判だけではない。裁判外紛争解決制度をADR（Alternative Dispute Resolution）と呼び，近年，ADRによる解決が注目されている。

ADRは，安価・迅速・簡便・適切に利用でき（効率性），裁判所では分からない専門知識や慣行を用いた判断も可能であり（専門性），法律分野に限らない人材による法的観点に縛られない判断ができることから（日常性），活用が期待

されている。実際に，2004年にはADR基本法（裁判外紛争解決手続の利用の促進に関する法律）が制定され，2023年に法改正されるなど，環境整備は着々と進んでいる。ADRには，仲裁，調停，交渉等が用いられている。

　仲裁とは，一定の法律関係に関して現在または将来発生する可能性がある紛争の処理を，私人である第三者の判断に委ねる旨の合意をして，紛争が発生した場合に，その合意に基づいて選ばれる仲裁人によって行われる紛争解決の方法である。自律的な紛争解決であり，両者の納得のいく紛争解決になりやすいといわれており，2004年にUNCITRAL（国際連合国際商取引委員会）が作成した国際商事仲裁モデル法を取り入れた仲裁法が民事訴訟法から独立して制定されているが，国内では取扱い事件数が少なく，2023年に改正されて改善が試みられている。一方で，国際社会において，海外の仲裁機関が世界中で使われている。国際的な仲裁機関としては，アメリカ仲裁協会（American Arbitration Association），国際産業会議所（International Chamber of Commerce），ロンドン国際仲裁裁判所（London Court of International Arbitration）の3つが有名であるほか，常設仲裁機関を利用しないアド・ホック（ad hoc）仲裁もよく用いられている。仲裁のメリットは，①高度な秘密保護，②手続費用の低廉，③手続運営の当事者自治の3つである。

　調停とは，話合いによりお互いが合意することで紛争の解決を図る手続であり，当事者同士がお互いの不満を伝えあうために話し合いをもち，お互いの欲求を理解し，「win-win（双方が勝者）」の関係を探求するものである。ADR基本法において，民間紛争解決手続とその業務適正性の確保としての認証制が整備され，調停人（メディエーター）の研修等も各地で行われている。調停においては，当事者をエンパワー（自律支援）し，当事者同士が認識の違いを理解するなかで，当事者間の信頼を生じさせ，当事者自らが紛争を解決に導くと考えられており，調停人が判断をすることに重点が置かれていないところが特徴的である。制度的には，家事事件において，調停前置主義がとられている（家事事件手続法257条）。

　交渉とは，当事者間の話し合いである。交渉が成立するためには，①自分は相手に認められているか，②自分と相手につながりがあるか，③自立性があるか，④自分のステータスが相手に認められているか，⑤自分は相手にとってどういう役割を果たしているのか，といった要素が大きく関わってくる。交渉の

結果，両当事者の譲歩によって解決が図られる（民法695条，和解）。和解は，条理にかない実情に即した解決案が掲示できるほか，紛争全部を一挙に，かつ抜本的・迅速に解決でき，また自発的な履行が促される点が特徴的である。

裁判のような対立構造を前提とするものは，相手方との関係性を壊してしまう可能性が高い。それに対して，こうしたADRは，相互理解や信頼に基づくコミュニケーションによって，将来的な関わりを継続できるように配慮しているところに大きな意味がある。社会では，一度関係性が壊れたとしても，それを修復して，再出発するためのシステムも必要なのである。

第4節　民事執行と民事保全

1　民事執行手続

民事訴訟で請求が認容され判決が確定すると，それは債務名義として，国家による権利のお墨付きをもらったことになる（執行力）。そうなると，次のステップとして，権利を実現する手続へと移る。これが執行手続である。

実際のところ，債務名義は，判決に限られるものではない。未確定の判決であっても，仮執行宣言付きの判決であれば，執行は可能である。また，信販会社・クレジット会社が利用する督促手続（仮執行宣言付支払督促）や公証人による公正証書である執行証書（執行認諾約款付公正証書）の場合，裁判を経ずに執行手続に進むことができる。

民事執行手続は，金銭債権と非金銭債権で執行の手段が異なっている。

金銭債権の場合，差押え，換価，満足の3段階で権利を実現する（表22－1）。不動産執行の場合は，土地や建物を差押えて（差押宣言），それを競売によって現金化し，債権者が配当を受ける。動産執行の場合は，執行官が債務者の自宅等に立ち入って換価しうる動産を占有し，売却することで資金を作って，弁済

表22－1　金銭執行の種類

	差押え：処分禁止	換価：現金化	処分：金銭支払い
不動産執行	差押宣言→差押えの登記	競売	配当
動産執行	執行官の占有	売却	弁済
債権執行	差押命令	取立て	弁済充当

に充てる。債権執行は，銀行預金等を差押えて（差押命令），債権者が銀行等に取立てに行って，そこで得た金銭によって弁済充当をする。

一方，非金銭債権の場合，①不動産や動産の明渡しや引渡しを拒否している場合において，不動産の明渡執行，動産の引渡執行という方法が挙げられる。これらは，執行官がそのものを取り上げて，債権者へと引き渡す。実務上，不動産の明渡執行は家の鍵を渡すことで明渡しとみなされる。次に，②土地の不法占拠など，妨害排除を求めているが相手方が実行しない場合において，代替執行という方法が挙げられる。これは，占拠物の撤去などを業者に依頼し，その代金を不法占拠者に要求するというものである。そして，③絵画を書く債務など，代替性がない作為・不作為を求める場合において，間接強制という方法が挙げられる。これは，債務者がその債務を履行するまで毎月・毎日金銭を払わせるというものである。これによって，任意履行を促すことになる。

2　民事保全手続

民事紛争において，民事訴訟を提起し，それを継続して最終的に判決を受けるも，控訴されると控訴審で争いが継続することになる。このように手続を続けるということは，どうしても時間がかかってしまうという問題が生じる。そして，その時間のなかで，自分の立場が不利だと感じた当事者は，敗訴に備えて，現金を隠匿したり，不動産を第三者に売却したりすることも考えられる。また，労働紛争において不当解雇を争う場合，長い時間をかけて裁判をするとなると，裁判が終わるまでの生活費にも困ってしまう。こうした弊害を防ぐための仮の救済をはかる制度が民事保全手続である。

民事保全手続は，不穏な動きをする債務者に対する権利の保全でもあるため，時間の勝負でもある。そこで，軽い手続で迅速に，かつ，一方当事者の言い分だけで発令できる仕組みをとっている（オール決定主義）。立証も，「証明」（裁判官に確信を抱かせること）よりも軽い「疎明」（裁判官に一応確からしいという推認を抱かせること）でよいとされている。

民事保全手続は，仮差押えと仮処分の方法に分かれる。

仮差押えとは，金銭執行の保全であり，将来の強制執行による債権者の満足を確保するため，暫定的に債務者の財産を差押えて，その処分を制限する措置である。民事執行手続の進行中に債務者がその所有財産を譲渡・隠匿・消費し

て無一文になってしまえば，時間をかけてようやく得た判決に基づいて強制執行しようとしても，実際は金銭債権を実現することができなくなってしまうため，それを防ぐ役割がある。

次に，仮処分について，2つの方法がある。

1つ目の仮処分は，係争物に関する仮処分であり，給付義務不履行の際に，係争物の現状の変更により，債務者が権利行使を妨げられるおそれがあるとき，または権利実行に際し著しい困難を生じるおそれがあるとき，発令されるものである。これはさらに2つに分かれる。占有移転禁止の仮処分は，係争物の不動産からの退去を求める訴訟において，訴訟の最中に第三者がそこに居住するなどして占有移転されることを防ぐために用いられる。次に，処分禁止の仮処分は，建物の処分禁止の登記を求めるものである。土地の所有者から建物の所有者に対して建物収去土地明渡請求訴訟をしている最中に，土地の所有者は建物の所有権の移転を防止できないため，登記・登録の公示方法によって保全をはかることを目的とする。

2つ目の仮処分は，仮の地位を定める仮処分である。これは，取締役の違法行為に基づく法人の代表者の職務執行停止の仮処分，不当解雇に対する地位保全の仮処分，事故のおそれに対する原発差止めの仮処分など，争いがある権利関係について，債権者に生じる著しい損害または急迫の危険を避けるために，発令されるものである。債権者に生じる現在の危険および地位の不安定を暫定的に排除することで，債権者の権利を保障している。

第5節　倒産処理

会社などの法人や個人が経済的に破綻し，弁済期にある債務を一般的・継続的に弁済できなくなる，またはそのおそれがある状態のことを倒産という。倒産状態になった経済主体による債権者への弁済のための処理ないし手続を，倒産処理手続という。

日本の倒産処理手続は，裁判所の関与を基準に，私的整理と公的な法的倒産処理手続に分かれ，前者は，それを契機に，清算・会社分割・事業譲渡などが行われることもある。後者は，清算型である破産と再建型である民事再生・会社更生に分かれて手続が整備されている（表22-2）。

私的整理とは，債務者と債権者のあいだで利息や毎月の支払いを減らしてもらえるように交渉して，借金額を圧縮するといった任意の合意に基づいてなされる倒産処理手続のことである。残債務はそのままであるが，弁護士を通じた交渉が行われ，弁護士の連絡（介入通知）によって相手方の直接の取立てを禁止する効力があるため，取り急ぎ，激しい取立てから債務者を守るための手段としても用いられている。大企業の場合は，より透明性が必要となることから「私的整理に関するガイドライン」が策定されている（2001年9月）。

　一方の法的倒産処理手続について，まず，破産手続は，借金を帳消しにする代わりに今ある財産を清算するというものである。本人もしくは債権者の申立てによって，裁判所が破産手続開始決定を出すと，破産管財人が選任され，以降は破産管財人が財産を管理する。そして，既存の土地や建物，貯金などは清算されて，債権者に配当され，残った債権は免責される。

　次に民事再生手続や会社更生手続は，一部の借金額を減らしたうえで，事業を継続し，儲かっている部門と儲からない部門を切り分け，採算がとれる部門

表22−2　倒産処理手続の比較

	破産	会社更生	民事再生
対象	自然人・法人	株式会社	自然人・法人
開始原因	破産原因（支払不能，債務超過）	破産原因またはそのおそれ	破産原因またはそのおそれ
機関（財産管理者）	破産管財人	更生管財人	債務者自身（DIP），監督委員，管財人
関係者（議決権者）	債権者	債権者，株主	債権者
担保権の処遇	別除権で個別に実行可能	更生担保権（他の更生債権や株式よりも優先）	別除権（ただし，再生債務者の事業の維持・再生を図るための中止命令，担保権消滅制度あり）
可決要件	（決議事項はほぼなし）	総議決債権額の過半数（更生債権の更生計画案）	総議決権額の2分の1以上かつ議決権を行使した再生債権者数の頭数の過半数（再生計画案）

を残すなどして，経営の再建を目指すものである。一定の債権者の同意した再生計画・更生計画を，裁判所がチェックをするなどして再生・更生が進められ，裁判所を通した企業の再生のための手続ともいえる。

第6節　手続保障の必要性

　法学は，実体法と手続法に分かれる。権利義務の要件と効果を定めている実体法を学ぶ意義は理解しやすいが，民事訴訟法をはじめとする手続法を学ぶ意義は何だろうか。

　そこで，手続保障という概念が重要となる。手続保障とは，当事者双方に十分な攻撃防御をする機会が与えられていることである。十分な手続保障がされていないにもかかわらず，その結果だけ負わされることは不合理であり，当事者が主張立証を尽くしたうえでの裁判所の判断であることで，その判断に正当性があるといえる。この考え方は，自ら主張立証をつくしたかどうかという自己責任の考え方ともつながっている。このような自己責任と判断の正当性という意味のほかに，目的としての手続保障という考え方もある。これは，最終的な判断を出すに至る手続過程において，ルールに基づき当事者が十分な議論をすることで，手続の場において当事者間の話し合いのルートを回復し，合理的な交渉が促進されることを目的とすべきとして，紛争解決を側面から援助するために手続保障があるという考え方である。

　裁判において，裁判官は神様の目をもつわけではなく，その判断も常に正しいとは限らない。そもそも，民事事件において，真実は1つではなく，当事者双方の目線からみたそれぞれの真実がある場合も多く，一概にどちらが善でどちらが悪と割り切れるものでもない。そこで，手続を通じて行われる過程が大事であり，手続が公正であることによって，当事者がその過程について納得し，その結果を受け入れる状況にもっていくことが必要なのである。

　このような手続保障というものの見方の背景には，手続的正義という考えがある。社会が多様化した今日，何が正義なのか意見が分かれ，各々の考える正義があることから，意見は対立してしまいかねない。何が正義か不明確なとき，正義は目的や判断の基準になりえないという問題が生じる。そこで，手続的正義は，正義に適った結果に達するにはどのような手続が必要か，どのような手

続をとることが正義に適ったといえるか，という問題意識から，当事者の対等化と公正な機会の保障のもとでなされた議論と決定を正義として位置づける。この手続的正義が裁判で現れたものこそ，手続保障なのである。具体的には，①あなたの側から発言する権利を保障する，②あなたの発言を弁護することを弁護士に手助けしてもらう権利を保障する，③あなたに反対する証人に対して反対尋問をする権利を保障する，④あなたが指名した証人を求める権利を保障する，⑤公正な判決や裁判官を求める権利を保障する，といったことにその考えが現れている。そして，情報をフェアに集めて，フェアに判断することが重要であり，間違った判断をしないためにも，判断のための情報を公正に収集・評価することが必要になっている。

このように，手続保障，ひいては手続的正義という考えを実現する1つの手段が民事手続であるといえ，民事紛争の解決への方向性を示してくれている。

【参考文献】
川嶋四郎＝笠井正俊編『はじめての民事手続法（第2版）』有斐閣，2024年。
伊藤眞『民事訴訟法への招待』有斐閣，2022年。
町村泰貴『現代訴訟法―液状化する司法』放送大学教育振興会，2017年。

（長島光一）

第6編　法の各領域3

ビジネスと法

第23章
企業関係をめぐる規律1 商事法

第1節　企業関係をめぐる法

　企業関係をめぐる法を学ぶにあたり，まず，企業に関わる登場人物を図23－1に示したので，参照されたい。現代の企業の中心は株式会社であるから，図23－1では，株式会社をめぐる登場人物の一部を図示した。企業に関わる登場人物としては，株式会社で働いている労働者がいる。しかし，労働者の保護に関しては，労働法分野，すなわち本書第6編第25章で学ぶこととなるので本章では扱わない。

　本章で学ぶ企業関係をめぐる法は，大きく分けると，3つに分けられる。
　第一に，「企業組織法分野」である。会社法がこの分野の中心となる。会社法は，株式会社の設立や運営などについて定めるものである。
　第二に，「企業取引法分野」である。売買契約については，民法にも規定があるが，商人間の売買契約については，商法にも規定がある。そして，倉庫業者

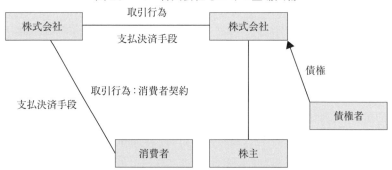

図23－1　株式会社をめぐる登場人物

に材料・製品の保管を依頼したり，運送業者にそれらの運送を依頼したりすることもあるだろう。これらについても，商法に規定がある。また，このような企業対企業（Business to Business: B to B）だけでなく，企業は私たち消費者とも取引を行っている（Business to Consumer: B to C）。B to Cの取引では，あらかじめ企業が用意した契約条項の集合体である約款が用いられることが多い。B to Cの取引に関しては，消費者契約法や特定商取引法などの適用についても考えなければならない。

第三に，「支払決済法分野」である。B to B取引は金額が大きいために，現金で支払うとなると，危険であるうえに重くて不便である。そこで，さまざまな支払決済方法が存在している。例えば，手形・小切手や電子記録債権などである。そのほか，B to C取引では，クレジットカードや電子マネーも利用される。

以下，本書では，すべてを触れることはできないが，これらの学習へと読者のみなさんを誘いたいと思う。

第2節　企業組織法

1　会社法とは

会社法は，会社の設立，組織，運営及び管理について定める法律である（会社法の目次を参照されたい）。会社法は，制定前に商法に収められていた会社に関する規定を取り出したものである（そのため，会社法判例の学習においては，「商法〇条」が現れる）。

会社法上の会社には，①株式会社，②合名会社，③合資会社，④合同会社がある（会社法2条1号）。①の会社に特有のルールは，会社法第2編「株式会社」に置かれている。②，③，④の会社は持分会社と呼ばれ，この会社に特有のルールは，会社法第3編「持分会社」に置かれている。現在のわが国では，①株式会社が圧倒的に多いので，ここでも株式会社について述べることとする。会社法は，合併や会社分割の手続等についても定めているが（会社法第5編），以下では，会社法学習の入門として，株式会社の運営と資金調達について簡単に触れるにとどめる。

2　株式会社の運営

　さて，株式会社の組織を見てみよう。図23－2は，「監査役会設置会社」と呼ばれる機関設計である。このスタイルは，多くの上場会社で採用されているものであるから，差し当たり，これを頭に入れておこう。

　ところで，「上場」とは，自社の株式を証券市場で自由に売買できるようにすることである。会社は，上場を希望する市場（東京証券取引所など）に申請し，市場が定める上場審査基準をクリアすれば，「上場会社」となることができる。株式が自由に売買できるような状態ということは，多くの株主が全国各地に拡散しているといえる。そうすると，「株主が会社の運営を決める」といっても，実際問題，どのように意見をまとめるのかが問題となる。株主のなかには，株主優待を目当てにするだけで，経営自体には興味がないし，専門的知識を有するわけでもない者がいる。それに，会社を取り巻く状況は日々変化し，いちいち株主の意見を聞いていては，ビジネスチャンスを逃してしまうかもしれない。そこで，会社の所有者である株主が，経営の専門家である取締役を選び，その者に会社の経営を委ねるのである。取締役は株主総会で選ばれるが（会社法329条1項），株主である必要はない。そして，取締役達で構成される取締役会において，取締役達のなかから代表取締役を選ぶ（会社法362条3項）。会社の業務は，取締役会が決定を行い（会社法362条2項1号），代表取締役が執行する（会社法363条1項1号）。取締役は，善良な管理者の注意をもって，委任事務を処理する義務を負い（会社法330条・民法644条），その任務を怠ったときは，株式会社に対し，これによって生じた損害を賠償する責任を負う（会社法423条1項）。

　ところで，株主は自分達の選んだ取締役の仕事ぶりを日々監視しているわけ

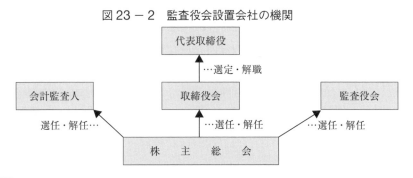

図23－2　監査役会設置会社の機関

ではない。それでは，監査役会設置会社では，誰が，取締役の職務執行のチェックをするのだろうか。まず，取締役会は，取締役の職務の執行を監督する責任を負っている（会社法362条2項2号）。また，株主総会で選任された監査役が取締役の職務の執行を監査する（会社法381条1項）。監査役の監査結果は，「監査報告」にまとめられる。さらに，株主総会で選任された会計監査人が，取締役の作成した計算書類等を監査する（会社法396条1項）。会計監査人の監査結果は，「会計監査報告」にまとめられる。

なお，株式会社の機関関係の訴訟としては，株主総会の招集手続の瑕疵や決議方法の瑕疵等を理由とする株主総会決議取消しの訴え（会社法831条1項各号）や株主代表訴訟（会社法847条）等が見られる。

3 株式会社の資金調達

株式会社は，どのようにして事業資金を得るのだろうか。

まず，銀行に融資してもらうことが考えられる。この場合，代表取締役が，株式会社を代表して，契約を締結する。その契約の効果は，銀行と株式会社のあいだに生ずることとなる（図23－3）。

また，株式会社は，株式を新たに発行して，資金を調達することができる（図23－4）。上場会社では，原則として，取締役会の決議によって株式の発行を決定する（会社法199条2項・201条1項）。ところで，新株発行には，気をつけ

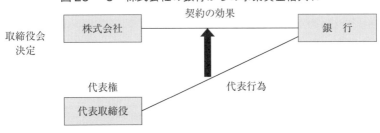

図23－3　株式会社の銀行からの事業資金借入れ

図23－4　株式会社の株式発行による資金調達

第23章　企業関係をめぐる規律1　商事法　263

るべき点が2つある。第一に，株主から払い込まれる金銭を「いくら」に設定するかである。これも取締役会の決議によって決定するのであるが，時価よりもかなり低い金額で発行すると，新株発行前の株主が経済的な不利益を受け，新株主が利益を得てしまうことがある。この問題は，「有利発行」問題と呼ばれるものであり，このような新株発行をするためには，取締役会の決議だけでなく，株主総会の決議が必要となる（会社法199条2項・201条1項・199条3項・309条2項5号）。要するに，経済的な不利益を受けるおそれのある株主に対して，新株発行の是非を問うということである。第二に，株式を「誰に」発行するかが問題となる場面がある。例えば，経営陣と対立する大株主がいる状況で，経営陣と仲のよい会社に対して大量に株式を発行した場合，発行済株式が増加する一方で，大株主は株式を得ることができていないのであるから，大株主は，持株比率の低下という不利益を受ける。そうすると，株主総会での議決権割合が低下し，支配力が低下する。このような経営支配権の維持目的によってなされた新株発行は，「不公正発行」と呼ばれ，大株主は新株発行の差止めを請求することができる（会社法210条2号）。

また，会社は，社債を発行して，資金を調達することができる（株式会社だけでなく，持分会社も可能）（図23－5）。社債とは，社債を発行する会社を債務者とする金銭債権であって，会社法676条の定めに従って，償還（弁済）されるものをいう（会社法2条23号）。この社債を引き受けた者を社債権者という。会社は，社債を発行する場合には，原則として，社債管理者を定め，社債権者のために，社債の管理を委託しなければならない（会社法702条本文）。社債管理者は，社債権者のため，社債権の弁済を受けたり，社債権を保全するのに必要な行為をなす権限を有する（会社法705条）。

図23－5 社債発行による資金調達

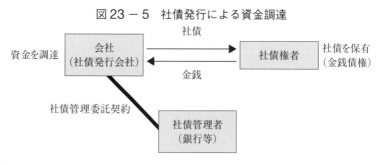

第3節　企業取引法

1　商法の適用―「商人」と「商行為」―

　企業取引法の中心は，商行為法であるといえよう。商行為法という法律があるわけではなく，商法の第2編「商行為」の部分のことである。ここには，売買のほか，運送営業や倉庫営業など，代表的な企業取引についての規定が定められているが，規定は網羅的ではないし，時代遅れとなっている規定もあり，多くが当事者の合意で変更可能な任意規定である。

　売買については，民法555条以下に規定があるが，企業取引の典型である商事売買に関する特則が，第2編「商行為」に定められている。商法が適用される場面では，この特則が，民法に優先して適用される。それでは，どのような場面で，商法が適用されるのだろうか。例えば，売買の買主による目的物の検査について定める商法524条1項を見てみると，「商人間の売買において，買主は，その目的物を受領したときは，遅滞なく，その物を検査しなければならない」と定められている。

　この条文が適用されるためには，売主と買主が「商人」でなければならない。すると，次に考えなければならないのは，「どのような者が『商人』なのか？」ということである。商法第1編「総則」の4条1項には，「この法律において，『商人』とは，自己の名をもって商行為をすることを業とする者をいう」と定められている。これで解決するかというと，実は，さらに問題が生ずる。「『商行為』とは何か？」という問題である。差し当たり，ここまでを図23-6にまとめたので参照されたい。

　商行為については，商法第2編「商行為」第1章「総則」に，501条（絶対的商行為），502条（営業的商行為），503条（附属的商行為）という3つの条文が

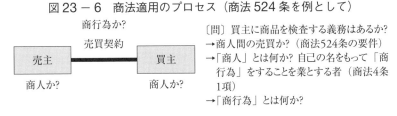

図23-6　商法適用のプロセス（商法524条を例として）

ある。これらに該当すれば，「商行為」に関する規定が適用される。また，会社がその事業としてする行為及びその事業のためにする行為は，商行為とされている（会社法5条）。したがって，会社は，自己の名をもって商行為をすることを業とする者として，商法上の商人に該当することになる（最判平20・2・22民集62・2・576）。それゆえ，図23－6の売主・買主が会社であれば，商人間の売買であるから，商法524条が適用されるというわけである。売主・買主が会社ではない場合，その者が商人に該当するかは，商法501条・502条にいう商行為と業として行っているかを検討することになる。

2　消費者との契約

　私達が契約する相手方は，ほとんど企業（会社や個人事業者）であろう。このような契約では，消費者契約法や特定商取引法の適用が問題となる。商法に規定のある契約の中には，前述した商人間売買（商法524条以下）のように，B to Bの契約も規定されているが，運送契約（商法569条以下）のように，B to BだけでなくB to Cの場合もありうる契約に関する規定がある。そこでここでは，消費者法分野についても言及しておくこととしたい。

　消費者契約法は，事業者の一定の行為により消費者が誤認し，または困惑した場合等について，消費者が，契約の申込みまたは承諾の意思表示を取り消すことができるものとしている（消費者契約法4条〜7条）。また，同法は，事業者の損害賠償責任を免除する条項など消費者の利益を不当に害することとなる条項の全部または一部を無効とする（消費者契約法8条〜10条）。さらに，同法は，消費者の被害の発生または拡大を防止するため，適格消費者団体が事業者等に対し，差止請求することができることとしている（消費者契約法12条〜47条）。消費者契約法が適用されるのは，「消費者契約」であるところ，消費者契約とは，「消費者」（消費者契約法2条1項）と「事業者」（消費者契約法2条2項）とのあいだで締結される契約をいう（消費者契約法2条3項）。先ほどの「商人」と同様，法適用に際しては，契約当事者の「消費者性」と「事業者性」を確認する必要がある。なお，会社は法人であるから，「事業者」となる。2017（平成29）年民法改正によって，定型約款の規定が民法に導入された（民法548条の2〜548条の4）。それまでは，鉄道の運送約款や損害保険の保険約款など，事業者が一方的に定めた約款になぜ契約の相手方が拘束されるのかという問題につ

いての条文がなかったが，この問題を含めて民法に規定が新設された。民法548条の2第2項にも，消費者契約法10条に類似した不当条項規制が規定されている。

特定商取引法の正式名称は，「特定商取引に関する法律」である。この法律は，特定商取引を公正にし，購入者等が受けることのある損害の防止を図ることで，購入者等の利益を保護し，あわせて商品等の流通及びサービスの提供を適正かつ円滑にし，もって国民経済の健全な発展に寄与することを目的とする法律である（特定商取引法1条）。特定商取引は，①訪問販売，②通信販売，③電話勧誘販売，④連鎖販売取引（いわゆるマルチ商法），⑤特定継続的役務提供（エステ等），⑥業務提供誘引販売取引（いわゆる内職商法），⑦訪問購入（いわゆる物品買取り）の7種類である。特定商取引法は，クーリング・オフなど，購入者保護のための規定を定めるほか，業者に対する勧誘行為禁止等についても定めている法律である。法の適用に際しては，当該取引が特定商取引に該当することを確認しなければならない。

第4節　支払決済法

1　多様な支払手段

私達は，すでに，さまざまな支払を経験している。何かを購入して代金を支払う（売買契約〔民法555条〕），電車に乗るために運賃を支払う（旅客運送契約〔商法589条〕），アパートの家賃を支払う（賃貸借契約〔民法601条〕）などである。このときの支払手段は，現金，クレジットカード，デビットカード，電子マネー，銀行振込くらいであろうか。現金以外の支払手段については，その法律構成や不正利用問題など興味深い問題があるが，それは参考文献等を参照されたい。

では，企業間の支払はどうか。もちろん企業間の取引の代金支払でも現金支払は用いられるかもしれないが，銀行振込の方が便利かつ安全である。ところで，企業間の支払手段として，古くから約束手形や小切手といった紙が用いられてきた。小切手というのは，例えば，Aが小切手金額100万円と記載し，署名した小切手をBに渡し，Bが銀行に小切手を持っていけば，Aの口座から100万円が支払われるというものである。小切手はまさしく現金の代わりとな

るものであるが，このような決済は，銀行振込でも可能である。約束手形に関しては，現在では，電子記録債権の利用が推進されている。この点について，以下で述べることにしたい。

2　約束手形から電子記録債権へ

　約束手形について学ぶ前に，少し補足的な説明が必要である。売買契約を念頭に話を進めよう。売買契約が成立すると，売主は，買主に対して代金債権を有する。この代金の支払が即時に行われるような取引であれば，債務者である買主が代金を支払って代金債権を消滅させて，それで終わりである（民法473条）。しかし，取引のすべてがこのような代金支払になっているわけではない。数日後，数カ月後が支払期日として設定されることがある。例えば，Aから原料を仕入れたBが，その原料から商品を作り，消費者に販売するようなケースでは，売上金から原料の代金を支払いたいというBのニーズは理解できよう。しかし，その反面，Aは，数日・数カ月，Bからの代金支払を待つことになる。Aがそれでよいと考えているからこの取引が成り立っているわけであるが，もしかすると急に現金が必要になるといった事情がAに生じるかもしれない。その場合，AはBに対する代金債権を第三者Cに買い取ってもらうという方法が考えられる。AのBに対する代金債権を譲渡する場合，譲渡人Aが債務者Bに通知をするといった手続が必要である（債権譲渡の対抗要件について定める民法467条参照）。そうしなければ，Cから100万円の支払を求められたBはなぜCが請求してくるのかわからないし，支払ってよいのかもわからないからである。また，債務者Bは，対抗要件具備時までに譲渡人Aに対して生じた事由をもって譲受人Cに対抗することができる（民法468条1項）。例えば，AB間の売買契約が解除されて代金を支払う必要がなくなったといった事情である。

　約束手形は，今，お金がないので支払はできないが，3カ月後にはお金ができるので，3カ月後に支払うことを約束するときに利用される証券である（ちなみに，3カ月というのは例であって，ルールではない。）。例えば，BがAに対して100万円を支払う場面を考える。このとき，Bは，全国銀行協会の作成した統一手形用紙と呼ばれる紙に手形要件（手形法75条）を記載する。といっても，統一手形用紙には手形要件のいくつかがあらかじめ印刷されているので，受取人欄・手形金額欄・支払期日欄・振出人欄等，空欄になっている箇所を振出人

(B) が記入するだけである。ここでは，受取人欄に「A 殿」，手形金額「金 100 万円」，支払期日「〇年〇月〇日」等と記入して，振出人欄に「B」という署名を行うことになる。そして，B は，この約束手形を A に交付することになる。A は支払期日に支払を受けることもできるが，第三者 (C) にこの約束手形を「裏書 (うらがき)」することができる。裏書によって，手形金請求権が移転する (手形法 14 条 1 項・77 条 1 項 1 号)。統一手形用紙の裏面には，被裏書人欄と裏書人の署名欄がある。裏書人が「譲渡する側」(A) であり，被裏書人が「譲り受ける側」(C) である。C もまた第三者に裏書することが可能であるが，支払期日に B に対して支払を求めてもよい。民法上の債権譲渡と異なり，B の A に対する人的関係に基づく抗弁は，裏書によって手形を取得した C に対抗できないこととされている (手形法 17 条本文・77 条 1 項 1 号)。なお，100 万円中 20 万円だけを C に裏書するような一部裏書は認められてない (手形法 12 条 2 項・77 条 1 項 1 号)。

　ここで重要なのは，B が代金の支払のために約束手形を振り出した場合，A の B に対する代金債権のほかに，A の B に対する手形債権が発生するということである。この手形債権の譲渡は裏書という簡単な方法で可能であり，また，裏書によって手形債権を取得した者に対しては，売買契約上の問題 (例えば解除) を主張できない。このように債権の譲受人の保護を重視することで，債権譲渡を容易にする仕組みが約束手形なのである。

　このような約束手形という紙を用いた決済手段が古くから用いられてきたが，年々その利用は減少していた。また，学問分野としての手形法の議論も減少していた。そのような中，ついに約束手形の利用の廃止の動きが現れた。約束手形を利用しない場合に考えられる支払決済手段としては，現金や銀行振込での支払のほか，電子記録債権の利用が期待されている。以下では，電子記録債権法上の規定を前提に，重要な部分と思われる点を述べたい (具体的な利用方法については，電子債権記録機関のウェブサイトを参照されたい。)。

　電子記録債権とは，その発生又は譲渡について電子記録債権法の規定による「電子記録」を要件とする金銭債権である (電子記録債権法 2 条 1 項)。電子記録債権は，「発生記録」をすることによって生ずる (電子記録債権法 15 条)。発生記録には，支払金額や支払期日，債権者・債務者の氏名等を記録しなければならない (電子記録債権法 16 条 1 項)。そして，発生記録によって生じた電子記録

債権は，譲渡することもできる。手形と異なり，電子記録債権は，分割したうえで（電子記録債権法43条），譲渡することが可能である。電子記録債権の譲渡は，「譲渡記録」によって効力を生ずる（電子記録債権法17条）。電子記録債権の譲受人として記録された者は，当該電子記録債権を取得する（電子記録債権法19条1項本文）。先の例でいえば，債権者をA，債務者をB，金額を100万円，支払期日を「○年○月○日」とする発生記録によって電子記録債権が発生し，譲渡人をA，譲受人をCとする譲渡記録によって電子記録債権がCに移転するのである。そして手形法17条と同様，発生記録における債務者Bは，譲渡人Aに対する人的関係に基づく抗弁をもって債権者Cに対抗できないこととされている（電子記録債権法20条1項本文）。なお，支払期日に銀行が債務者の口座から債権者の口座に対する払込みの取扱いをすることによって，資金が移動することが念頭に置かれている（口座間送金決済に関する電子記録債権法62条参照）。

【参考文献】
近藤光男ほか『基礎から学べる会社法（第5版）』弘文堂，2021年。
近藤光男編『現代商法入門（第11版）』有斐閣，2021年。
小塚荘一郎・森田果『支払決済法――手形小切手から電子マネーまで（第3版）』商事法務，2018年。
松嶋隆弘・大久保拓也編『商事法講義3　支払決済法』中央経済社，2020年。
茂野隆晴編著『プライマリー法学――日本法のシステム』芦書房，2008年，223頁以下。

（松田真治）

第24章
企業関係をめぐる規律2 知的財産法と競争法

第1節 知的財産法

1 知的財産とは

「知的財産」とは一般的に財産的価値のある情報を指すが，法律では①発明，考案，植物の新品種，意匠，著作物その他の人間の創造的活動により生み出されるもの，②商標，商号その他事業活動に用いられる商品または役務を表示するもの，③営業秘密その他の事業活動に有用な技術上または営業上の情報であり，知的財産を法令で権利化，法律上保護される利益としたものが知的財産権である（知的財産基本法2条1項1，2号）。

このうち，①，③は人間の精神活動による創作の成果を保護するものである。知的財産の保護がないと費用や時間等のコストを費やして新規創作を行っても創作コストがないフリーライドに対して優位性がなく，結果として創作が利益につながらず新規創作の意欲が失われてしまう。そこで，知的財産というかたちで権利の専有を認め，フリーライダーの参入を排除することで創作のインセンティブを高めることができる。

②は営業上の標識を保護対象としている。営業主体や商品等は一定の名称を用いることで識別力が発生するが，標識への保護がなければ顧客からの信用を獲得し顧客吸引力を得た名称が他者に勝手に使用され，築き上げた信用を損ないかねない。そのためブランド価値等を保護することが必要になる。

知的財産法は産業の発達や文化の発展等に寄与することを目的として制定されている（特許法1条，商標法1条，著作権法1条等）。

知的財産は無体物に対しての保護なので知的財産が化体した有体物の所有権

とは別のものである。美術的に著名な書画の実物を所有しても書画が別に写真撮影されていれば写真の利用を制限する権利は持たない（最判昭 59・1・20 民集 38・1・1）。

2　知的財産と知的財産権

「知的財産権」とは特許権，実用新案権，育成者権，意匠権，著作権，商標権その他の知的財産に関して法令により定められた権利または法律上保護される利益に係る権利を指す（知的財産基本法 2 条 2 項）（図 24 − 1 参照）。そのうち，特許庁所管の特許権，実用新案権，意匠権，商標権については産業政策上の権利であることから産業財産権とも呼ばれている。

原則的に知的財産権は財産権として捉えられるが，著作物は著作者の人格が発露したものであるため財産権としての著作権だけでなく著作者人格権として人格権の保護も行い，2 つを合わせて著作者の権利としている。

権利の付与ではない形の保護としては不正競争防止法が存在する。その他に具体的な権利として明文化されていなくとも民法 709 条の一般不法行為が認められる場合があり，新聞見出しが著作物とは認められなかったが無断使用に損害賠償を認めた事案がある（知財高判平 17・10・6 裁判所ウェブサイト）。一方で競走馬の実名に対し権利が認められるかの争いで「法令等の根拠もなく……排他的な使用権等を認めることは相当ではなく……不法行為の成否については，違法とされる行為の範囲，態様等が法令等により明確になっているとはいえな

図 24 − 1
知的財産法の種類

人間の創造的活動で生み出されたものへの権利等

- 特許法 − 特許権
- 実用新案法 − 実用新案権
- 意匠法 − 意匠権
- 著作権法 − 著作者の権利・著作隣接権
- 半導体法 − 回路配置利用権
- 種苗法 − 育成者権
- 不正競争防止法 − 商品形態・営業秘密・限定提供データ

商号や商品名の営業標識に対して与えられる権利等

- 商標法 − 商標権
- 商法 − 商号
- 不正競争防止法 − 商品等表示
- 地理的表示法 − 地理的表示

い現時点において，これを肯定することはできない」(最判平 16・2・13 民集 58・2・311)と示すように知的財産の保護は原則として知的財産法の範囲内に留めるべきと考えられる。

3　知的財産の発生

　知的財産権は法的に保護される権利であるが，保護が与えられるには登録が必要な方式主義を採用している知的財産権と創作によって保護が与えられ出願・登録等を必要としない無方式主義の 2 つに分かれている。

　方式主義となっているのは特許権，実用新案権，意匠権，商標権，育成者権，回路配置利用権，地理的表示である。実用新案権（実用新案法 14 条）と回路配置利用権（半導体法 7 条）は出願書類の形式が整っているかで判断を行う形式審査を行い実質無審査制度になっているが，その他の権利は権利を与えるにふさわしいか，すべての法定要件の有無を審査したうえで権利付与の決定を行う審査主義を採用し，登録によって権利が発生する（特許法 66 条，意匠法 20 条，商標法 18 条，種苗法 15 条，地理的表示法 12 条）。

　出願は原則として創作を行った者ではなく初めに出願を行った者に権利を付与する先願主義を採用している（特許法 39 条，実用新案法 7 条，意匠法 9 条，商標法 8 条，種苗法 9 条）。

　無方式主義を採用しているのは著作権法で規定する権利である（著作権法 51 条）。

4　知的財産の保護期間

　知的財産は保護期間が限定されるものが多い。技術は既存の技術を土台にして日々進歩していくものであり陳腐化が避けられず，陳腐化した知的財産を永久に権利者に独占させることはかえって産業の発達等を阻害するためである。特許権のような産業的成果は公開して独占的権利を認める代わりに，一定の期間後には公有化して皆が使えるように制度設計している。知的財産の種類による性質や重要性等を考慮したうえで保護期間は定められ，出願や登録から 10〜30 年となっている（特許法 67 条，実用新案法 15 条，意匠法 21 条，種苗法 19 条，半導体法 10 条）。

　著作権は陳腐化といった産業上の理由は当てはまらないが，一方でほとんど

の創作は先行作の影響を受けて作られたものともいえ，永久の保護は馴染まない。著作権がない時代には作家の遺族に収入の手段が断たれて困窮するといった事情があったため，子の代までは権利が与えられるべきと言われ，原則として保護期間は著作者の死後70年となっている（著作権法51条）。著作者人格権は人格権的性質をもつため一身専属となっている（著作権法59条）。

標識保護を目的とする知的財産の場合，その性質上使用し続ける限り保護は認められるべきであり，商標法は保護期間の更新が認められ（商標法19条2項）地理的表示は生産が続く限り失効しない（地理的表示法20条）。不正競争防止法上の利益も商品形態模倣以外は著名や周知といった要件を満たしている限り保護期間の限定はされていない。

5　知的財産の保護対象
5-1　発明
　特許法では発明を保護し，発明とは「自然法則を利用した技術的思想の創作のうち高度のもの」を指し（特許法2条1項），①重力等のような自然法則そのものではなく，永久運動のように自然法則に反するものでもなく，言語・数式のように人為的によるものではない「自然法則の利用」，②特定の人の技や勘等に頼るものではなく現実的に可能な実施可能性と，一定確率で同一結果を再現できる反復可能性が必要な「技術的思想」，③既存のものを見つけ出す発見ではない「創作」，④実用新案との区別の必要性として設けられた「高度性」すべてが要求される。発明は物の発明と方法の発明，さらに物を生産する方法の発明に分類することができる。

5-2　考案
　実用新案法で保護されるのは考案であり「自然法則を利用した技術的思想の創作」をいう（実用新案法2条1項）。高度性が要求されないため小発明とも呼ばれる。考案の対象は物品の形状，構造または組み合わせに限定されている（実用新案法1条）。

5-3　意匠
　意匠とは「物品の形状，模様若しくは色彩又はこれらの結合であって，視覚

を通じて美感を起こさせるもの」（意匠法2条1項）をいい，いわゆるデザインを指す。有体物が対象となるが，スマートフォンの画面デザイン等も対象としている。液体や粒体のように形状が特定できないものは保護対象にならない。

　意匠はセットの食器がスプーンとフォーク部分は形状が異なるが柄のデザインは同一であるような場合に，特定部分だけを対象とする部分意匠がある。全体としては類似していないが，一部分だけは類似している物品に対しての権利主張が可能となる。オーディオセットのように全体で統一的な印象を与えるもので経産省令で定められた組み合わせについては組物の意匠として登録を受けることができる（意匠法8条）。

5-4　商標・地理的表示

　商標は標章のなかで，①業として商品を生産し，証明し，または譲渡する者がその商品について使用をするもの，②業として役務を提供し，または証明する者がその役務について使用をするもの，を指し（商標法2条1項），①を商品商標，②をサービスマークと呼ぶ。

　標章は，人の知覚によって認識することができるもののうち，文字，図形，記号，立体的形状若しくは色彩またはこれらの結合，音その他政令で定めるもの（商標法2条1項柱書）であり，サウンドロゴ等の「音商標」，時間経過で表示が変化する「動き商標」，見る角度で変化がある「ホログラム商標」，商品の特定の場所に標章を付する「位置商標」も認められている。

　同業事業者等，一定の事業者で構成する団体がその構成員に使用させる商標として団体商標・地域団体商標がある。地域団体商標の例として「下呂温泉」や「関さば」のように産地と商品名を結合したものがあるが，これは，本来自他商品・役務識別力がないため登録の対象とならないものを（商標法3条1項3号），消費者のあいだで広く認識されている場合に登録要件を緩和したものである（商標法7条の2）。

　特定農水産物等の名称の保護に関する法律（地理的表示法）で地理的表示の保護がされる。地理的表示とは農林水産物の名称であって品質，社会的評価その他の確立した特性が産地である特定の場所，地域または国と結びついている産品の名称をいう（地理的表示法2条）。地域団体商標と似ているが対象が農林水産物，飲食料品に限定される，品質基準を設け国の定期的なチェックを受ける

必要がある基準を満たしていることを示すGIマークを付けることができる等の違いがある。

5-5 著作物

著作物を創作した著作者に対して著作者の権利が付与される。著作物とは，①思想または感情を②創作的に③表現したものであつて，④文芸，学術，美術または音楽の範囲に属するものをいう（著作権法2条1項）。①は事実やデータではなく，また，人が創作したものであり人工知能や動物が作成したものではないことを指す。②は創作者の個性が表れ，誰かの模倣ではないということを意味する。③は口頭で足りるが客観的存在であることは必要でありアイデアは保護されない。④は特許や意匠のような産業上の保護が対象ではないことを指す。

5-6 営業上の利益

不正競争防止法は権利付与をするのではなく，16の行為を不正競争として限定列挙してそれによる他人の営業上の利益の侵害を規制する行為規制法となっている（不正競争防止法2条・3条・4条）。

規制としては，人の業務に係る氏名，商号，商標，標章，商品の容器もしくは包装その他の商品または営業を表示する「商品等表示」に対する規制がある。

周知や著名他人の商品等表示と同一または類似の商品等表示を行うことが不正競争になり得る（不正競争防止法2条1項1号・1項2号）。性質として商標に近いものである。

商品形態の模倣（不正競争防止法2条1項3号）は最初の販売から3年以内の商品形態に対するデッドコピーを規制するもので，意匠権に似たものであるが，出願・登録を必要としない，保護期間が短期間という点等で違いがある。

営業秘密の保護（不正競争防止法2条1項4号～10号）では，①秘密として管理している「秘密管理性」，②事業活動に有用な技術上または営業上の情報である「有用性」，③公然と知られていない「非公知性」の三要件を満たした「営業秘密」（不正競争防止法2条6項）の不正取得や不正開示等を規制している。

ビッグデータも限定提供データとして保護の対象である（不正競争防止法2条1項11～16号）。スマートフォンの位置情報等を大量に集めることでターゲティ

ング広告を有効に打てる等，ビックデータは有益な情報となるがデータ提供をするため秘密管理性がなく営業秘密での保護は難しい。そうしたデータであっても①特定の者に対してのデータ限定提供性，②相当量のデータを蓄積する相当蓄積性，③IDとパスワード管理のように特定の者のみアクセスすることが明確化されている電磁的管理性，の三要件を満たした技術上または営業上のデータが限定提供データとなる。

その他では，コンテンツのコピーガードやアクセスガード機能の無効化（不正競争防止法2条1項17号・18号）や不正の目的で他業者のドメイン名を登録，使用する行為（不正競争防止法2条1項19号）や商品・サービスの質，内容，原産地等を誤認させるような行為（不正競争防止法2条1項20号）等が不正競争となる。

6　知的財産の効力
6-1　知的財産の効力

知的財産の効力としては自己が独占的に権利を行使できる積極的効力（独占的効力）と，他者の使用を排除できる消極的効力（排他的効力）に分けることができる。積極的効力は模倣，盗作に対してのみ効力を及ぼし，独自に創作したものに対しては効力が及ばない相対的効力と，後者に対しても効力を及ぼせる絶対的効力に分けられる。相対的効力は著作権と回路配置利用権であり，絶対的効力は産業財産権と育成者権になる。不正競争は商品等表示が絶対的であるが，他は相対的効力となっている。

積極的効力は権利者自身が行使するのではなく，他者にライセンスするということも含められており，権利行使について権利の専有を認める専用実施権，専用利用権（特許法77条，商標法30条等）と権利が利用できる通常実施権，通常利用権（特許法78条，商標法31条等）の2種類が存在する。

権利侵害に対する排他的効力として民事上は差止請求権，損害賠償請求権，不当利得返還請求権及び信用回復措置請求権が存在する。また，刑事制裁も規定されている（特許法196条，商標法78条，著作権法119・120条，不正競争防止法21条等）。

6-2 特許権の効力

特許権者は業として特許発明の実施をする権利を専有するが（特許法68条），「業として」とは個人的実施や家庭内での実施を除くものである。

実施できる特許の技術範囲は特許願書に添付した「特許請求の範囲」（クレーム）であるが（特許法70条），特許請求の範囲と異なるところがあっても，①差異部分が特許発明の被本質的部分である，②差異部分と対象製品等を置換しても効果が同一である，③特許発明の出願時に当業者が置換の可能性に容易に想到することができる，④対象製品等が，特許発明の出願時における公知技術と同一または当業者がこれから出願時に容易に推考できたものではない，⑤対象製品等が特許請求の範囲から意識的に除外されたなどの特段の事情がない，場合には「均等論」が成立して権利侵害となる（最判平10・2・24民集52・1・113）。

6-3 実用新案権の効力

実用新案権者は，業として登録実用新案の実施をする権利を専有する（実用新案法16条）が，無審査で権利取得ができるため無効な実用新案が多く存在しうる。そのため特許庁の審査官が作成した実用新案技術評価書（実用新案法12条）を提示して警告をした後でなければ権利行使をすることができない（実用新案法29条の2）。

6-4 意匠権の効力

意匠権者は，業として登録意匠及びこれに類似する意匠の実施をする権利を専有する（意匠法23条）。類似の判断手法としては需要者にとって（意匠法24条2項）意匠の要部を特定し要部の判断をしたうえで，構成全体の観察も行うことになる。

6-5 商標権の効力

商標権者は指定商品または指定役務について登録商標の使用をする権利を専有する（商標法24条）。指定商品・役務とは出願時に商標を何に対して使用するか指定するもので，商標法施行令1条別表に定める区分に従う必要がある（商標法6条）。使用については商標法2条3項で規定しているが，需要者が商標と

して使用していると認識できる様態（商標的使用）でなくてはならない（商標法26条1項6号）。指定商品を包装容器として「巨峰」という登録商標を得ても，他者が果物の巨峰を「巨峰」と印刷した段ボールで出荷した場合，包装容器の商標としては「巨峰」を使用していないので権利侵害とはならない（福岡地飯塚支判昭46・9・17無体集3・2・317）。

　上述の同一商標かつ同一商品・役務の場合は専用権としての権利であるが，類似の場合にはみなし侵害となり禁止権となる（商標法37条）。禁止権の拡張として，著名な商標が登録を受けることで商品・役務が非類似でも禁止権の対象とできる防護標章制度がある（商標法64条）。

　地理的表示も禁止権だが，権利者が差止を求めるのではなく国が表示の除去等の措置命令を行うという形式になっている（地理的表示法5条）。

6-6　著作者の権利，著作隣接権

　著作権法で保護される権利は著作者の権利と著作隣接権になる。創作者たる著作者に与えられるのが著作者の権利であり，コピーライトとして英米法から発展した財産権としての著作権と大陸法由来で人格権としての著作者人格権に分けられる。著作権は著作物を複製する権利である複製権（著作権法21条）があり，その他に演劇の上演や音楽の演奏に対しての上演，演奏権（著作権法22条），二次的著作物に関する翻案権（著作権法27条）等の支分権に分かれている。著作者人格権として，著作物の公表に公表権（著作権法18条），創作者表示についての氏名表示権（著作権法19条），題号や著作物の改変についての同一性保持権（著作権法20条）がある。

　著作隣接権は著作物に対する権利ではなく，歌唱や演技等の実演家，テレビや有線放送等の放送，有線放送，音楽を録音するレコード製作者といった，著作物を広く世に伝達する行為を保護するものである（著作権法89条）。

　著作者の権利は権利が大きくなりやすく保護と利用のバランスをとることが必要になる。そのため引用，私的使用や教育目的等の場合に権利制限規定を定め，権利者の許諾を要せず自由使用が可能となる（著作権法30〜47条の7）。

第2節　競争法

1　競争法の目的

契約自由の原則があるように市場は自由であることが原則である。しかし完全に自由競争に任せてしまっては，独占的な力をもった企業により不当な競争を強いられることもある。そこで，公権力が一定の範囲で競争に介入することで，公正な競争をもたらすことが必要になり，競争法として保護を行う。

競争法のなかで中心的な位置を占める独占禁止法は企業間の公正な競争を失わせるような事業者の行為を禁止し，消費者の利益を確保し，経済の健全な発展を図るためのものである（独占禁止法1条）。

2　独占禁止法

独占禁止法（私的独占の禁止及び公正取引の確保に関する法律）で規制するのは行為規制と構造規制である。行為規制はカルテルやダンピングのような事業者の競争制限的行為を規制するもので，構造規制は会社合併や分割のような企業の組織の変更により競争が制限を受ける場合の規制である。

行為規制では「私的独占」「不当な取引制限」「不公正な取引方法」という行為を規制している。

2−1　行為規制

独占禁止法は対象となる「事業者」と，その競争範囲である「一定の取引分野」の策定が重要である。

事業者とは商業，工業，金融業その他の事業を行うものを指し（独占禁止法2条1項），事業性は「なんらかの経済的利益の供給に対応し反対給付を反復継続して受ける経済活動を指す」（最判平1・12・14民集43・12・2078）ものであり，営利性は問わないことから地方公共団体の経営する事業活動体等も事業者となるとされる。一定の取引分野とは，競争関係が成り立つ市場を指し，需要や供給の代替性が存在するか否かについて取引の主体・客体や地域等を総合的に判断する。

(1) 私的独占

事業者が他の事業者の事業活動を排除し，または支配することにより，公共の利益に反して，一定の取引分野における競争を実質的に制限することを私的独占として規制している（独占禁止法2条5項）。

不当廉売等で他の事業者を市場から撤退させることを「排除型私的独占」，他の事業者の株式を買い占める等で意思決定に影響を与えることを「支配型私的独占」という。

(2) 不当な取引制限

不当な取引制限は，他の事業者と共同して，相互にその事業活動を拘束し，又は遂行することにより，公共の利益に反して，一定の取引分野における競争を実質的に制限することである（独占禁止法2条6項）。複数の事業者による価格制限の合意である価格カルテル，生産・出荷数量の制限を行う数量カルテル，競争入札で入札参加者が協力し合い，入札者と入札価格を決定する入札談合が代表的なものとなる。

(3) 不公正な取引方法

不公正な取引方法は，公正な競争を阻害させる取引方法について独占禁止法で，①共同の取引拒絶，②差別対価，③不当廉売，④再販売価格拘束，⑤優越的地位の濫用，という5つがあり（独占禁止法2条9項1〜5号），その他包括的な行為は公正取引委員会による指定で要件を明確化している（独占禁止法2条9項6号）。指定にはすべての事業者に適用される一般指定と特定の業種に適用される特殊指定がある。

2-2 構造規制

特定の事業者の規模が大きくなりすぎると，事業支配力が発生し公正な競争が保てない。そのため，企業結合という形で組織を変更することは規制を受ける場合がある。企業結合は他の会社の株式を保有する株式保有（独占禁止法10条）や合併（独占禁止法15条）等，6つの類型が規定されている。

企業結合はすべてが規制対象となるのではない。事業者の規模が大きい場合等に公正取引委員会の審査が必要となり，競争を実質的に制限しないか，不公

第24章　企業関係をめぐる規律2　知的財産法と競争法　281

正な取引方法によるものでない場合には企業結合が認められる。

2-3 独占禁止法違反

公正取引委員会は審査を行い独占禁止法違反が認められる場合には，行為を排除するために排除措置命令を出すことができ（独占禁止法7条・20条），課徴金納付命令も認められている（独占禁止法7条の2・20条の2〜20条の7）。なお，刑事罰もあり，懲役及び罰金刑が認められている（独占禁止法89条）。

私的独占等で不利益を被った私人は差止請求をすることができ（独占禁止法24条），損害賠償も請求することができる（独占禁止法25条）。排除措置命令が確定した場合の損害賠償は無過失責任となる（独占禁止法26条）。

3 他の法律

独占禁止法で規制される不公正な取引方法には不当な利益による顧客誘引がある（一般指定9項）。これを消費者保護の観点から法律として明確化したものに景品表示法がある。景品表示法は，広告等の表示について消費者が実際のものよりも著しく優良や有利であると誤認させる行為（景品表示法5条）や，物を買うときに付けるおまけやくじ引きの懸賞商品等を指す「景品」を，商品を買うときの合理的選択を確保できない射幸心をあおるような高額の内容にすること等を規制している（景品表示法4条）。

下請代金支払遅延等防止法は下請業者を保護するため，下請取引についての不当な行為について規制する法律である。これは，独占禁止法の不公正な取引方法で規定する優越的地位の濫用に基づくものであり，親請業者と下請業者の関係上，弱い位置に置かれる下請業者を厚く保護するものである。

【参考文献】

愛知靖之・前田健・金子敏哉・青木大也『LEGAL QUEST 知的財産法（第2版）』有斐閣，2023年。
中山信弘『特許法（第5版）』弘文堂，2023年。
加戸守行『著作権法逐条講義（7訂新版）』著作権情報センター，2021年。
白石忠志『独占禁止法講義（第10版）』有斐閣，2023年。

（宮下義樹）

第25章

企業関係をめぐる規律 3 労働法制と社会保障法

第1節 労働法の意義

　近代資本主義は，契約自由の原則，過失責任主義の下で発展したが，これらの原則を労働関係に適用することには限界があった。形式的には労使は対等であるが，実質的には労使に交渉力の格差があるため，労働者は低賃金，長時間労働などを受け入れざるをえない。そのため，市民法の修正が必要とされ，労働法が生まれたのである。

第2節 労働法の体系

　労働法は，①労働者と使用者の関係を規律する「個別的労働関係法」，②労働力の需給関係を規律する「労働市場法」，③労働組合と使用者の関係を規律する「集団的労働関係法」に分類できる。労働法とはこれらの総称である。

　個別的労働関係法は，国家権力が個々の労働者保護のために労働者と使用者との関係に直接的な介入を行い，労働条件の最低基準を定める。中心となる労働基準法のほか，最低賃金法，労災保険法，男女雇用機会均等法，育児介護休業法，パート・有期法，労働契約法など近年，発展・充実が著しい分野である。

　労働市場法は，労働者が労働によって自己の生活を支えていることを考慮して，労働者に雇用機会を保障することで，その生活保障を図ることを目的とするものである。中心となる労働者派遣法のほか，雇用保険法，職業安定法，障害者雇用促進法，高年齢者雇用安定法など近年，発展・充実が著しい分野である。

集団的労働関係法は，労働者に団結権・団体交渉権・団体行動権を認めることで，労使関係における実質的不平等を克服し，より良い労働条件を獲得しようとするものである。中心となる労働組合法のほか，労働関係調整法などがある。なお，集団的労働関係法については第4編第13章第2節5「労働基本権」の項を参照されたい。

第3節　個別的労働関係法

1　労働基準法と労働契約法

個別的労働関係法は，労働基準法と労働契約法に分かれる。労働基準法は，労働条件の最低基準を定めたものであり，最低基準に満たない労働条件を定めていた場合，その労働条件を無効にし（強行的効力），労働基準法（以下「労基法」）に定める基準に置き換えられる（直律的効力，労基法13条）。その実現のために，労働基準監督署が監督，摘発，指導を行い（労基法97条〜105条），労基法に違反した事業主には刑事罰が適用される（労基法117条〜121条）。

一方，労働契約法は，労働者と使用者とが結ぶ雇用契約の基本原則を定めた法律で，労働契約上の権利義務に関して幅広く規定し，労働契約は労使が対等な立場で，合意，締結，変更するものであるため，任意法規であり，罰則はない。民法の特別法である労働契約法（以下「労契法」）は，国家公務員及び地方公務員には適用されない（労契法19条1項）。

2　労働者

働く者は労働者であるが，すべての労働者が労基法上の保護を受けることができる労働者とは限らない。例えば，請負や委任のような働き方の場合，労基法上の保護は受けられない。労基法は，労働者を1人でも使用する事業場に適用される。ただし，同居の親族のみを使用する事業所や家事使用人には適用されない（労基法116条2項）。労基法9条の労働者に該当すれば，労基法の保護を受けることができるが，そうでなければ，保護を受けることができない。労働者と認められるためには，①使用者の指揮監督の下に労働すること，②労務提供と賃金支払いが対価関係にあること，が必要であると一般に考えられている。

近年，働き方の多様化によって，雇用契約なのか業務委託契約なのか区別しにくい働き方も増えてきている。2023年にフリーランスについては，フリーランス保護法が成立した。労基法上の労働者の判断は，①仕事の依頼，業務指示等に対する諾否の有無（業務遂行上の指揮監督の有無，勤務場所・勤務時間に対する拘束性の有無，労務提供の代替制の有無）や，②報酬の労働対償性に着目したうえで，事業者制の有無（機械器具の負担関係，事業損害に対する責任）や専属性の程度などを加味して総合的に判断している（横浜南労基署長（旭紙業）事件，最一小判平8・11・28労判714・14）。

なお，労災保険法上の労働者や最低賃金法上の労働者も労基法上の労働者と同じ枠組みで判断される。

3　労働契約

「労働契約は，労働者が使用者に使用されて労働し，使用者がこれに対して賃金を支払うことについて，労働者及び使用者が合意することによって成立する」（労契法6条）。労働契約は双務・有償契約であるから，労働と賃金が主たる権利義務となる。また，付随的義務として，労働者は，企業の秩序を乱さない企業秩序保持義務，職務上知りえた秘密を漏らさない秘密保持義務などを負う。一方，使用者は労働者の生命，身体の安全を確保しつつ労働することができるように配慮をする安全配慮義務（川義事件，最三小判昭59・4・10民集38・6・557，労契法5条），パワハラやセクハラを防止し，働きやすい職場環境を整える職場環境配慮義務などを負っている。

以下では，労働契約についての主要な労働問題と近年なっている，就業規則，労働時間，有給休暇，労働契約の終了，非正規雇用について説明する。

3−1　就業規則

就業規則とは，多数の労働者を使用するため，労働条件を統一的・画一的にするために使用者が一方的に定める職場内のルールである。就業規則は，「常時10人以上の労働者を使用する使用者」に作成義務と届出義務を課している（労基法89条）。

就業規則には，労働契約の内容を定型的に定め，変更する効力があるため，使用者が一方的に作成した就業規則が労働契約になることがある。それは，「合

理的」な労働条件を定めた就業規則を「周知」させれば，就業規則所定の労働条件が労働契約の内容になる（労契法7条）。

就業規則は，法令や労働協約に反してはならない（労基法92条1項）。

これに対して，労働協約の基準を上回る就業規則の規定も無効になるかについては，労働協約の有利性原則の問題として考えられるが，日本はドイツと異なり，一般に有利性原則は否定される。なお，労働協約については，第4編第13章第2節7労働協約の項を参照されたい。

法令，労働協約，就業規則，労働契約の関係は，法令＞労働協約＞就業規則＞労働契約の関係が基本的に成り立つ。ただし，労契法7条但書によって，特約を交わしていた場合，就業規則＜労働契約となる場合もある。

3－2 労働時間

労働時間には，労基法32条に定められた「法定労働時間」，就業規則による労働契約上の「所定労働時間」，実際に働いた「実労働時間」があり，労働時間規制が行われている。

労基法上の労働時間は，拘束時間から休憩時間を引いた実労働時間である。使用者の指揮命令下にある時間は労働時間にあたる。そのため，作業と作業のあいだに待機している手待ち時間も労働時間である。また，業務に関連した準備または後片付けが義務づけられまたは余儀なくされていれば労働時間で，例えば，朝礼の時間は労働時間である。

法定労働時間を超える時間外労働は，36協定を締結していなければならない。そして，8時間を超えて働かせた場合，労働者に対して25％の割増賃金を支払わなければならない。また，1カ月の時間外労働時間数が60時間を超えた場合，50％の割増賃金を支払わなければならない。深夜労働をさせた場合，25％の割増賃金を支払わなければならない（労基法37条）。

3－3 有給休暇

労働者は「6カ月継続勤務＋全労働日の8割以上出勤」という条件を満たすと有給休暇が発生する（労基法39条）。その付与日数は表25－1の通りである。

また，年5日の年休の確実な取得が使用者の義務になり，その対象労働者は，

表 25－1

(1) 通常の労働者の付与日数

継続勤続年数（年）	0.5	1.5	2.5	3.5	4.5	5.5	6.5 以上
付与日数（日）	10	11	12	14	16	18	20

(2) 週所定労働日数が4日以下かつ週所定労働時間が30時間未満の労働者の付与日数

週所定労働日数	1年間の所定労働日数※	継続勤務年数（年）					
		0.5	1.5	2.5	3.5	4.5	5.5	6.5 以上
4日	169日～216日	7	8	9	10	12	13	15
3日	121日168～日	5	6	6	8	9	10	11
2日	73日～120日	3	4	4	5	6	6	7
1日	48日～72日	1	2	2	2	3	3	3

付与日数（日）

年休の付与日数が10日以上の者である（表25－1で10日以上比例付与されるパートなども対象になる）。

3－4 労働契約の終了

　労働契約の終了には，①労使の合意による労働契約を終了させる合意解約，②労働者からの一方的な解約の意思表示である辞職，③使用者からの一方的な解約の意思表示である解雇，がある。

　②辞職で，期間の定めのない労働契約の場合，2週間前に予告すれば「いつでも」自由に辞職できる（民法627条）。一方，期間の定めのある労働契約の場合，「やむを得ない事由」が必要（民法628条）である。ただし，1年を超える期間の定めがある労働契約を締結した労働者は，1年を経過した日以後においては，自由に辞職することができる（労基附則137条）。

　③使用者による解雇の場合，「客観的に合理的な理由を欠き，社会通念上相当であると認められない」解雇は無効である（労契法16条）。また，解雇は労働者にとって経済的打撃が大きいため，使用者に対して30日前に解雇予告をするか，30日分以上の平均賃金を支払うことを義務づけている（労基法20条）。

　解雇は労働者の責に帰すべき事由によるもの，例えば，能力不足による普通

第25章　企業関係をめぐる規律3　労働法制と社会保障法　287

解雇や会社の金を横領したことによる懲戒解雇があるが，整理解雇は経営上の事由によりなされ，労働者自身に解雇される事由はない。そのため，整理解雇する場合，整理解雇の4つの基準によって判断がなされる。それが，①経営上の必要性（人員削減の必要性），②解雇回避措置（解雇回避努力義務），③人選の合理性（被解雇者選定の合理性），④手続の履践（手続の妥当性），である。上記4つの基準すべてを満たさなければならないとする4要件説（東洋酸素事件，東京高判昭54・10・29労判330・71）と4つすべてを満たす必要はなく総合考慮する4要素説（ナショナルウェストミンスター銀行事件，第3次仮処分）（東京地決平12・1・21労判782・23）がある。

4　非正規雇用

　非正規雇用とは，期間の定めのない労働契約で直接雇用されている正社員以外の雇用形態全般を指し，①期間の定めのある「有期労働者」，②フルタイムでない「パート（アルバイト）」，③企業に直接雇用されていない「派遣労働者」が非正規雇用にあたる。有期労働契約の場合，契約期間に上限がある。原則3年，例外5年である（労基法14条）。有期契約期間中の中途解約は「やむを得ない事由がある場合でなければ」期間途中で解雇することはできない（労契法17条）。

　一方，契約期間満了後に再度労働契約を締結する契約更新は認められているが，必要以上に短い期間を定めることにより，その有期労働契約を反復して更新することのないよう配慮しなければならない。また，何度も契約を反復更新すると雇い止め法理が適用される（労契法19条）。有期労働契約が繰り返し更新され，通算5年を超えたときは，労働者の申し込みにより無期労働契約に転換される（労契法18条）。この場合の労働条件は，別段の定めのない限り，直前の有期労働契約と同一となる。

　パート・有期法8条で，正社員と非正規社員の間で，基本給や賞与などあらゆる待遇について不合理な差を設けることが禁止され，パート・有期法14条で，非正規社員は正社員との待遇差の内容や理由などについて事業主に説明を求めることができる。

第4節　労働市場法

　雇用の原則は，直接雇用であるから，間接雇用は例外で，正社員の雇用を脅かすことがあってはならない。そのため，派遣労働は1985年に労働者派遣法が制定されるまでは，労働者供給事業の一形態として職業安定法44条によって全面禁止されていた。制定当初の派遣法は，労働者派遣を原則禁止し，例外的に認める業務を規定していた。しかし，政府主導の規制緩和により，1999年の改正により，労働者派遣は原則解禁となり，例外として認められない業務を規定するようになった。その後，偽装請負や日雇い派遣などが社会問題化し，派遣法の規制強化がなされ，①日雇い派遣の原則禁止，②グループ企業の8割規制，が導入された。

　しかし，2015年の法改正で，規制緩和がなされ，①特定労働者派遣事業と一般労働者派遣事業の区別を廃止し，新たな許可基準に基づく許可制，②業務の種類による期間制限による区分（26業務，自由化業務）を廃止し，派遣元に期間の定めのある労働契約を締結している派遣労働者は，派遣先事業所単位の期間制限，派遣労働者個人単位の期間制限の設置，③キャリアアップ措置，④均衡待遇の推進，⑤労働契約申し込みみなし制度，が導入された。2018年の働き方改革関連法による改正で，派遣労働者の待遇改善を図った。

第5節　社会保障

　社会保障は，社会保険，公的扶助，社会福祉，公衆衛生からなる。社会保険は，医療保険，年金保険，雇用保険，労災保険，介護保険からなり，人生において遭遇するさまざまなリスク（病気，労働災害，失業など）に備えて，人々があらかじめ保険料を出し合い，保険事故にあった人に金銭やサービスを支給するものである。公的扶助としては生活保護法があり，この法律によって，生活，教育，住宅，医療，出産，生業，葬祭に関わる費用が扶助の対象となっている。社会福祉として，児童福祉法，身体障害者福祉法，老人福祉法などがあり，子どもへの保育や障害者などへの福祉サービスなどを提供し，生活の安定や自己実現を支援する。公衆衛生として，感染症予防法，食品衛生法などにより，疾

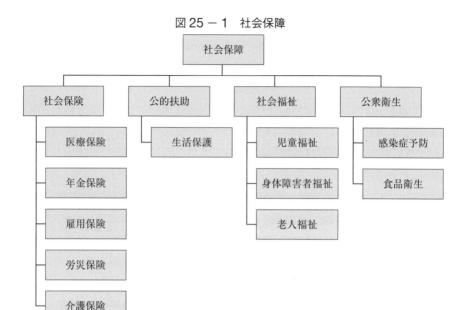

病予防と疾病発生時の医療機関や行政機関の対応が定められている（図 25 − 2）。

【参考文献】
菅野和夫・山川隆一『労働法（第 13 版）』弘文堂，2024 年。
髙橋雅夫編『Next 教科書シリーズ　法学（第 3 版）』弘文堂，2020 年。
荒木尚志『労働法（第 5 版）』有斐閣，2022 年。
新谷眞人『Next 教科書シリーズ　労働法（第 2 版）』弘文堂，2019 年。
佐藤邦憲編『エッセンシャル実定法学』芦書房，2009 年。

（松井丈晴）

第 7 編　法の各領域 4

犯罪と法

第26章

犯罪と刑罰

第1節　刑法の基礎

1　刑法とはどのような法なのか

　刑法とは，犯罪と刑罰に関する法であり，どのような行為が犯罪となり，それに対してどのような刑罰が科せられるのかを定めた法を意味する（実質的意味における刑法）。例えば，刑法199条の条文を読んでみると「人を殺した者は，死刑又は無期若しくは5年以上の拘禁刑に処する」とある。これは殺人罪の規定であるが，前段では「人を殺した者は」という形で犯罪となる行為が規定されている。後段では，「死刑又は無期若しくは5年以上の拘禁刑に処する」という形で犯罪に科せられる刑罰が規定されている。

　犯罪と刑罰を定めた最も代表的な法が刑法典（形式的意味における刑法）であり，第1編には「総則」（1条〜72条）が，第2編には「罪」（72条〜264条）が定められている。第1編「総則」はすべての犯罪に共通する犯罪の一般的な成立要件を規定したものであり，これを学習する分野を「刑法総論」という。一方，第2編「罪」は殺人罪や窃盗罪といった個別の犯罪類型を定めたものであり，これを学習する分野を「刑法各論」という。本章では「刑法総論」を扱うこととし，「刑法各論」は次章で扱いたい。

　なお，犯罪と刑罰に関する法は，刑法典だけでなく，特別法（ハイジャック処罰法や軽犯罪法など）や行政刑法（道路交通法や公職選挙法など）のなかにも存在する。刑法典に規定されている刑罰法規を一般刑法と呼び，刑法典以外の法律に規定されている刑罰法規を特別刑法という。刑法典の第1編「総則」の規定は，刑法8条の規定により刑法典以外の刑罰法規（特別刑法）にも適用される。

2　刑法の機能

刑法には，①行為規制機能，②法益保護機能，③人権保障機能，という3つの重要な機能がある。

2-1　行為規制機能

行為規制機能とは，犯罪と刑罰を刑罰法規によって市民にあらかじめ示すことで，市民の行動を規制する機能をいう。例えば，先の殺人罪の規定からは「人を殺めてはいけない」という禁止を読み取ることができる。つまり，刑法は一定の行為（作為・不作為）を犯罪として処罰することを予告することで市民にそれらの行為を思いとどまらせる役割を果たすのである。

2-2　法益保護機能

刑法が一定の行為を規制することによって保護・実現しようとしている利益を「法益」という。刑法は，刑罰の威嚇によって人を犯罪行為から遠ざけ，その結果として，私たちの生命や身体，財産，名誉といったさまざまな法益を保護する役割を果たしている。このような刑法の機能を法益保護機能という。

2-3　自由保障機能

犯罪と刑罰は，刑罰法規によって市民にあらかじめ示されていなければならない（罪刑法定主義）。つまりそれは，刑罰法規に定められた行為をしない限り，処罰されたり犯人が不当に重い刑罰を科せられたりしないということが保障されることを意味する。国家の恣意的な刑罰権の行使や濫用から国民を守り，市民の行動の自由を保障するという刑法の機能を自由保障機能という。刑法が「善良な市民のマグナ・カルタ」であると同時に「犯罪人のマグナ・カルタ」であるといわれるのは，このためである。

第2節　刑法の基本原則

1　罪刑法定主義

罪刑法定主義とは，どのような行為が犯罪となり，それに対してどのような刑罰が科せられるのかが，あらかじめ成文の法律によって定められていなけれ

ば罰せられることはないという原則である。「法律なければ犯罪なし，法律なければ刑罰なし」という格言で表される近代刑法の大原則である。罪刑法定主義は，①法律主義，②類推解釈の禁止，③遡及処罰の禁止，④刑罰法規適正の原則，という4つの具体的内容をもっている。

1-1　法律主義

　犯罪と刑罰は，国会で制定される成文の法律によって明確に定めなければならない。これを法律主義という。したがって，不文法である慣習法や条理による処罰は禁止される（慣習刑法の排除）。また，刑罰も法定されていなければならないため不定期刑も禁止される（絶対的不定期刑の禁止）。

1-2　類推解釈の禁止

　刑法の条文解釈については厳格な解釈が要請される。それは，恣意的な条文解釈に基づいて刑法が運用されると個人の自由が侵害されることになるためである。とくに，法律に規定されていない事項について，これと類似の事項に関する規定を適用することは許されない（類推解釈の禁止）。

　ただし，被告人の有利になるように類推解釈することや規定の趣旨に沿うように字義を広げて拡張解釈することは許される。

1-3　遡及処罰の禁止

　刑罰法規をその施行前の行為に遡って適用することは禁止されている（憲法39条）。これを遡及処罰の禁止あるいは事後法の禁止という。行為時に犯罪とされていなかった行為を，行為後に制定された刑罰法規を遡及的に適用して処罰すると，国民の予測可能性が奪われることになり，結果的に刑法が自由保障機能を果たせなくなるからである。同様の理由により，犯罪行為後に刑罰法規を改正して遡及的に重い刑罰を科すことも禁止されている。

1-4　刑罰法規適正の原則

　刑罰法規の内容は，適正なものでなければならない（刑罰法規適性の原則，実体的適正の原則）。日本国憲法31条は「何人も，法律の定める手続によらなければ，その生命若しくは自由を奪はれ，又はその他の刑罰を科せられない」と

規定している。ここでいう「法律の定める手続」とは法律の定める適正な手続を意味する。この「適正」には手続法の適正だけでなく実体法上の刑罰法規の内容の適正も含まれると考えられている（実体的デュー・プロセスの理論）。それは，手続が適正であっても刑罰法規の内容が適正なものでなければ，個人の自由を不当に侵害することになるためである。

したがって，犯罪と刑罰はその内容と程度において適正なものでなければならない（罪刑均衡の原則）。また，刑罰法規の内容は明確なものでなければならない（明確性の原則）。犯罪と刑罰が不均衡な場合や刑罰法規の内容が不明確な場合は，憲法31条や36条に違反し無効となる。

2　責任主義

犯罪行為が行われたとしても行為者に責任がなければ刑罰を科すことはできない（責任主義）。「責任なければ刑罰なし」と表現されるように，行為者に責任を問うことができなければ刑罰を科すことはできない。刑罰を科すためには違法行為を行ったことについて行為者を非難できることが必要となる。

したがって，各個人は自らの行為についてのみ責任を負い，連座制のように他人の行為などを理由に責任を負わされることはない。

3　謙抑主義

犯罪の効果としての刑罰は，人の生命や自由，財産を奪う最も厳しい制裁手段であり，その性質上個人の人権を大きく制限するものである。したがって，刑法はあらゆる違法行為を処罰の対象とするのではなく，とくに処罰の必要性が認められ，他の手段（民事制裁や行政制裁など）では法益を十分に保護することができない行為のみ，「最後の手段」として処罰の対象とすべきである。刑罰はなるべく必要最低限に規定・執行されなければならない。

第3節　犯罪の成立要件

1　犯罪の一般的成立要件

刑法学における「犯罪」とは，「構成要件に該当する違法かつ有責な行為」であると定義される。ここで重要なことは，犯罪はまず何よりも「人の行為」で

なければならないという点である。「行為」とは「意思に基づく身体の動静」である。したがって、行為として外部に現れない限り思想や人格が犯罪として処罰されることはない。

ある行為が犯罪として処罰の対象となるかどうかは、①構成要件に該当する行為であるか（構成要件該当性）、②違法な行為であるか（違法性）、③有責な行為であるか（有責性）、という3段階の評価を経て決定される。この3つの要素が、すべての犯罪に共通する一般的な犯罪成立要件である。

2　構成要件該当性

構成要件とは、刑罰法規に規定された犯罪行為の類型である。例えば、刑法199条の「人を殺した者は」という部分は殺人罪の構成要件である。刑法235条の「他人の財物を窃取した者は」という部分は窃盗罪の構成要件である。

犯罪が成立するためには、まず行為が構成要件に該当することが必要となる。構成要件に該当しない行為は、たとえ反社会的な行為であっても処罰の対象にはならない。例えば、不倫行為は、現行刑法上に処罰規定（構成要件）が存在しないため犯罪とはならない（刑法183条参照）。

ある行為が構成要件に該当するかどうかを判断するためには、①行為の主体と客体、②行為、③結果、④行為と結果とのあいだにおける因果関係、⑤故意・過失、などの要素について検討する必要がある。

2-1　行為の主体と客体

刑法上、行為の主体は「～した者」と規定されている。この「者」とは自然人を指す。第3節-1において「犯罪は人の行為でなければならない」と述べたのはこのためである。法人が行為の主体となり得るかについては見解が分かれている。かつてはこれを否定する見解が有力であったが、現在は法人処罰規定がある場合には法人も行為の主体となりうるとする見解が通説である。

行為の客体は、行為の向けられる有形的な物または人である。客体は保護法益とは異なる概念であるため混同しないように注意してほしい。なお、単純逃走罪（刑法97条）のように行為の客体が存在しない場合もある。

2-2 行為（実行行為）

「行為」とは，「人の意思に基づく身体の動静」である。動静とあるように，行為には作為だけでなく不作為も含まれる。作為とは積極的に動作をすることであり，不作為とは期待された作為をしないことである。例えば，監護者が子供に食事を与えず放置し餓死させるような場合である。

行為（作為・不作為）のうち，法益侵害の現実的危険性を有し構成要件に該当すると認められる行為を実行行為という（実質的客観説）。

2-3 結果

犯罪が成立するためには，何らかの結果の発生が必要となる。犯罪の成立に必要とされる「結果」は犯罪類型によって異なっており，「行為客体の状態の変化」が必要な場合もあれば，「一定の行為（身体の動静）」で足りる場合もある。

殺人罪（刑法199条）における「人の死」や窃盗罪（刑法235条）における「窃取（占有の移転）」のように，「行為客体の状態の変化」という結果の発生が構成要件の要素とされている犯罪を結果犯と呼ぶ。

他方，偽証罪（刑法169条）における「虚偽の陳述をした」や住居侵入罪（刑法130条）における「他人の住居などに侵入した」のように，一定の行為が行われたという結果だけを構成要件の要素とする犯罪を挙動犯という。

2-4 因果関係

因果関係とは，その行為から結果が生じたという原因と結果の関係である。結果犯においては，実行行為と結果とのあいだに因果関係があることが必要となる。

行為と結果とのあいだに因果関係があるというためには，その前提としてまず「条件関係（当該行為がなければ，当該結果は発生しなかったという関係）」が必要となる。「AがなくともBあり」という場合はAとBのあいだの条件関係は否定される。ただ，条件関係さえあれば刑法上の因果関係が認められるとすると，因果関係が認められる範囲が広くなりすぎてしまう。そこで，因果関係を認めるためには単に行為と結果との条件関係が認められるだけでは足りず，その行為からその結果が生じることが一般人の経験上相当である（経験的通常性がある）といえることが必要とされる。この見解を相当因果関係説という。

因果関係の判断については，長らく相当因果関係説が通説的地位を占めてきた。しかし，1990年以降，結果に対する行為の寄与度は極めて高いのに，行為後に第三者や被害者の行為が介在して異常な因果経過をたどったという事例をとおして，相当因果関係説の問題点が指摘されるようになった。そこで，これを克服するため，条件関係の存在を前提に，行為の危険性が結果として現実化したときに刑法上の因果関係を認める見解（危険の現実化説）が有力に主張されるようになった。判例も現在は危険の現実化という枠組みを採用して因果関係を判断している（大阪南港事件，最決平2・11・20刑集44・8・837，トランク監禁事件，最決平18・3・27刑集60・3・382）。

2-5　故意・過失

(1)　故意

　刑法38条1項前段は，「罪を犯す意思がない行為は罰しない」と定めている。つまり，刑法が処罰の対象とするのは罪を犯す意思のある故意犯であり，行為者を処罰するためには原則として行為者に罪を犯す意思（故意）があったと認められることが必要となる。

　行為者に故意があったと認められるためには，①自分の行為が刑法上の罪に該当する行為にあたり（犯罪事実の認識），②法的に許されない行為であろうという認識（違法性の認識（意識の可能性）），③結果の発生の認容（結果が発生しても「かまわない」，「仕方がない」といった心理状態）が必要である。もっとも，違法性の認識が必要かどうかについては学説上見解が分かれている。

(2)　過失

　犯罪は故意によるものが原則であるが，刑法38条1項後段には「ただし，法律に特別の規定がある場合はこの限りではない」とも書かれている。つまり，法律でとくに過失を処罰する旨の規定が設けられている場合には，罪を犯す意思がない行為であっても例外的に処罰の対象となるということである。

　過失とは，不注意によって犯罪事実（行為，結果，因果関係）を発生させた場合をいう。行為者に過失があったといえるためには，①結果の発生を予見できたこと（結果の予見可能性），②通常の注意をしていれば結果を回避できたこと（結果の回避可能性），が必要となる。

3 違法性

犯罪が成立するためには，行為が構成要件に該当するだけでなく，法規範に反して許されないものと評価されなければならない。そこで，構成要件に該当する行為については，次に違法性の有無が検討される。構成要件は犯罪行為を類型化したものであるから，構成要件に該当する行為は一応法規範に反する違法な行為と推定される（構成要件の違法推定機能）。しかし，構成要件に該当する行為のすべてが犯罪行為となるわけではない。次のような正当化事由（違法性阻却事由）が認められる場合には違法性が阻却され，犯罪は不成立となる。

3-1 正当防衛

正当防衛とは，急迫不正の侵害に対して，自己または他人の権利を防衛するためにやむを得ずした行為をいう（刑法36条1項）。正当防衛が認められると違法性が阻却され犯罪は不成立となる。

正当防衛が認められるためには，①法益侵害が現に存在するかその危険が間近に迫っていること，②侵害行為が不正（違法）な行為であること，③自己または他人の権利（法益）を守るための行為であること，③防衛行為は，法益侵害者に向けられた必要最小限度のものであること，が必要である。防衛の意思が必要かどうかについては見解が分かれている。

3-2 緊急避難

緊急避難とは，自己または他人の生命，身体，自由または財産に対する現在の危難を避けるために，本来は無関係な第三者の法益をやむを得ず侵害する行為をいう（刑法37条1項）。正当防衛と緊急避難はどちらも緊急行為という点では共通しているが，正当防衛が法益侵害者に向けられた行為（不正対正の関係）であるのに対して，緊急避難は無関係な第三者の正当な利益に向けられた行為（正対正の関係）であるという点に違いがある。

緊急避難が「正対正」の関係にあることから，成立要件は正当防衛に比べて厳格に解されており，①法益侵害が現に存在するかその危険が間近に迫っていること，②法益侵害またはその危険を避けるための行為であること，③避難行為により生じた害が避けようとした害よりも小さいかまたは同等であること（法益均衡），④他に危険を回避する手段が存在しないこと（補充性），が必要とな

図26−1　犯罪の成否を判断するプロセス

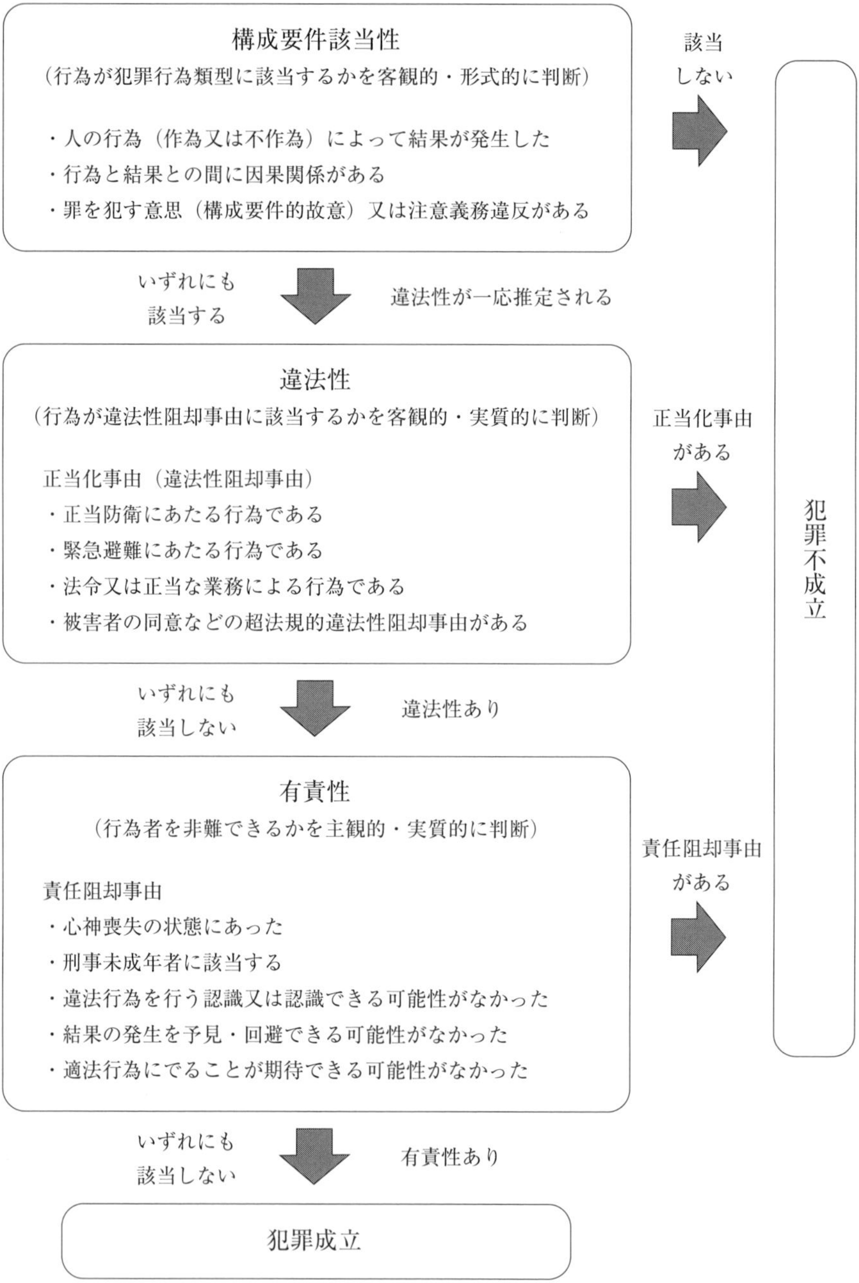

構成要件該当性
（行為が犯罪行為類型に該当するかを客観的・形式的に判断）

- 人の行為（作為又は不作為）によって結果が発生した
- 行為と結果との間に因果関係がある
- 罪を犯す意思（構成要件的故意）又は注意義務違反がある

該当しない

いずれにも該当する 違法性が一応推定される

違法性
（行為が違法性阻却事由に該当するかを客観的・実質的に判断）

正当化事由（違法性阻却事由）
- 正当防衛にあたる行為である
- 緊急避難にあたる行為である
- 法令又は正当な業務による行為である
- 被害者の同意などの超法規的違法性阻却事由がある

正当化事由がある

犯罪不成立

いずれにも該当しない 違法性あり

有責性
（行為者を非難できるかを主観的・実質的に判断）

責任阻却事由
- 心神喪失の状態にあった
- 刑事未成年者に該当する
- 違法行為を行う認識又は認識できる可能性がなかった
- 結果の発生を予見・回避できる可能性がなかった
- 適法行為にでることが期待できる可能性がなかった

責任阻却事由がある

いずれにも該当しない 有責性あり

犯罪成立

る。緊急避難の意思が必要かどうかについては見解が分かれている。

3-3 法令行為・正当行為

法令に基づく適法な行為（法令行為）や正当な業務による行為（正当業務行為）は，違法性が阻却される。法令行為には，警察官による被疑者の逮捕（刑事訴訟法199条）や住居等における捜索・差押（刑事訴訟法218条）などがある。正当業務行為には医師による治療行為などがある。

4 有責性

構成要件に該当する違法な行為を行ったとしても，それだけでは行為者に刑罰を科すことはできない。違法な行為をしたことに対して行為者を非難できることが必要となる。この非難ないし非難可能性のことを有責性（責任）という。

責任の有無は，責任能力（責任阻却事由）の有無，故意・過失の有無，期待可能性の有無によって決まる。

4-1 責任能力

責任能力とは，行為の是非善悪を判断し，その判断に従って行動を制御できる能力をいう。有責性が認められるためには，犯罪行為時，行為者に責任能力が認められることが必要である（行為と責任能力の同時存在の原則）。

(1) 心神喪失・心神耗弱者の行為

行為者が精神障害のために行為の是非善悪を判断する能力あるいは制御する能力を欠く場合は，行為者を非難することができず（責任が阻却され）犯罪は不成立となる（刑法39条1項）。心神喪失の状態には至らないが責任能力が著しく減退していた者（心神耗弱）については，責任は阻却されず刑が減軽されるにとどまる（刑法39条2項）。

(2) 刑事未成年者の行為

14歳未満であった者が行った違法な犯罪行為は，責任能力が否定され処罰されない（刑法41条）。ただし，刑事未成年者であっても刑罰法規に触れる行為をした場合は，「触法少年」として少年法で規定された保護処分（保護観察や少

年院送致など）の対象となりうる（少年法24条1項）。これは，柔軟性があって更生する可能性が高い（可塑性がある）という未成年者の特性を考慮し，刑事罰で対処するよりも教育的，福祉的施策で対処する方がふさわしいという政策的判断に基づいている。なお，罪を犯した満14歳以上20歳未満の者（犯罪少年）についても少年法が適用され，20歳以上の者とは異なる取扱いを受ける。

4-2 故意・過失

　故意と過失は，構成要件要素（本章第3節2-5）でもあるが，行為者への非難の重さに影響を与える要素であるから，責任要素でもある。故意犯は，「犯罪となるような危険な行為は差し控えるべき」という反対動機が形成されたにもかかわらず，「あえて犯罪行為に出た」ことに重い責任非難が向けられる。これに対して，過失犯は不注意で犯罪事実を発生させた（注意義務を怠った）ことに刑法上の非難が向けられ，「あえて犯罪行為に出た」という要素が存在しない。このため，故意犯は過失犯よりも重く罰せられる。

4-3 期待可能性

　行為者に責任能力が認められ，故意または過失があっても，それだけで行為者を非難することはできない。行為者を非難するためには，行為時に行為者が適法行為にでることを期待できる具体的状況が必要である。適法行為に出ることを行為者に期待できない場合には行為者を非難することはできない。

第4節　刑罰を拡張する事由

　犯罪は，①行為者が犯行を決意し，②犯行のための準備を行い，③犯罪の実行に着手し，④実行行為が終了し，⑤構成要件の要素をすべて実現する，という5つの段階を経て実現される。刑法が処罰の対象とするのは，⑤段階に到達した（構成要件に該当した）行為が原則である。ただ，刑法は構成要件に該当しない行為であっても一定の要件を満たす行為については処罰を予定している。このような構成要件に該当しない行為にまで刑罰を拡張する事由を刑罰拡張事由（修正された構成要件）という。これには，陰謀・予備，未遂，共犯がある。

1 陰謀・予備

陰謀とは，2人以上の者が一定の犯罪の実行を謀議し合意することをいう（①の段階）。内心の自由（憲法19条）に関わるため，①の段階では処罰の対象にはならないのが原則であるが，刑法は内乱罪（刑法78条）や外患誘致罪（刑法88条），私戦陰謀罪（刑法93条）に限ってのみ，例外的に個別の処罰規定を設けている。

予備とは，特定の犯罪を行う目的でその準備行為をしたものの，未だ犯罪の実行の着手に至らない段階（②の段階）の行為をいう。刑法は予備についても殺人や強盗，放火などの極めて重大な犯罪に限り，例外的に個別の処罰規定を設けている（刑法201条・237条・113条）。

陰謀・予備（準備行為）を処罰するためには，原則として，①構成要件をもってそれらの行為を罰する旨の個別の規定があり，②現実的かつ実質的な危険が発生する，ことが必要となる。

2 未遂

未遂とは，犯罪の実行に着手しこれを遂げなかった場合をいう（刑法43条）。個別の未遂犯処罰規定がある場合に限り例外的に処罰される（刑法44条）。例えば，人を殺す意思をもって殺人行為に着手したが，被害者を死亡させるに至らなかった場合，殺人の未遂犯処罰規定（刑法203条）により処罰される。

3 共犯

構成要件は，原則として単独の行為者による犯罪の実行（単独正犯）を予定している。しかし，現実には複数の関与者によって犯罪が実行される場合も多い。刑法はこのような共犯現象をとらえるために，その関与形態に応じて，共同正犯，教唆犯，幇助犯の処罰規定を設けている。

3-1 共同正犯

共同正犯は，2人以上の者が共同して犯罪を実行することをいう（刑法60条）。行為者は，たとえそれぞれが実行行為の一部しか分担していないとしても，事前の共謀に基づいて各自の行為を相互に利用し合い補充し合う関係にあるため，各自は実現された全体についての責任を負うことになる（一部行為の全部責任の

原則)。

　共同正犯が成立するためには，①2人以上の者が共同して犯罪を実行する意思（共同実行の意思）と，②共同して実行行為を行うこと（共同実行の事実）が必要となる。②については，共謀者の一部の者による実行行為でよいかどうかで見解が分かれている。共謀者の一部の者による実行行為でよいとすれば，共謀共同正犯を認めることができる。一方，共謀者全員の実行行為が必要であるとすれば，共謀共同正犯を認めないことになる。この議論は，直接実行行為を行った者の背後にいる首謀者（指示者）を正犯として処罰できるかどうかに関わる。判例は，大審院の時代から一貫して共謀共同正犯を認めており，最高裁も直接実行行為を分担しない者でも，他人の行為を自己の手段として利用し犯罪を実行したと評価できる場合は正犯となりうるとする（練馬事件，最大判昭33・5・28刑集12・8・1718）。学説においても判例の立場に賛同する肯定説が多数説となっている。

3-2　教唆犯

　教唆とは，犯行を決意していない者をそそのかして犯罪実行の決意を生じさせることをいう（刑法61条）。自ら犯罪を実行していないとしても，そそのかされた者が犯罪を実行した場合には正犯に適用される規定の法定刑の範囲内で処罰される。

3-3　幇助犯

　幇助とは，実行行為以外の方法（凶器や資金などの調達などのように犯罪の実現を容易にする手助け）によって，既に犯行を決意している者（正犯）の犯罪実行を援助することをいう。手助けを受けた正犯者が犯罪を実行した場合には正犯に適用される規定の法定刑を減軽した刑によって処罰される（刑法63条）。

第5節　刑罰論

1　刑罰の本質

　刑罰とは，犯罪に対する法律上の効果（制裁）として国家が犯罪者に科す法益の剥奪をいう。なぜ国家は犯罪者に刑罰を科すことができるのかという刑罰

の本質については，従来から，刑罰は犯罪に対する応報であるとする応報刑論と，刑罰は犯罪を抑止する目的で科せられるとする目的刑論とが対立している。目的刑論は，さらに，一般人の犯罪予防に刑罰の本質を求める一般予防論と，罪を犯した行為者の将来の犯罪予防に刑罰の本質を求める特別予防論とに分かれる。現在の通説は，刑罰が応報であることを認めつつも，同時に刑罰は犯罪防止にとって必要かつ有効でなくてはならないとする相対的応報刑論である。

2　刑罰の種類

　刑法は，①死刑，②拘禁刑，③拘留，④罰金，⑤科料，⑥没収の6つを刑罰として定めている（刑法9条）。このうち，死刑から科料までの刑罰を主刑といい，犯罪者に単独で科すことができる。没収は付加刑といい，それだけを独立して科すことはできず，主刑に付随してのみ科すことができる。

　現行法上は，人の生命を奪う生命刑（死刑），行動の自由を奪う自由刑（拘禁刑，拘留），犯罪者の財産を奪う財産刑（罰金，科料，没収）だけが刑罰として科すことが許される。人の身体に対して害を加える身体刑，追放や居住制限などの自由刑，人の名誉を奪う名誉刑などを刑罰として科すことは許されない。

　なお，従来の「懲役」と「禁固」は，2022年6月13日成立の「刑法等の一部を改正する法律」により廃止され，新たに創設された「拘禁刑」に一本化された（拘禁刑の施行日は2025年6月1日）。さらに，再犯防止のため各受刑者の特性に応じて柔軟な処遇を行うことを目指し，拘禁の受刑者に対して改善更生を図るために必要な作業を行わせ，または必要な指導を行うことができるようになった（刑法12条3項）。懲らしめのための処遇から受刑者の改善更生・社会復帰のための処遇へと大きな転換が図られた。

【参考文献】
井田良『入門刑法学・総論（第2版）』有斐閣，2018年。
大塚裕史ほか『基本刑法Ⅰ・総論（第3版）』日本評論社，2019年。
亀井源太郎ほか『刑法Ⅰ・総論（第2版）』日本評論社，2024年。
佐伯仁志『刑法総論の考え方・楽しみ方』有斐閣，2013年。
西田典之・橋爪隆補訂『刑法総論（第3版）』弘文堂，2019年。

（大矢武史）

第27章 各種の犯罪

第1節 犯罪の分類

　刑法典は，第2編「罪」（刑法77条〜264条）のなかで，各犯罪の法律上の要件と法律的効果（刑罰）を個別に規定している。刑法各論は，そこで規定されている殺人罪や窃盗罪といった個別の犯罪類型を対象として，その成立要件や成否に関わる問題を扱う分野である。

　前章で学んだように，刑法は市民の生活利益（法益）を保護する一方で，市民の行動の自由を保障するという役割を担っている。そのため，個々の犯罪類型は何を法益として保護しようとしているのか，具体的にどのような行為が犯罪となるのか，を明らかにしなければ刑法の目的を達することはできない。そこで，刑法各論の学習では，保護法益は何か，個々の犯罪が成立する要件は何かを理解するとともに，時代や犯罪態様の変化に合わせてそれらはどうあるべきかを考えることが重要となる。

　なお，刑法典上の各種犯罪は，保護法益を基準として，個人的法益に対する罪，社会的法益に対する罪，国家的法益に対する罪の3つに大別される（法益三分説）。現行の刑法典は，①国家的法益に対する罪，②社会的法益に対する罪，③個人的法益に対する罪，の順序で規定しているが，日本国憲法が個人主義に立脚していることを重視し，本書では，①個人的法益に対する罪，②社会的法益に対する罪，③国家的法益に対する罪，の順序で扱うことにする。

第2節　個人的法益に対する罪

1　生命に対する罪

　生命に対する罪は，人または胎児の生命を侵害し，あるいは危険にさらす行為を内容とする犯罪であり，その保護法益は人または胎児の「生命」である。生命は，個人的法益のなかで最も根本的かつ重要な法益である。刑法は殺人（刑法199条），殺人予備（刑法201条），殺人未遂（刑法203条），自殺関与（刑法202条前段），堕胎（刑法212条），遺棄（刑法217条）等の罪を規定し，かなり早い段階から包括的にこれを保護している。

1−1　人の意義

　生命・身体に対する罪の客体は，堕胎罪のみ胎児であり，その他はすべて「人（自然人）」である。堕胎罪の客体が「胎児」であるのに対して殺人罪の客体が「人」であることから，堕胎罪と殺人罪のいずれが成立するかは，客体が胎児であるか人であるかによって定まる。そのため，胎児はいつ人になるのかという人の始期について考えなければならない。また，殺人罪の客体が「人」であるのに対して死体損壊罪や死体遺棄罪の客体は「死体」である。したがって，人はいつ死体になるのかという人の終期についても考えなければならない。

（1）　人の始期

　人の始期は，出生の時である（民法3条）。出生以前の母体内に存在する生命は胎児として扱われ，人とは区別される。しかし，出生とはどの時点をいうのかについては，民法上も刑法上も規定がない。そのため，出生の時期をめぐっては，①出産が開始したときまたは開口陣痛が開始したときとする出産開始説（陣痛開始説），②母体から胎児の身体の一部が露出したときとする一部露出説，③母体から胎児の身体の全部が露出したときとする全部露出説，④胎児が胎盤による呼吸をやめ，自己の肺によって呼吸を開始したときとする独立呼吸説，が対立している。

　民法上は権利能力取得の有無の観点から全部露出説が通説であるが，刑法上は胎児への直接的攻撃の可能性を重視する観点から一部露出説が通説である。

判例も一部露出説を採用する（大判大8・12・13刑録25・1367）。

(2) 人の終期

人の終期は，死亡の時である。死亡の時期をめぐっては，①心臓の不可逆的停止の時とする心臓死説（脈拍停止説），②自発呼吸の不可逆的停止の時とする自発呼吸停止説，③心拍停止，呼吸停止，瞳孔反射の喪失という三徴候を総合して判断する総合判定説（三徴候説），④脳幹を含めた全脳機能が不可逆的に停止した状態（全脳死）に至った時とする脳死説，などが主張されている。従来の通説は総合判定説であるが，近年，臓器移植との関係で脳死説が有力になりつつあり，学説上は総合判定説と脳死説との対立が中心となっている。

1-2 殺人罪

殺人罪は，故意に他人の生命を奪う犯罪である。殺人罪の客体は，自己以外の自然人である。生命を奪う手段は，有形的な方法（作為）だけでなく，無形的方法（不作為）であってもよい。したがって，絞殺や刺殺による場合のほか，作為義務のある者が殺意（未必の故意）をもって必要とされる保護措置を施さずに放置し死亡させた場合にも殺人罪が成立する（最判平17・7・4刑集59・6・403）。殺人罪は，その未遂（刑法203条）や予備（刑法201条）も処罰される。

1-3 自殺関与罪・承諾(同意)殺人罪

自殺は，刑法上不処罰であるが，人を教唆・幇助して自殺させた場合には自殺関与罪が成立する。また，被害者の嘱託・承諾を得て殺害する場合には，嘱託殺人罪・承諾殺人罪（同意殺人罪）が成立する（刑法202条）。

自殺関与罪の類型には，自殺教唆と自殺幇助がある。自殺教唆とは，自殺の決意を有しない者に自殺の決意の契機を与えて自殺させる行為をいう。自殺幇助とは，自殺の決意を有する者に自殺するための道具や場所，知識などを提供し，その自殺行為を援助し自殺させる行為をいう。これらの犯罪はいずれも殺人罪の減刑類型であり，被殺者が自己の生命の利益を放棄していることから，法定刑は殺人罪よりも軽くなっている。ただし，未遂も罰せられる（刑法203条）。

自殺関与罪の客体は，自殺の意味を理解し，自由な意思決定をなしうる者で

なければならない。したがって，教唆行為の手段として暴行・脅迫などを用いて執拗に自殺を迫ったり，幼児や意思能力を欠く精神障がい者を教唆・幇助して自殺させた場合には，被害者が自由な意思決定に基づいて自殺したとは認められず，殺人罪の間接正犯が成立する（最判平 16・1・20 刑集 58・1・1）。

1-4　安楽死と尊厳死

自殺関与罪との関係で，安楽死の取り扱いが問題となる。安楽死とは，患者の真摯な要求に基づいて死期が迫っている患者の耐え難い肉体的苦痛を緩和・除去し，安らかに死を迎えさせる処置をいう。刑法上問題となるのは，処置が自然の死期に先立って患者を死なせる場合である（積極的安楽死）。

判例は，一定の要件を充たせば違法性が阻却されるとする。その要件とは，①患者が耐え難い激しい肉体的苦痛に苦しんでいること，②患者は死が避けられず，その死期が迫っていること，③患者の肉体的苦痛を除去・緩和するために方法を尽くし他に代替手段がないこと，④生命の短縮を承諾する患者の明示の意思表示があること，の4つである（横浜地判平 7・3・28 判時 1530・28）。

ただし，横浜地裁の事案は，医師による積極的安楽死の事案であったことに注意しなければならない。最初のリーディングケース（一般人による積極的安楽死の事案）で示された，⑤倫理的に妥当な方法で行われること，⑥処置は医師が行うこと，という2つの要件も当然に要求されると考えられる（名古屋高判昭 37・12・22 高刑集 15・9・674）。

一方，尊厳死とは，回復の見込みのない末期状態の患者に対して，人間としての尊厳を保たせながら死を迎えさせるために，延命治療を開始しない，あるいは，生命維持治療を中止することをいう。刑法上は，生命維持治療を中止し，死期を早めることが許されるかが問題となる。判例は，気管支喘息重積発作により昏睡状態に陥っていた患者に対して，家族の要請に基づき医師が挿管されていたチューブを抜管し，さらに看護師に指示して筋弛緩剤を投与し死亡させた事案において，法律上許される治療中止に当たらないとして，殺人罪の成立を認めている（最決平 21・12・7 刑集 63・11・1899）。

2　身体に対する罪

個人の身体は，生命に次いで重要な法益である。刑法は，傷害（刑法 204 条），

暴行（刑法208条），過失致傷（刑法209条1項）等の罪を規定し，これを手厚く保護している。また，自動車を運転して必要な注意を怠り，人を死傷させた場合には，過失運転致死傷罪（自動車運転死傷行為処罰法5条）が適用される。

2-1 傷害の意義

　傷害罪（刑法204条）は，他人の身体を侵害する犯罪であって，その保護法益は人の「身体の安全」である。傷害には未遂の規定はないが，有形的方法（暴行）によって暴行を加えた者が人を傷害するに至らなかった場合は，暴行罪が成立する（刑法208条）。

　どのような行為が「傷害」といえるのかについては，①人の生理的機能を侵害する（健康状態を不良に変更する）こととする生理機能障害説，②人の身体の完全性を侵害することとする身体完全性侵害説，③人の生理的機能を侵害すること及び身体の外観に重要な変更を加えることとする折衷説，が対立している。この議論の焦点は，他人の頭髪やひげを切除して人の身体の外貌に著しい変化を起こさせるような行為が傷害に当たるかどうかである。生理的機能障害説は，これを否定する。身体完全性侵害説は，わずかな頭髪等の切除でも傷害に当たるとする。折衷説は，女性を丸坊主にするような重大な変更を加える行為は傷害に当たるとする。

　学説においては，身体の機能的側面を重視し暴行と傷害の区別を比較的明確にできる生理機能障害説が通説である。判例も基本的には生理機能障害説の立場である。この説によれば，創傷や打撲傷のような外傷のほか，めまい，失神，嘔吐，中毒，病気の罹患，疲労倦怠，胸部疼痛，意識障害，PTSD（心的外傷後ストレス障害）などを生じさせる行為も傷害にあたる（最判昭27・6・6刑集6・6・795，最決平24・1・30刑集66・1・36）。一方，頭髪やひげ等を切除する行為には暴行罪が成立するにとどまる（大判明45・6・20刑録18・896）。

　傷害の方法は，有形的方法（暴行），無形的方法（嫌がらせの無言電話などの暴行によらない方法）を問わない。作為，不作為も問わない。判例は，自宅から隣家に向けて連日，ラジオの音声等を大音量で鳴らし続け，被害者に慢性頭痛症，睡眠障害を生じさせた事案について，傷害罪の成立を認めている（最決平17・3・29刑集59・2・54）。

2-2　傷害の故意

　傷害罪は，原則として故意犯が予定されている。しかし，刑法208条は，「暴行を加えた者が人を傷害するに至らなかったときは」と規定し，暴行の故意で傷害の結果を発生させた場合には，傷害の故意がなくとも傷害罪の適用を予定している。そのため，傷害罪における故意は暴行の故意で足りるのかどうかが問題となる。傷害の故意をめぐっては，①暴行の故意で足りるとする結果的加重犯説，②方法を問わず傷害の故意が必要であるとする故意犯説，③有形的方法による場合は暴行の故意で足りるが，無形的方法による場合は傷害の故意が必要とする折衷説，が対立している。通説は折衷説であるが，判例は結果的加重犯説を採用する（最判昭25・11・9刑集4・11・2239）。

　傷害罪は，故意犯であると同時に，暴行罪を基本犯とする結果的加重犯でもある。したがって，暴行の故意で人を傷害し，さらにその結果として人を死亡させた場合は，傷害致死罪が成立する（二重の意味での結果的加重犯）。通説は責任主義の徹底という観点から人の死亡結果に対して過失（死亡結果の認識，死亡結果の予見可能性）が必要であるとするが，判例は暴行と死亡結果とのあいだに因果関係があれば足りるとする（最判昭26・9・20刑集5・10・1937）。

2-3　同時傷害の特例

　傷害罪には，同時傷害の特例（刑法207条）が認められている。これは，2人以上の者が意思の連絡なく同一の機会に同一の被害者に対して傷害の原因となる暴行を加えた場合（同時犯）に，その傷害がいずれの暴行によるものかが特定できないとしても，なお全員に傷害罪が成立するというものである。本来，各人は自己の行為から生じた結果のみに責任を負えばよいはずであるが，複数人による暴行の場合には各人の暴行と発生した傷害との因果関係を立証するのが困難な場合も多いため，各人は自己の暴行と傷害結果との因果関係がないことを立証しない限り傷害や傷害致死の罪責を負うことになる（最決平28・3・24刑集70・3・1）。多数説は，傷害罪にのみこの特例が適用されるとする。

2-4　暴行罪

　暴行を加えた者が人を傷害するに至らなかったときは，暴行罪が成立する（刑法208条）。暴行罪における「暴行」とは，人の身体に向けられた不法な有形力

の行使をいう（狭義の暴行）。有形力の行使は，物理的な力を行使することを意味し，殴る，蹴る，引っ張るといった行為のほか，光，熱，音，水などの作用を用いる行為も含まれる。

　暴行罪における「暴行」概念をめぐっては，有形力の行使が直接身体に触れる必要があるのか，それとも，単に人の身体に向けられたものであればよく被害者の身体に接触しなくてもよいのかが問題となる。さらに，有形力の行使が傷害の結果を生じさせる危険性をもつもの（傷害の未遂と評価できるほどのもの）でなければならないかどうかも問題となる。

　この点について，判例は有形力の行使が被害者の身体の近くに及ぶ必要はあるものの，直接被害者の身体に接触することは必要ないとする（接触不要説）。例えば，驚かせる目的で被害者の数歩手前を狙って投石する行為（東京高判昭25・6・10），室内において被害者の身辺で大太鼓などを連打して意識を朦朧とさせる行為（最判昭29・8・20），4畳半の室内で日本刀の抜き身を数回振り回す行為（最決昭39・1・28），13kmにわたって自車を幅寄せ・接触させながら被害者の車を追跡する行為（東京高判平12・10・27），などを暴行に該当するとしている。また，傷害結果を生じさせる危険性がない行為であっても暴行に該当するとしている（危険不要説）。例えば，お清めと称して被害者の身体に塩を数回振りかける行為に暴行罪の成立を認めている（福岡高判昭46・10・11）。

　学説においても接触不要説が通説であるが，判例の理解では「暴行」概念が広くなりすぎるとして，軽微な物理力の行使は暴行に当たらないとする説，看過できない程度の物理力の行使でなければならないとする説，相手方の意思活動を制圧しうる有形力の行使が必要とする説など，「暴行」概念を限定的にとらえる見解も主張されている。

　もっとも，被害者の身体への接触がなく，傷害結果の発生の危険性もない行為に暴行罪の成立を認めた事例は見当たらない。そのため，判例は，直接身体への接触がある場合には傷害結果の発生の危険性は不要であるが，身体への接触がない場合には傷害結果の発生の危険性が必要である，と考えているようである。

　なお，刑法典には暴行罪以外にも「暴行」を手段とする犯罪が複数あり，各犯罪における「暴行」概念は保護法益との関連で個々に異なっている。一般的には，①人や物に向けられた有形力の行使（最広義の暴行，騒乱罪や内乱罪など），

②人に向けられた直接・間接の有形力の行使（広義の暴行，公務執行妨害罪，強要罪など），③人の身体に向けられた有形力の行使（狭義の暴行，暴行罪），④相手の反抗を抑圧するに足る強度の有形力の行使（最狭義の暴行，強盗罪），の4種類に分類される（暴行概念の相対性）。

3 自由に対する罪

自由は，生命・身体に次いで重要な法益である。刑法が保護する自由の内容は多様で，①意思決定の自由，②場所的移動の自由，③性的自己決定の自由，④住居や建造物に誰を入らせるかを決める自由，に分類される。

3-1 意思決定の自由に対する罪

刑法は，意思決定の自由を保護するために脅迫（刑法222条）と強要（刑法223条）の罪を規定している。脅迫罪は，意思決定の自由を保護法益とするのに対して，強要罪は，意思決定の自由および意思に基づく活動の自由を保護法益とする。

脅迫罪における「脅迫」とは，相手方またはその親族の生命，身体，自由，名誉，財産に対し害悪を加えることを相手方に告知することをいう（狭義の脅迫）。「害悪の告知」は，人を畏怖させるに足りる程度のものでなければならず，これに当たるかどうかは，告知の内容と周囲の状況から客観的に判断される（最判昭35・3・18刑集14・4・416）。

強要罪における「強要」とは，脅迫または暴行を用いて，人に義務のないことを行わせ，または権利の行使を妨害することをいう。例えば，法律上の権利・義務がないのに謝罪文を書くよう強要する行為などがこれに当たる。暴行は，相手方の自由な意思決定を拘束してその行動の自由を制約するに足りる程度のものであることが必要であるが，暴行は人に対して向けられたものであれば足り，必ずしも相手方の身体に対するものである必要はない（広義の暴行）。

3-2 性的自己決定の自由に対する罪

刑法は，性的自己決定を保護するために，不同意わいせつ（刑法176条），不同意性交等（刑法177条），監護者わいせつ及び監護者性交等（刑法179条）の罪を規定している。

第27章　各種の犯罪

不同意わいせつ罪・不同意性交等罪は，①暴行や脅迫，②アルコールや薬物の摂取，③睡眠その他の意識が明瞭でない状態，④長期間の虐待など，刑法176条1項が例示する8つの行為・事由により，被害者を同意あるいは拒否できない状態にさせ（あるいはその状態に乗じて），わいせつな行為・性交等を行った場合に成立する。刑法176条1項の8つの行為・事由は，あくまで例示であって，これらに類する行為・事由による場合も処罰対象となり得る。また，現に監護する18歳未満の者に対し，その影響力に乗じてわいせつな行為・性交等を行った場合も不同意わいせつ罪・不同意性交等罪の例による。

　この分野では，罪名変更や法定刑の引き上げ，手懐け・性的懐柔（性的グルーミング）を手段とした16歳未満の者に対する面会要求等を処罰する規定の新設など，性犯罪・性加害の実情を踏まえて2017年と2023年の二度にわたり処罰規定の抜本的な見直しが図られた。とくに，性交同意年齢が13歳から16歳へ引き上げられており，16歳未満の者に対してわいせつな行為・性交等を行えば，同意の有無にかかわらず，不同意わいせつ罪・不同意性交等罪が成立する（ただし，被害者が13歳以上16歳未満の者で，被害者と加害者との年齢差が5歳未満である場合には不成立となる場合もありうる）。

3-3　その他の自由に対する罪

　刑法は，場所的移動の自由を保護するために逮捕・監禁（刑法220条），略取及び誘拐・人身売買（刑法224条以下）の罪を規定している。また，住居や建造物に誰を入らせるかを決める自由を保護するために住居侵入（刑法130条）の罪を規定している。逮捕・監禁罪は，行動の自由ないし場所的移動の自由を保護法益とする。略取誘及び拐罪・人身売買罪は，行動の自由に加えて被害者の身体の安全をも保護の範囲内に含める。

　住居侵入罪の保護法益については，①住居等に対する事実上の支配・管理権，すなわち，住居等に誰を立ち入らせるかの自由とする説（新住居権説）と，②住居等の事実上の平穏であるとする説（平穏説）とが対立している。この議論の焦点は，「侵入」とはどのような行為をいうのかという解釈に影響を及ぼす。新住居権説は，住居権者あるいは管理権者の意思に反する立ち入りを「侵入」とする（意思侵害説）。平穏説は平穏を害する態様の立ち入りを「侵入」とする（平穏侵害説）。住居侵入罪は個人的法益に対する罪であるため，新住居権説・意思

侵害説が通説・判例の立場である（最判昭58・4・8刑集37・3・215）。

4　名誉・信用・業務に対する罪

　名誉に対する罪は，公然と他人の名誉を毀損または侮辱し，名誉という人に対する社会的評価（外部的名誉）を侵害する犯罪である。刑法は，名誉を保護するために名誉毀損（刑法230条），侮辱（刑法231条）の罪を規定している。

　信用及び業務に対する罪は，人の経済面における社会活動を侵害する犯罪である。刑法は，信用毀損（刑法233条）と業務妨害（刑法234条）の罪を規定し，これを保護している。

5　財産に対する罪

　財産は，人間が生きていく過程で重要な意義を有するものである。日本国憲法29条1項は，「財産権は，これを犯してはならない」と規定し，私有財産の法的保護の重要性を明言している。これを受けて，刑法は235条以下に個人の財産を侵害する犯罪（財産犯）を処罰する規定を設けている。ただし，財産は，基本的に民法などの私法によって保護されるべきものであるため，個人的法益のなかで最も下位に位置づけられる。

5-1　財産犯の分類

　財産犯は，客体の違いによって，①財物（動産・不動産）を客体とする財物罪と，②財産上の利益を客体とする利得罪とに分類される。窃盗罪（刑法235条），横領罪（刑法252条以下）などは財物罪であり，背任罪は利得罪である。強盗罪（刑法236条），詐欺罪（刑法246条），恐喝罪（刑法249条）は，1項で財物罪を，2項で利得罪を規定しており，財物と財産上の利益の双方を客体とする。

　また，財産犯は侵害態様の違いによって，①他人の財物を不正に取得する領得罪（取得罪）と，②他人の財物の価値・効用を減失させる毀棄罪とに分類される。領得罪は，物の利用の可能性を取得するものであり，窃盗罪，強盗罪，詐欺罪，横領罪などほとんどの財産犯がこれにあたる。一方，毀棄罪は，財物に対する他人の所有または占有を害しない点で領得罪と区別され，公用文書毀棄罪，私用文書毀棄罪，建造物等損壊，器物損壊，信書隠匿罪がこれにあたる。

5-2　財物及び財産上の利益の意義

　財物と財産上の利益とを区別するうえで，財物の意義が重要となる。刑法には，民法85条のように財物＝有体物という規定が存在しないため，財物の意義をめぐって，①財物は民法と同じく有体物（個体・液体・気体）に限られるとする有体性説と，②電気やエネルギーのような無体物であっても物理的に管理可能なものであれば財物に含まれるとする管理可能性説とが対立している。管理可能性説は，電気が旧刑法366条にいう「人の所有物」にあたると判示した大審院の判例（大判明36・5・21刑録9・874）を契機として主張されるようになった説である。しかし，①刑法245条が「電気は，財物とみなす」と規定していること，②利益窃盗は原則として不可罰であること，③管理可能性説の概念が不明確で処罰範囲が広がりすぎるおそれがあること，などから現在は有体性説が多数説となっている。

　財産上の利益とは，財物以外の財産的利益をいう。財産上の利益を侵害・取得する方法には，①相手方に財産上の処分ないしその意思表示をさせる（債務を免除させる，債務の履行期限を延期させる），②相手方に対して一定の労務を提供させる（タクシーや列車に乗車し走行させる）などがある。

5-3　不法領得の意思

　通説・判例によれば，領得罪が成立するためには，故意のほかに主観的構成要件要素として「不法領得の意思」（書かれざる構成要件要素）が必要となる。

　不法領得の意思とは，権利者を排除して他人の物を自己の所有物と同様に，その経済的用法に従いこれを利用しまたは処分する意思をいう（大判大4・5・21刑録21・663，最判昭26・7・13刑集5・8・1437）。不法領得の意思が認められるためには，①権利者を排除し他人の物を自己の所有物として振る舞う意思（権利者排除意思）と，②取得した物を利用または処分する意思（利用処分意思）が必要となる。権利者排除意思は，窃盗と使用窃盗（不可罰）とを区別するために必要となる。また，利用処分意思は，領得罪と毀棄罪（嫌がらせ目的で他人の物を壊すためだけに持ち出すような場合）とを区別するために必要となる。

5-4　親族間の犯罪に関する特例

　配偶者，直系血族，同居の親族とのあいだで，窃盗罪，不動産侵奪罪，これ

らの未遂罪を犯した者については，刑を免除し（刑法244条1項），また，その他の親族間で行われた場合は告訴がなければ犯罪としない親告罪とする（刑法244条2項）という特例が認められている。この特例は，詐欺罪，背任罪，恐喝罪，横領罪などにも準用される（刑法251条・255条）が，強盗罪と毀棄罪には準用されない。

ただし，刑の免除というのは，犯罪の成立を否定するものではなく，犯罪は成立するけれども，その犯罪内容の特殊性を考えて刑罰を科さないということである（一身的刑罰阻却事由）。このような特例が認められるのは，親族間における財産的紛争に国家が介入し刑罰によって解決を図るよりも家庭内の自主的な解決に委ねる方が親族間の財産秩序の維持にとって適当であるという刑事政策的配慮（法は家庭に入らずという刑事政策的考慮）からである。

第3節　社会的法益に対する罪

社会的法益に対する罪は，具体的な個人の利益としては捉えきれない，生活共同体としての公共の利益（不特定または多数の生命・身体・財産）に対する犯罪であり，①公共危険罪，②取引の安全に対する罪，③風俗に対する罪，に分類される。

1　公共危険罪

公共危険罪は，不特定または多数の人の生命・身体・財産に対し侵害の危険を生じさせる犯罪である。公共危険罪は，①群集心理に基づく集団による公共危険罪（騒乱罪，多衆不解散罪），②火力による公共危険罪（放火罪，失火罪），③水力による公共危険罪（浸害罪），④公衆の利用する交通機関等の侵害による公共危険罪（往来妨害罪など），⑤公衆の健康に対する公共危険罪（あへん煙に関する罪，飲料水に関する罪）に分類することができる。

1-1　危険犯

個人的法益に対する罪の中心は現実に法益を侵害することによって犯罪が成立する侵害犯であるが，社会的法益に対する罪の中心は法益侵害の危険があることを理由に処罰する危険犯である。危険犯には，①犯罪の成立要件として具

体的な公共の危険の発生を必要とする具体的危険犯と，②構成要件に該当する事実があれば当然に危険の発生があるものとみなされ，具体的な公共の危険の発生を必要としない抽象的危険犯とがある。

例えば，自己所有非現住建造物等放火罪（刑法109条2項）や建造物等以外放火罪（刑法110条）においては，構成要件上「公共の危険」の発生が要求されていることから，危険の発生が必要であり，具体的危険犯である。一方，現住建造物放火罪（刑法108）や他人所有の非現住建造物等放火罪（刑法109条1項）は，構成要件上公共の危険の発生が要件とされていないため抽象的危険犯である。

1-2 公共の危険の意義

自己所有非現住建造物等放火罪や建造物等以外放火罪における「公共の危険」の意義をめぐっては，①他の物件に延焼する具体的な危険がある場合に限定する限定説と，②他の物件に延焼する危険に限らず，一般人の印象からみた不特定多数人の生命・身体・財産に対する危険であるとする非限定説との対立がある。通説・判例は，非限定説である（最決平15・4・14刑集57・4・445）。

1-3 公共の危険の認識

自己所有非現住建造物等放火罪，建造物等以外放火罪の故意の内容として「公共の危険」の認識が必要であるかどうかをめぐって，①認識必要説と，②認識不要説が対立している。学説においては，認識必要説が多数説である。判例は，建造物等以外放火罪に関して認識不要説に立っている（大判昭6・7・2刑集10・303，最判昭60・3・28刑集39・2・75）。自己所有非現住建造物等放火罪および自己所有建造物等以外放火罪については判例の立場は明らかではない。

2　取引の安全に対する罪

取引の安全に対する罪は，社会生活上の取引手段である通貨，文書，有価証券，印章，署名の真正に対する公共の信用を侵害する犯罪である。そのため，公共の信用に対する罪とも称される。取引の安全を図るためには，取引の手段として制度化されている通貨，文書，有価証券，印章の真正を確保して，これらに対する信用を保護する必要がある。そこで，刑法は通貨偽造，文書偽造，

有価証券偽造，印章偽造の罪，支払用カード電磁的記録に関する罪を規定し，それぞれの取引の安全を図っている。

3 風俗に対する罪

風俗に対する罪は，社会に現存する公衆の健全な風俗を侵害する犯罪である。社会の健全な風俗を維持することは，社会生活を円滑に営み，個人の幸福追求を豊かなものにするためにも不可欠なことである。そこで，刑法はわいせつ・重婚の罪，賭博・富くじに関する罪，礼拝所・墳墓に関する罪を規定している。

第4節 国家的法益に対する罪

国家的法益に対する罪は，①国家の存立に対する罪，②国家の作用に対する罪，③国交に関する罪，に分類される。国家の存立に対する罪は，国家の存立自体を脅かす犯罪であり，内乱，外患などの犯罪がこれに含まれる。国家の作用に対する罪は，立法・行政・司法という国家の統治作用または地方公共団体の作用を害する行為を内容とする犯罪であり，公務執行妨害，逃走，犯人蔵匿，証拠隠滅，偽証，虚偽告訴，汚職などの犯罪がこれに含まれる。国交に関する罪は，国家の外交作用を害する行為を内容とする犯罪であり，外国国章損壊などの犯罪がこれに含まれる。

【参考文献】
井田良『入門刑法学・各論（第2版）』有斐閣，2018年。
井田良『講義刑法学・各論（第3版）』有斐閣，2023年。
大塚裕史ほか『基本刑法Ⅱ 各論（第4版）』日本評論社，2024年。
亀井源太郎ほか『刑法Ⅱ・各論（第2版）』日本評論社，2024年。
橋爪隆『刑法各論の悩みどころ』有斐閣，2022年。
山口厚『刑法各論（第3版）』有斐閣，2024年。

(大矢武史)

第28章

刑罰を科する手続

第1節 刑事手続とは

　前章までにおいて，どのような行為が犯罪となって，どのような刑罰が科されるかについて理解できただろう。ただ，この刑罰を実際に犯人に科すためには必ず刑事手続によらなければならない。この刑事手続を規律する法として中心となるものが，刑事訴訟法（以下「刑訴法」という）である。刑訴法が定める刑事手続は，捜査，公判，刑の執行からなるが（図28－1参照），本章では，この刑事手続を流れに沿って概説する。

第2節 刑事手続に関与する者

1　被疑者・被告人，弁護人

　まず，刑事手続の登場人物を概観することにしよう。手続の中心となるのが犯罪の嫌疑を受けている者である。捜査段階では被疑者といい，公判段階では被告人という。マスメディア等では容疑者とか被告と呼ばれたりするが，少なくとも刑訴法上の用語ではない（被告は民事訴訟の当事者である）。

　被疑者・被告人に対しては，憲法や刑訴法によってさまざまな権利が保障されている。代表的なものとして，黙秘権が保障されている（憲法38条1項，刑訴法198条2項・311条1項）。

　また，被疑者は捜査段階で逮捕・勾留されることがあるが，家庭や職場に戻れない状態に置かれるため，不安に陥って真実に反する供述がなされる危険等がある。そして，公判では当事者主義により被告人と検察官との攻防が繰り広

げられることになるが，検察官は法律の専門家であるのに対し，被告人の多くはそうではない。そこで，もし，被疑者・被告人が弁護人に依頼して助力を受けることができれば，身柄拘束に伴う不安感を減少させることができ，また公判における検察官との攻防が実質化する。そのために，被疑者・被告人の弁護人選任権が保障されているのである（憲法34条・37条3項，刑訴法30条）。弁護人は自ら選任することもできるが（私選弁護人），自力で選任することができない場合には，国が弁護人を付する場合もある（国選弁護人）。

2　捜査機関

　捜査段階では，通常，まず司法警察職員が登場する。普通は警察官のことを指すが（一般司法警察職員），海上保安官，麻薬取締官等，特別の事項について司法警察職員として捜査を行う者もいる（特別司法警察職員）。司法警察職員とは，司法警察員（警察官の場合，通常は巡査部長以上）と司法巡査の総称であり権限が異なる。例えば，通常逮捕の逮捕状請求は，司法警察員にしか認められていない（刑訴法199条2項）。

　次に検察官が登場する。司法警察員は，捜査をしたときは，原則としてすべての事件を検察官に送致する（送検，刑訴法246条）。検察官は一般に検事と呼ばれるが，検事は検察官の一種であり，例えば簡易裁判所に対応する区検察庁の検察官は副検事である。また，検察事務官も検察官の指揮を受けて捜査を行う。捜査は通常，司法警察職員が主に行い，検察官は補充的な捜査を行う。ただ，高度な法律知識を要する事件や政治事件については検察官が独自に捜査を行うことがある。検察官は，捜査の結果，被疑者を起訴するかどうかを決定し，起訴した事件については，公訴を維持する活動を行う。

3　裁判所・裁判官

　裁判所とは，起訴された特定の事件（被告事件）を審判する機関のことをいう。役所としての裁判所（国法上の意味の裁判所）と区別するため，「訴訟法上の意味の裁判所」や「受訴裁判所」ともいう。裁判所を構成する裁判官は，①簡易裁判所は1人，②地方裁判所は1人か3人，③高等裁判所は3人，④最高裁判所は5人（小法廷）か15人（大法廷）である。1人の場合を単独体といい，複数人の場合を合議体（うち1人が裁判長となる）という。地方裁判所において

第28章　刑罰を科する手続　321

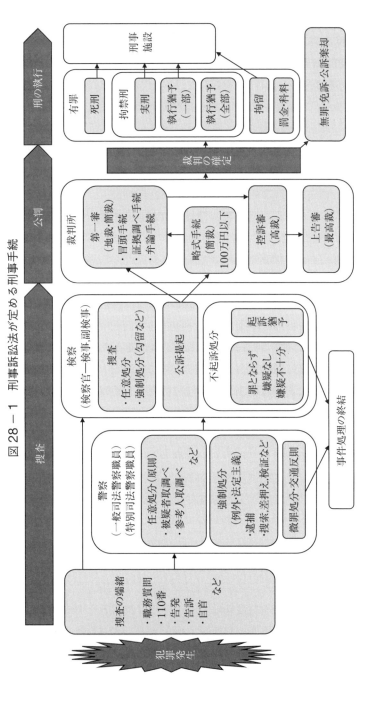

図28−1 刑事訴訟法が定める刑事手続

は原則として単独体によるが，法定刑が死刑，無期または短期1年以上の拘禁刑（2025年6月から懲役と禁錮が一本化されて拘禁刑となった）に当たる罪の事件（法定合議事件）や合議体で審判する旨の決定をした事件（裁定合議事件）は，合議体で審判する（裁判所法26条）。なお，裁判員裁判事件では，原則6人の裁判員も加わる（第3編10章及び本章末尾コラム④参照）。

なお，被告事件を審判するのが裁判所であるから捜査段階（被疑事件）では登場しない。例えば，捜査段階における各種の令状を発付する機関は裁判官である。

第3節 捜査

1 概要

捜査機関は，犯罪があると思料するとき，捜査を開始して，犯人を探し，必要があれば身柄を確保し，必要な証拠を集める。捜査の開始のきっかけのことを捜査の端緒という。例えば，110番通報，職務質問（警察官職務執行法2条1項）がある。また，自首，告訴，告発が捜査の端緒となる場合がある。この3つは捜査機関に犯罪事実を申告し，訴追を求める意思表示であるという点で共通するが，自首は犯人，告訴は被害者等，告発はそれ以外の者が行うという点で区別される。捜査機関の発覚前に自首をすれば，刑を減軽することができる（刑法42条1項）。また，親告罪（名誉毀損，器物損壊等）は，告訴がなければ，起訴をすることができない。

捜査の種類は強制処分と任意処分のいずれかに分けられる。任意処分には，任意同行，取調べ等，さまざまなものがある。一方，強制処分は，刑訴法に特別の根拠規定があるものに限られる（強制処分法定主義，刑訴法197条1項但書）。主なものとして，身柄を拘束する逮捕・勾留，物を探索して強制的に占有を取得する捜索・差押えがある。また，一定の組織犯罪については電話等の通信傍受をすることもできる（刑訴法222条の2，犯罪捜査のための通信傍受に関する法律参照）。

任意処分によっても捜査の目的を達成できるのであれば，あえて権利制約の程度が強い強制処分をすべきではないため（任意捜査の原則），すべての捜査において強制処分がなされるわけではない。ここでは，強制処分のうち逮捕・勾

留についてみることにする。

2 逮捕・勾留

　逮捕・勾留（拘留は刑罰の一種である）は，被疑者の身柄を拘束する強制処分であるが，被疑者の勾留は必ず逮捕に引き続いて行われなければならない（逮捕前置主義）。

　逮捕には，通常逮捕，現行犯逮捕，緊急逮捕の3つの種類がある。まず，通常逮捕は，被疑者が罪を犯したことを疑うに足りる相当な理由があるときに行うことができるが，逮捕前に裁判官が発付した逮捕状が必要となる（刑訴法199条）。つぎに，現行犯逮捕は，「現に罪を行い，又は現に罪を行い終わった者」に対して，（逮捕の前後を通して）逮捕状なくして行うことができる（刑訴法212条1項・213条）。現行犯逮捕は，目撃者，被害者等の私人も行うことができる。また，一定の要件の下，現行犯逮捕に準じて逮捕することができる場合もある（準現行犯逮捕，刑訴法212条2項）。最後に，緊急逮捕は，①長期3年以上の拘禁刑に当たる罪を，②犯したことを疑うに足りる十分な理由があり，③急速を要し裁判官の逮捕状を求めることができないとき，逮捕状なくして行うことができる。ただし，④逮捕後直ちに逮捕状を請求しなければならない（刑訴法210条1項）。

　勾留は，逮捕された被疑者について，罪を犯したことを疑うに足りる相当な理由があり，①住居不定，②罪証隠滅の恐れ，③逃亡の恐れ，のいずれか1つがある場合に行うことができる（刑訴法207条1項・60条1項）。

　逮捕後の手続（制限時間）をみると，まず，司法警察職員が逮捕した場合には，48時間以内に検察官に送致する手続をする（刑訴法203条1項）。そして，検察官は，勾留の必要があれば，被疑者を受け取った時から24時間以内に裁判官に対し，勾留を請求する（検察官が逮捕した場合には，48時間以内，刑訴法204条1項）。裁判官による勾留質問を経たうえで，勾留が認められると10日間勾留される（刑訴法208条1項）。やむを得ないときには，さらに最長10日間勾留が延長される（同条2項）。それゆえ，捜査段階における身柄拘束は，最長23日間である（検察官が逮捕した場合は，最長22日間）。

3　捜査の終了・公訴の提起

　捜査の結果，被疑者を公訴提起するか（起訴），しないか（不起訴）を決定できるのは検察官に限られる（検察官起訴独占主義，刑訴法247条）。起訴は，公訴事実（訴因）等を記載した起訴状を裁判所に提出することによって行う（刑訴法256条）。公訴時効があるため，殺人等の一部の犯罪を除き，一定期間内に起訴をしなければならず（刑訴法250条），逮捕しただけでは公訴時効は停止しない。起訴の時点で，被疑者は被告人となり，捜査手続が終了して公判手続が開始する。

　原則として，罰金以下に当たる罪や罰金を選択できる罪については簡易裁判所に，それ以外は地方裁判所に起訴する（事物管轄，裁判所法24条・33条）。なお，簡易裁判所の事件については，被告人に異議がないときには略式命令を請求することができ，この場合，書面審理で100万円以下の罰金・科料を科することができる（刑訴法461条以下）。起訴された事件の約70％がこの略式手続によって処理されている。なお，略式命令に対しては，正式裁判を請求することができ（刑訴法465条），このときには公判が開かれる。

　一方，検察官は，犯罪が成立しない場合，証拠が不十分である場合等には起訴しないが，起訴すれば有罪となる見込みがある場合でも，反省の態度，年齢等，さまざまな事情から訴追する必要がない場合には，起訴しないこと（起訴猶予）ができる（起訴便宜主義，刑訴法248条）。

　なお，検察官起訴独占主義の例外として，検察官の不起訴処分があった事件について，①検察審査会の起訴議決により，指定弁護士が起訴したとき（検察審査会法41条の10），②公務員の職権濫用等の罪について地方裁判所が付審判決定をしたとき（刑訴法267条）には，起訴されたものとされる。

第4節　公判手続

1　概要

　起訴後の公判手続は，冒頭手続→証拠調べ手続→弁論手続→判決宣告手続の順で進められる。公判では，公訴事実を巡って，検察官が立証し，被告人は（弁護人の助力を受けながら）反証するという当事者による攻防を通して訴訟が進行した後に，公平な裁判所が判断を下すという当事者主義が採用され，裁判所が

主導的に真実を究明すべきであるとする職権主義は採られていない。

まず，公判が開かれる前に，事件の争点と証拠を整理するために，公判前整理手続を実施することができる（刑訴法316条の2以下。裁判員裁判では，必ず実施される（裁判員法49条））。

公判手続が開始されると冒頭手続では，①人定質問（出頭した人が被告人に違いないかを確かめること），②起訴状の朗読，③被告人に対する黙秘権等の告知，④被告人・弁護人の陳述（罪状認否）が行われる。

証拠調べ手続では，①検察官が証明すべき事実を明らかにし（冒頭陳述），②証拠調べの請求を行って，裁判所が証拠を取り調べるかを決定し，③証拠調べを実施する。証拠調べは，証人に対しては宣誓のうえで尋問し，物証に対しては展示し，書証に対しては朗読して行う。通常，最後に被告人質問が行われる。

弁論手続では，①検察官による論告・求刑，②弁護人による弁論，③被告人による最終陳述が行われて，結審する。

2 証拠

事実認定は，証拠による（証拠裁判主義，刑訴法317条）。事実認定のもとになる証拠は，刑訴法によって証拠能力が認められたものに限られる。また，証拠調べを経たものでなければ，有罪の証拠として用いることができない。そして，有罪であると認定するには，証拠によって，合理的な疑いを容れない程度に公訴事実が証明されなければならないが，証拠が事実認定にどの程度の影響力（証明力）を持つかは裁判官の自由な判断に委ねられている（自由心証主義，刑訴法318条）。証拠能力は有無の問題であるが，証明力は程度の問題である。ただ例外として，自白があっても，他に被告人に不利益な証拠がない場合には有罪とすることができない（補強法則，憲法38条3項，刑訴法319条2項・3項）。

証拠能力が認められないものとして，まず，拷問，脅迫等による自白等，任意になされたものでない疑いのある自白がある（自白法則，憲法38条2項，刑訴法319条1項・322条1項但書）。また，判例上，証拠収集手続に重大な違法が存在する場合には，証拠能力を認めないとする違法収集証拠排除法則が採用されている（最判昭53・9・7刑集32・6・1672）。

つぎに，公判外の供述を内容とする供述証拠（伝聞証拠）は，原則として証

拠能力が認められない（伝聞法則，刑訴法320条1項）。目撃証言等の供述証拠は，誤りが介在しやすいことから，証人尋問によって供述内容の正確性をテストして，事実認定が誤らないようにしている。例えば，犯罪の目撃体験を証拠とするために，①目撃者が法廷において証言する場合は，反対尋問によって目撃体験の正確性をテストすることができるから伝聞証拠とはならない。一方，②目撃者から目撃体験を聞いた者が法廷で証言する場合（伝聞証言）は，その者は目撃者ではないから目撃体験の正確性をテストすることができず，伝聞証拠となる。また，③目撃者が捜査機関の取調べにおいて目撃体験を供述した内容を録取した書面（供述録取書）や，④目撃者が自ら目撃体験を記載した書面（供述書）を法廷に提出した場合，書面に対してはそもそも尋問することができないから，伝聞証拠となる。ただ，伝聞法則には多くの例外がある（刑訴法321条〜328条）。例えば，検察官，被告人（弁護人）が証拠とすることに同意した場合であり（刑訴法326条1項），この同意によって，伝聞証拠であっても証拠能力が認められることが多い。

3　判決

　検察官の立証の結果，公訴事実について合理的な疑いを超える証明がなされている場合については，裁判所は有罪判決を言い渡す（刑訴法335条）。3年以下の拘禁刑または50万円以下の罰金を言い渡す場合には，1年〜5年の期間，刑の執行を猶予することができる（刑法25条以下）。また，3年以下の拘禁刑を言い渡す場合に刑の一部の執行を猶予することもできる（刑法27条の2以下）。

　これに対し，公訴事実が犯罪とならず，または合理的な疑いを超える証明がなされていない場合については無罪判決を言い渡す（刑訴法336条）。

4　上訴

　第一審の判決に対しては，高等裁判所に控訴をすることができる。控訴審では，原則的に事実誤認や量刑不当といった一定の控訴理由の範囲内で第一審判決の当否を審査する（刑訴法377条〜383条）。

　控訴審の判決に対しては，最高裁判所に上告をすることができる。上告理由は，原則的に憲法違反や判例違反に限られる（刑訴法405条）。

　控訴や上告のように上級裁判所に対して不服を申し立てることを上訴という。

わが国では1つの事件について裁判を3回受けることができるという三審制が採用されているが，上訴によって事件を初めから審理しなおす制度は現在採用されていない。

　上訴は，検察官，被告人（弁護人）等が申し立てることができ（刑訴法351条〜356条），上訴申立期限は判決の翌日から数えて14日以内である。誰も上訴を申し立てなかった場合や最高裁判所の裁判があったときには，裁判が確定する。確定すれば事件について通常の手続では争うことができなくなり，再審（刑訴法435条以下）や非常上告（刑訴法454条以下）といった非常救済手続によるほかない。有罪の裁判が確定した場合には，刑の執行に移ることになる（刑訴法471条）。

第5節　裁判傍聴のすすめ

　刑事手続を理解するのに本を読むだけではどうしても限界がある。そこで，刑事裁判を傍聴すれば，実際の手続を五感で感じることができ，本章の内容に対する理解もより深まるだろう。平日に限られるが，裁判所のサイト（https://www.courts.go.jp/）で所在地と開廷曜日を調べて行けば傍聴できる。マナーさえ守ればよく，傍聴するために特別な手続や一部の事件を除き傍聴券も必要ない。本章を読んだ後には，ぜひとも刑事裁判を傍聴してほしい。

【参考文献】
寺崎嘉博ほか『刑事訴訟法（第7版）』有斐閣，2024年。
三井誠ほか編『入門刑事法（第9版）』有斐閣，2024年。
池田公博・笹倉宏紀『刑事訴訟法』有斐閣，2022年
井田良『基礎から学ぶ刑事法（第6版補訂版）』有斐閣，2022年。

（氏家　仁）

コラム④　裁判員制度

　「裁判員の参加する刑事裁判に関する法律」（2004年5月28日公布，2009年5月21日施行）により，一般の国民が刑事裁判に関与する裁判員制度が導入された。この制度の導入の趣旨は，司法に対する国民の理解の増進と信頼を向上させるためである（裁判員法1条）。

　対象事件は，法定刑に死刑や無期拘禁刑が含まれている罪（殺人等）と法定合議事件のうち故意の犯罪行為により被害者を死亡させた罪（傷害致死等）の第一審である（裁判員法2条1項）。被告人には裁判員裁判の選択権はなく，対象事件で起訴されれば極めて例外的な場合（除外決定）を除き，すべて裁判員裁判で審理される。

　裁判員裁判は，原則として裁判官3人と裁判員6人の計9人から構成される裁判所で審理される（裁判員法2条2項）。裁判員の選任資格は，衆議院議員の選挙権を有する者である（裁判員法13条）。無作為で裁判員候補者が選ばれ，選任手続を経て，事件ごとに裁判員が選任される。補充裁判員を選任することもある。原則として，裁判員になることを断れないが，大学生等は辞退することができる。

　審理は，迅速で理解しやすく進められ（裁判員法51条），審理が終了すると，事実認定と量刑のための評議に移る。裁判官と裁判員は同じく1人1票をもち，過半数で評決する。しかし，裁判員制度は裁判官と裁判員の協働であるから，双方の意見が含まれていなければならない（裁判員法67条）。もし，裁判官全員が無罪の意見であれば，たとえ裁判員6人が有罪の意見でも判決は無罪となる。判決の宣告により裁判員の任務は終了する。

（氏家　仁）

第29章 犯罪者の処遇と犯罪の予防

第1節　刑事手続と少年法

　前章においては，刑事訴訟法が規律する刑事手続について概観した。ただ，この刑事手続は主に20歳以上の者を対象とするものである。一方，20歳未満の者については，未成熟であって，可塑性に富むというその特性に着目し，20歳以上の者とは別の司法システムが設けられている。これを規律するのが少年法であり，少年の健全育成を目的とするものである（少年法1条）。本章では，この法が定める手続の流れに従って概説する。また，「犯罪と法」の締めくくりに，最近の犯罪発生状況，犯罪の予防についても若干概観する。

第2節　少年法の対象，管轄裁判所

1　少年法の対象となる者

　少年法の対象となる「少年」とは，20歳未満の者をいい（少年法2条1項），原則として，20歳以上の者は，対象とはならない。少年審判に付される「非行のある少年」（少年法1条）には，①犯罪少年，②触法少年，③虞犯(ぐはん)少年がある（少年法3条1項）。①犯罪少年とは，罪を犯した少年のことである。14歳未満の者の行為は犯罪とならないから（刑法41条），犯罪少年は14歳以上の者に限られる。②触法少年とは，14歳に満たないで刑罰法令に触れる行為をした少年のことである。③虞犯少年とは，「性格又は環境に照して，将来，罪を犯し，又は刑罰法令に触れる行為をする虞」があり，少年法3条1項3号イ～ニに掲げる事由がある少年のことである。なお，2022年4月の改正少年法施行により，

18歳以上の少年（すなわち18歳及び19歳の者）は，「特定少年」とされ，引き続き少年法の適用対象ではあるものの，18歳未満の者とは異なる取扱いがされることとなった（少年法62条以下）。ここでいうと，特定少年は，③虞犯少年の対象から除外される（少年法65条1項）。以下では，それぞれについて，まず一般的な規定について述べたあとに，特定少年の特例について説明することとする。

2 管轄裁判所

少年審判は，家庭裁判所の管轄となり，原則として，1人の裁判官で事件を取り扱う単独制によるが，事実認定が困難な事件等の場合には，3人の裁判官で事件を取り扱う合議制によることもできる（裁判所法31条の3第1項3号・31条の4）。

また，家庭裁判所には，家庭裁判所調査官が置かれる。審判前の調査を実施したり，観護措置を行うなど，家庭裁判所における重要なさまざまな役割を担う専門的知識を有する者である（裁判所法61条の2・61条の3）。

3 審判の対象

刑事訴訟における審判の対象は起訴状に記載された公訴事実であったが，少年審判においては，非行事実に加え，要保護性も対象となる。それは，少年法の目的が少年の健全な育成を期するところにあるからであり，要保護性に基づいて，最適な処遇を選択することになる。少年によって要保護性は異なるため，処遇は個別化される。

第3節 少年審判の流れ

1 家庭裁判所への送致までの過程

1-1 非行の発見活動

少年の非行の発見活動は，捜査機関のほかに，児童相談所，家庭裁判所調査官（少年法7条），一般人（少年法6条1項）等も行うことができ，その主体は限定されていない。

1-2　犯罪少年の発見

　犯罪少年に対する捜査は，原則として，刑訴法に基づいて行われるが（少年法40条），特則が設けられている（少年法41条以下）。少年に対する捜査の過程は，少年の刑事事件に当たる。捜査を遂げた結果，犯罪の嫌疑があるものと思料するときは，すべての事件を家庭裁判所に送致しなければならない（全件送致主義）。これは，要保護性は専門機関である家庭裁判所によって解明される必要があるからである。それゆえ，微罪処分や起訴猶予処分によって，捜査機関が事件を終結させることができない。なお，家庭裁判所に送致する機関は，次のように法定刑で異なる。

　まず，司法警察員は，拘禁刑以上の刑に当たる犯罪について捜査をしたときは，事件を検察官に送致しなければならない。そして，検察官は，捜査を遂げた結果，犯罪の嫌疑があるものと思料するときは，家庭裁判所に送致しなければならない（少年法42条1項）。

　一方，司法警察員は，捜査を遂げた結果，罰金以下の刑に当たる犯罪の嫌疑があるものと思料するときは，家庭裁判所に送致しなければならない（直送，少年法41条）。これは，罰金以下の刑に当たる犯罪の場合については，家庭裁判所が検察官に送致して刑事処分が科されることはないからである（少年法20条1項）。

　捜査にあたっては，逮捕・勾留，捜索・差押え等の強制処分も可能である。警察官が少年を逮捕した場合に，罰金以下の刑に当たるときは，家庭裁判所に直送するが，拘禁刑以上の刑に当たるときは，48時間以内に検察官に送致し，検察官は，24時間以内に勾留を請求することができる。しかし，少年に対する勾留は，「やむを得ない場合」でなければ，検察官は請求することができず，裁判官は勾留状を発することができない（少年法43条3項・48条1項）。勾留期間は，最長20日であるが，少年鑑別所に拘禁することもできるほか（少年法48条2項），勾留に代えて，観護措置を請求することができる（少年法43条1項）。通常，観護措置は少年鑑別所に送致して行う。この場合の観護措置の期間は10日であり（少年法44条3項），延長することはできない。

1-3　触法少年の発見

　少年が14歳未満である場合（触法少年と14歳未満の虞犯少年）には，都道府

県知事または児童相談所長が家庭裁判所に送致するものとされている（児童福祉機関先議主義，少年法3条2項）。これは，14歳未満の少年については，まずは主に福祉的措置を考慮する児童福祉機関において処遇することが適切であるからであり，児童福祉機関が児童福祉法上の措置をとるか，あるいは家庭裁判所に送致するか（児童福祉法27条1項4号）を判断する。

　触法少年の行為は犯罪ではないから捜査をすることはできないが，警察官は，触法少年であると疑うに足りる相当の理由のある者を発見した場合において，必要があるときは，調査をすることができる（少年法6条の2）。この調査では，任意のものとして，少年，保護者または参考人を呼び出し，質問することなどができる（少年法6条の4）。一方，強制的な手段として，警察官は，押収，捜索等をすることができるが（少年法6条の5），逮捕，勾留等はすることはできない。もし，触法少年について身柄を拘束する必要がある場合には，一時保護の方法による（児童福祉法33条）。

　警察官は，調査の結果，触法少年であって，故意の犯罪行為により被害者を死亡させた罪等の一定の刑罰法規に触れる場合等には，児童相談所長に事件を送致する（少年法6条の6第1項）。そして，児童福祉法上の措置をとるか，あるいは家庭裁判所の審判に付することが適当であると認めるときには，家庭裁判所に送致する（児童福祉法27条1項4号）。しかし，一定の刑罰法規に触れる場合には，原則として，家庭裁判所に送致しなければならない（少年法6条の7第1項）。なお，警察官のほかに触法少年を発見した者は，児童相談所に通告しなければならない（児童福祉法25条）。

1-4　虞犯少年の発見

　虞犯少年についても，14歳未満である場合には，児童福祉機関先議主義がとられている（少年法3条2項）。14歳未満の虞犯少年を発見した者は，児童相談所に通告しなければならない（児童福祉法25条）。また，14歳以上の少年であっても，警察官または保護者は，家庭裁判所に送致または通告するほか，まず児童相談所に通告することもできる（少年法6条2項）。そして，児童福祉法上の措置をとるか，あるいは家庭裁判所に送致することとなる。なお，犯罪少年として捜査を遂げた結果，犯罪の嫌疑がない場合でも，虞犯少年に当たると思料するときは，家庭裁判所に送致する（少年法41条後段・42条1項後段。ただし，

前述したとおり特定少年の場合についてはそもそも虞犯少年には当たらない）。

1−5 特定少年の特例

　特定少年の特例としては，①少年法41条とは異なり，罰金以下の刑に当たる犯罪の場合でも，直送することができず，検察官に送致すること（少年法67条1項。少年法20条1項が適用されないことによる），②勾留の要件に関する少年法43条3項・48条1項の規定は，特定少年の逆送決定がされた被疑事件，逆送決定がされた特定少年の被疑事件の被疑者及び被告人である特定少年については適用されないこと（少年法67条1項・2項）が挙げられる。

2　家庭裁判所の調査過程

2−1　家庭裁判所の受理

　家庭裁判所に送致されると，事件は家庭裁判所に係属する。なお，前述した場合のほかに，一般人による通告（少年法6条1項），家庭裁判所調査官の報告（少年法7条1項）があった場合は，審判に付すべき少年があると思料するとき，事件が家庭裁判所に係属する（少年法8条1項）。

2−2　観護措置

　家庭裁判所は，審判を行うため必要があるときは，決定で，観護措置をとることができる（少年法17条1項）。これは，少年の身柄を保全して鑑別する必要がある場合や保護を要する場合に行われる。この観護措置には，家庭裁判所調査官の観護と少年鑑別所に送致するものがあるが，通常は後者による。国立の機関である少年鑑別所では，少年の身柄を確保しつつ，行動観察と心身鑑別を行うことによって，適正な少年審判の実施を図る。

　少年鑑別所に収容する要件としては，審判を開始する蓋然性と非行事実が存在する蓋然性がなければならない。そのほか，身柄確保の必要性，保護の必要性，心身鑑別の必要性のいずれか1つがあることが求められるとされる。

　少年鑑別所の収容期間は，2週間を超えることができないが，特に継続の必要があるときは，1回に限り更新することができる（少年法17条3項・4項本文）。それゆえ，収容期間は最長4週間である。ただし，犯罪少年について，一定の場合には，さらに2回に限り更新することができる（少年法17条4項但書）。

この場合の収容期間は最長8週間となる。この少年鑑別所に収容する決定と更新決定に対しては，少年，法定代理人，付添人は，家庭裁判所に異議の申立てをすることができる（少年法17条の2）。

2-3 調査の実施

家庭裁判所に係属した事件は，審判に先立って調査が行われる（少年法8条1項）。この調査では，少年法9条に定める方針の下，裁判官が非行の認定のために法律的な側面から調査する法的調査と，家庭裁判所調査官が裁判官の命を受けて少年の処遇を決定するために必要な資料を収集する社会調査が行われる（少年法8条2項）。社会調査にあたっては，主に少年や保護者（「少年に対して法律上監護教育の義務ある者及び少年を現に監護する者」（少年法2条2項）。なお，特定少年は，民法上は成年であるから，保護者は存在しない）等と面接を行う。また，犯罪少年または触法少年の場合については，被害者等の申出による意見聴取も実施されることがある（少年法9条の2）。

2-4 調査後の措置

調査の結果，家庭裁判所は，次のいずれかの決定をする。まず，①「審判を開始するのが相当であると認めるとき」は審判開始決定（少年法21条），②「審判に付することができず，又は審判に付するのが相当でないと認めるとき」は審判不開始決定（少年法19条1項）をする。審判開始決定があれば，以降審判が開かれることになり，審判不開始決定があれば，少年法の手続から離脱することになる。

また，③18歳未満の少年について，「児童福祉法の規定による措置を相当と認めるとき」は，児童相談所長等に事件を送致する（少年法18条）。

さらに，地方検察庁検察官に事件を送致する場合がある。まず，④本人が20歳以上であることが判明したときは，審判に付することができないため（少年法19条1項），検察官に事件を送致する（年超検送，少年法19条2項）。20歳になる前に送致されて調査の途中で20歳になった場合も，同様である。また，⑤拘禁刑以上の刑に当たる罪の事件について，その罪質及び情状に照らして刑事処分を相当と認めるときは，検察官に事件を送致する（逆送，少年法20条1項）。ただ，故意の犯罪行為により被害者を死亡させた罪の事件であって，犯行時16

歳以上の少年については，原則，逆送する（原則逆送，少年法20条2項）。

なお，上記③〜⑤の決定は，審判開始後に終局決定としても行うことができる（少年法23条1項・3項）。

2-5 特定少年の特例

特例少年の特例としては，逆送に関する少年法20条は適用されず，①罰金以下の刑に当たる罪の事件についても逆送することができること，②原則逆送の対象について，犯行時特定少年が犯した死刑，無期または短期1年以上の拘禁刑に当たる罪の事件にも拡大された（少年法62条）。

3 家庭裁判所の審判の過程

3-1 審判に関わる者

審判開始決定があれば，家庭裁判所の審判廷において審判が開かれる。この審判には，裁判官，裁判所書記官，家庭裁判所調査官，少年，付添人，保護者等が出席する。付添人は，刑事訴訟における弁護人に類似する役割を担い，少年，保護者等が家庭裁判所の許可を受けて選任するが（弁護士の場合は許可不要。少年法10条)，一定の場合，家庭裁判所によって国選付添人が付される（少年法22条の3）。検察官は原則出席しないが，犯罪少年の事件で，一定の場合には，家庭裁判所は，決定で審判に検察官を出席させることができ，検察官は，審判の手続に立ち会い，少年，証人等に発問し，意見を述べることができる（検察官関与，少年法22条の2）。なお，審判は非公開であるが（少年法22条2項），犯罪少年と触法少年（12歳以上）について，一定の場合には，被害者等が審判を傍聴することができる（少年法22条の4）。

3-2 審判の進行

審判は，①人定質問，②黙秘権の告知，③非行事実の告知と弁解の聴取，④非行事実の審理，⑤要保護性に関する事実の審理，⑥調査官・付添人からの処遇意見の聴取，⑦終局決定の告知，抗告権の告知の順で進行する。また，犯罪少年または触法少年の場合については，被害者等の申出による意見聴取も実施されることがある（少年法9条の2）。

審判は「親切を旨として，和やかに行うとともに，非行のある少年に対し自

己の非行について内省を促すものとしなければならない」ものとされ（少年法22条1項），審判の構造は原則として職権主義が採られているため，裁判所には真実発見に努める職責がある。

また，家庭裁判所は，保護処分を決定するため必要があると認めるときは，終局決定を留保して，決定で，相当の期間，家庭裁判所調査官の観察に付することができる（試験観察，少年法25条）。

3-3 終局決定

(1) 保護処分に付さない決定

家庭裁判所は，審判の結果，保護処分に付さない場合を除いて，保護処分の決定をしなければならない（少年法24条1項）。終局決定のうち，保護処分に付さない決定には，児童福祉機関送致，検察官送致，不処分があるが，このうち不処分以外については，前述した（第3節2-4参照）。不処分決定とは，保護処分に付することができないとき（審判条件が欠けているとき，非行事実が認められないとき等），または保護処分に付する必要がないと認めるとき（要保護性がなく保護処分の必要がないとき等）になされる（少年法23条2項）。

(2) 保護処分の決定

保護処分の決定には，保護観察，児童自立支援施設・児童養護施設送致，少年院送致がある（少年法24条1項）。保護観察は，少年を家庭や職場に置いたまま，保護観察官や保護司が指導監督と補導援護を行い，少年の改善更生を図るものである（更生保護法48条1号）。保護観察の期間は，原則として20歳に達するまでであるが，この期間が2年未満である場合は，2年である（更生保護法66条）。児童自立支援施設・児童養護施設送致は，児童福祉法上の施設を保護処分として利用するものである。少年院送致は，少年を少年院に収容する保護処分である。

少年院法では少年院の収容対象の下限を「おおむね12歳以上」としているが，決定時に14歳未満の少年に対する少年院送致は，特に必要と認める場合に限られる（少年法24条1項但書）。少年院には，第1種（心身に著しい障害がないおおむね12歳以上23歳未満の者），第2種（心身に著しい障害がない犯罪的傾向が進んだおおむね16歳以上23歳未満の者），第3種（心身に著しい障害があるお

おむね12歳以上26歳未満の者)，第4種（少年院において刑の執行を受ける者），第5種（後述する収容決定（少年法66条1項）を受けた者）がある（少年院法4条1項）。少年院においては，生活指導，職業指導，教科指導，体育指導，特別活動指導を内容として，矯正教育が行われる。

　少年院の収容期間は，原則として，少年が20歳に達するまでであるが，決定時から1年以内に20歳に達するときは，1年間である（少年院法137条1項）。また，少年院長は，一定の事由がある場合（心身に著しい障害または犯罪的傾向の未矯正）には23歳まで，さらに，精神に著しい障害があり，医療に関する専門的知識及び技術を踏まえて矯正教育を継続して行うことが特に必要である場合には26歳まで，収容の継続を家庭裁判所に申請することができる（少年院法138条・139条）。なお，少年院長の申出に基づく地方更生保護委員会の決定があれば，期間満了前に退院・仮退院される（少年院法135条・136条，更生保護法41条・46条）。

(3)　終局決定後の措置

　保護処分の決定に対しては，少年，法定代理人，付添人は，2週間以内に，抗告をすることができる（少年法32条）。抗告理由となるのは，①決定に影響を及ぼす法令違反，②重大な事実誤認，③処分の著しい不当である。審判に検察官が関与した事件に限って，検察官は抗告受理の申立てをすることができる（少年法32条の4）。抗告審は高等裁判所が担当する。また，刑事訴訟における再審に類似するものとして，保護処分の取消しの制度がある（少年法27条の2）。

(4)　特例少年の保護処分の特例

　特定少年に対する特例としては，保護処分は，少年法24条1項とは異なり，①6月の保護観察，②2年の保護観察，③少年院送致がある（少年法64条1項）。②の保護観察は，その遵守事項に違反した場合，少年院に収容することができることから（少年法66条1項），同時に，1年以下の範囲内でその期間も定められる（収容決定，少年法64条2項）。また，③の少年院送致は，3年以下の範囲内で収容期間が定められる（少年法64条3項）。なお，②の保護観察により収容決定された場合の退院については，更生保護法47条の2による。

第4節　少年の刑事事件

1　刑事手続の特則

　ここでは，少年の刑事事件のうち，逆送の決定があった後の手続について概観する。少年の刑事事件は，原則として刑訴法によるが，手続について，少年法には主に次のような特則がある（少年法40条）。まず，逆送された事件については，検察官は，原則として，少年を刑事裁判所（地方裁判所または簡易裁判所）に起訴しなければならない（起訴便宜主義の例外，少年法45条5号）。起訴後は被告人となり，原則として，成人の場合と同じ手続によって審理される（特則として，少年法49条・50条，刑事訴訟規則277条～282条）。裁判員裁判対象事件であれば，裁判員裁判によって審理される。ただ，裁判所は，審理の結果，保護処分に付するのが相当であると認めるときは，決定で，家庭裁判所に事件を移送する（少年法55条）。なお，裁判員裁判における移送決定は，裁判官と裁判員の合議による（裁判員法6条1項）。

2　刑事処分の特則

　少年の刑事処分について，少年法には主に次のような特則がある。まず，犯行時に18歳未満であった者に対しては，死刑で処断すべきときは，無期拘禁刑に必要的に緩和され（犯行時に18歳以上であれば，死刑を科することができる），無期拘禁刑で処断すべきときは，有期拘禁刑（ただし，10年以上20年以下の範囲内）に裁量的に緩和することができる（少年法51条）。また，判決時に少年である被告人に対して有期拘禁刑の実刑を科すときは，「拘禁刑5年以上10年以下」のように長期と短期を定めて刑を言い渡す（不定期刑，少年法52条）。不定期刑の終了は，短期が経過した者について，刑事施設または少年院の長の申出に基づき地方更生保護委員会が決定する（更生保護法16条5号・43条・44条）。

3　特定少年の特例

　特定少年の特例については，まず，少年法67条に規定がある。例えば，特定少年に対しては少年法52条の不定期刑を科すことはできない（少67条4項）。また，少年法61条では，「家庭裁判所の審判に付された少年又は少年のとき犯

した罪により公訴を提起された者については，氏名，年齢，職業，住居，容ぼう等によりその者が当該事件の本人であることを推知することができるような記事又は写真を新聞紙その他の出版物に掲載してはならない」とするいわゆる推知報道の禁止を定めているが，特定少年のとき犯した罪により起訴された場合（略式起訴を除く）は，適用されない（少年法 68 条）。

第 5 節　最近の犯罪の情勢と予防

　第 7 編の締めくくりに，最近の犯罪の情勢（主に『犯罪白書（令和 5 年版）』による）と予防についてみてみる。最近の刑法犯の認知件数は，2002 年（約 285 万件）をピークに 2021 年まで継続的に減少していたが，2022 年（約 60 万件）は，20 年ぶりに増加に転じた。また，代表的な凶悪犯である殺人の認知件数も，減少傾向にあり，2022 年は 853 件で戦後最少であった。ただ一方で，振り込め詐欺等の特殊詐欺の認知件数や被害額は，いまだ高い水準を維持している。また，少年による刑法犯，危険運転致死傷・過失運転致死傷等の検挙人員は，戦後最少を更新し続けていたが，2022 年は 2 万 9,897 人でわずかに増加に転じた。

　このように犯罪の件数自体は総じて減少しているものの，再犯率は，2022 年は 47.9％に達している（もっとも，再犯者数自体は減少している）。また，入所受刑者のうち再入者が占める率（再入者率）はわずかに低下傾向にあるものの，依然として 2022 年には 56.6％に上っている。そのうえ，出所受刑者は，14.1％の者が 2 年以内に，34.8％の者が 5 年以内に再入所している（2021 年）。このため，犯罪を予防・減少するための重要な方策の 1 つには，再犯の防止があるといえる。そこで，2016 年 12 月には「再犯の防止等の推進に関する法律」が公布・施行され，基本理念，国・地方公共団体の責務，基本的施策が定められ，また政府は再犯防止推進計画を定めることとされた。そして，5 つの基本方針と 7 つの重点課題が定められた「再犯防止推進計画」（第一次，2018 年度〜2022 年度）により，取組みが推進されてきたが，2023 年に，この第一次計画の内容を発展させた「第二次再犯防止推進計画」（2023 年度〜2027 年度，https://www.moj.go.jp/hisho/saihanboushi/hisho04_00036.html）が閣議決定された。これに盛り込まれた個々の再犯防止等に関する具体的施策が実施されていくことになる。

【参考文献】
川出敏裕・金光旭『刑事政策（第3版）』成文堂，2023年。
川出敏裕『少年法（第2版)』有斐閣，2022年。
廣瀬健二『図解ポケット 少年法がよくわかる本』秀和システム，2022年。
法務省法務総合研究所編『犯罪白書（令和5年版)』2024年（各年の犯罪白書 https://www.moj.go.jp/housouken/houso_hakusho2.html）。

（氏家　仁）

第8編　法の各領域5
国際社会と法

国際法 1

第 1 節　国際人権法の発展

 本章では，国家間で結ばれる人権条約の内容の特徴や，またそれらの人権の遵守を確保する仕組みを学ぼう。

 なぜ国際的に人権を保障する必要があるのだろうか。これまでで学んだように，日本でも外国でも憲法が人権を保障している。それで十分ではないだろうか。しかし実際には，第二次世界大戦中のナチスドイツによるホロコーストなど，歴史上国家による大規模な人権侵害が生じた。それらによって，人権が 1 つの国家だけではなく国際社会の関心事項となった。

 それゆえ，国際人権保障は，第二次世界大戦後にめざましい発展を遂げた。国際連合を設立した国連憲章のなかに人権の尊重がうたわれ，1948 年の国連総会で世界人権宣言が採択された。現在，多くの国家が参加する人権条約が多数結ばれている。

第 2 節　国際人権法の実体的内容

 自由権規約，社会権規約，女性差別撤廃条約など，日本が加盟している人権条約も多数にのぼる（表 30 − 1）。人権条約には，それを補完する形で「選択議定書」という名の条約が付されることも多い。諸条約が規定する個々の人権の内容は紹介できないが，多くの条約に共通する特徴を若干取り上げたい。

 人権条約が定める権利を理解する際には，条約の規定をみるだけではなく，条約が設置した機関が行った条約の解釈もあわせて参照しなくてはならない。

表30－1　主要な人権条約とその機関による日本の報告書審査（2024年現在）

条約名（略称）／条約機関	直近の審査回	最終見解の出された年
自由権規約／自由権規約委員会	第7回	2022年
社会権規約／社会権規約委員会	第3回	2013年
人種差別撤廃条約／人種差別撤廃委員会	第10回・第11回	2018年
女性差別撤廃条約／女性差別撤廃委員会	第9回	2024年
児童の権利条約／児童の権利委員会	第4回・第5回	2019年
	武力紛争における児童の関与に関する子どもの権利条約選択議定書第1回	2010年
	児童の売買等に関する子どもの権利条約選択議定書第1回	2010年
拷問等禁止条約／拷問等禁止委員会	第2回（第3回）	2013年（現在審査中）
障害者権利条約／障害者権利委員会	第1回	2022年
強制失踪条約／強制失踪委員会	第1回	2018年

　人権条約機関の解釈は，加盟国による条約の遵守を監視する手続（第4節）で示されることもあるし，それらをふまえた上で「一般的意見」という文書で示されることもある。

　国家が人権条約を実施する義務は，自由権規約は即時実施，社会権規約は漸進的達成というように，それぞれで異なると把握されてきた。自由権を実現するには国家の不作為で足りるのに対し，社会権の実施には予算措置などが必要であり，とくに財政などに問題を抱える開発途上国には社会権の即時実施が難しいと考えられてきたからである。しかし，現在では，①国家の義務を「尊重」

（人権を侵害しない）義務，②「保護」（人権が国家だけではなく私人などによっても侵害されないよう防止などし，権利侵害には救済を行う）義務，③「充足」（人権を実現するために適切な措置をとる）義務と把握するようになってきた。

第3節　国際人権法の国内的実施

　各国の国内における国際人権法，とくに人権条約の実施の仕方は，憲法を中心としたその国家の国内法制に依存するが，司法・立法・行政それぞれの場面に応じて考えなければならない。ここでは，日本と似たような国家を前提に，立法機関と司法機関の役割を取り上げる。

　立法機関は，人権条約を実施するために国内法を制定・改正する。例えば，日本の国会は女子差別撤廃条約に加盟するために国籍法を改正した。

　司法機関つまり裁判所は，訴訟で適用できるほどに内容が明確であって，罪刑法定主義に抵触しないなどの一定の条件を満たした条約の規定を国内訴訟において直接適用する。ただし，条約は国家に義務を課すものであるから，私人間の訴訟においては民法などの一般条項を介して間接適用される。

　日本の裁判所は条約の適用に消極的であると一般的に評される。民事訴訟法および刑事訴訟法が定める上告制度の構造上，最高裁判所で条約が議論されることは少ない。ただし，最高裁判決での国際法への言及も増え，下級審が条約の規定を適用した裁判例も少なくない。近年では，ヘイトスピーチによって損害を被った私人が当該活動を行った団体を相手として損害賠償を請求した訴訟で，2014年に大阪高等裁判所が人種差別撤廃条約に言及した判決を出したことなどが社会的に注目を浴びた。

第4節　国際人権法の国際的実施

1　国連の制度

　人権の保護と促進に関わる国連の機関は少なくない。若干の例を挙げると，経済社会理事会が設置した「女性の地位委員会」が女性差別撤廃条約を起草し，総会がそれを審議・採択するなど，国連の機関は人権条約の作成などを通じて国際人権の基準設定に大きな役割を果たしてきた。

人権理事会（総会の補助機関）は47の理事国から構成される。理事会の任務などは，理事会設置に関する総会決議に列挙されているが，普遍的定期審査（UPR）の実施が注目される。UPRとは，すべての国連加盟国を対象として，人権に関する義務と約束の履行状況を審査する手続である。審査の結果，人権理事会で成果文書が採択される。

　日本は2023年までに4回，UPRを受けた。成果文書では，評価された点もある一方，死刑などについては各回で勧告を受けた。日本は第4回においてもそれまでと同様に，いくつかの勧告を拒否した一方，フォローアップを約束した勧告もある。

　人権理事会の特別手続も注目される。人権理事会が特別報告者または独立専門家からなる作業部会を任命して，国別やテーマ別に委任をする。特別報告者などは委任事項につき国を訪問して人権状況を調査するなどし，理事会に報告を行う。特別報告者は個人の資格で活動する人権の専門家である。

　なお，国連の人権活動に主要な責任を持つ国連人権高等弁務官事務所（OHCHR）は，次にみる人権条約機関の活動の支援もする。

2　人権条約の制度 ── 人権条約機関 ──

　主要な人権条約は個々に，専門家からなる委員会を設立し，国家による条約の遵守を監視し，義務の履行を促す役割を担わせている。このような制度が設けられている事情は，次のようである。経済に関する条約などの場合，ある国が条約に違反すると，他の国が違反の是正を求める。他国の違反は自国の利害に直結するからである。しかし，ある国の国内の人権侵害は他の国家の利害に直結しないことが多いゆえに関心事とはなりにくい。くわえて，人権侵害の指摘によって外交関係悪化への懸念もあり，国家間における違反の是正メカニズムが働きにくい。

　各人権条約の履行確保制度は，おもに国家報告制度と個人通報制度からなり，その手続の特徴は主要な人権条約においてほぼ共通である。国家が他の国家の条約違反を委員会に通報する，国家通報手続もあるが，上で述べた事情と共通する理由から，実際にはあまり使われない。したがって，国家報告制度と個人通報制度の概要をみる。

2-1 国家報告制度

　国家報告制度とは，国家が人権条約への加盟後，定期的に条約上の義務の実施状況を説明した報告書を条約機関である委員会に提出し，委員会が審査を行う制度である。審査は，NGO が出したシャドーレポート（パラレルレポート）なども基に，国家の政府代表と委員会の委員とのあいだの公開の質疑応答によって行われる。それは「建設的な対話」と呼ばれる。その理由は，審査が条約違反の責任を追及する場ではなく，委員会は条約の実施の問題点を探り，実施に向けた協力を行うことを目的とするからである。審査の結果は「総括所見」や「最終見解」と呼ばれる文書として出される。最終見解のなかには，主要な懸念事項および勧告のほかに，肯定的側面も書かれる。

　人権条約機関の審査と UPR との違いは，人権条約機関は専門家が審査するのに対し，UPR は国家が行う手続である。ただし，UPR の審査の際には，人権条約機関の文書も資料となる。両者にフォローアップ手続があるが，国家報告審査のフォローアップは，UPR のように自発的ではなく，自由権規約委員会の場合は 5 段階で評価される。共通点として，UPR の成果文書も条約機関による最終見解も，対象国に対する法的拘束力がない。

　近年の日本の国家報告書審査の状況は表 30-1 を参照されたい。懸念事項や勧告には，複数の委員会が指摘したり（人種差別撤廃委員会と自由権規約委員会が最終見解で指摘したヘイトスピーチなど），前回の審査から改善されず，繰り返されたりする勧告（自由権規約委員会による死刑廃止など）もある。

2-2　個人通報制度

　個人通報制度とは，ある条約の加盟国が犯した違反によって自らの権利が侵害されたと主張する個人が，その条約の委員会に直接通報を行う手続である。

　委員会が通報を審査する要件の 1 つを挙げると，原則として個人が国内的救済を尽くした必要がある。すなわち，侵害国の国内救済手続に訴えてもなお，人権侵害が救済されない場合にはじめて委員会で通報が受理される。通常，国内手続が尽くされたのは，最高裁判所で敗訴したときなどである。

　また，ある個人が通報制度を利用するには，その者が違反を指摘した国家が，制度に服すことに同意していなければならない。日本は，自由権規約第一選択議定書などに入っておらず，人権条約の個人通報制度の利用を一般的に認めて

いない。よって、仮に日本の条約違反により、ある個人の権利が侵害されたとしても、その個人が条約機関に通報を行うことは認められない。

人権条約機関が、国家の条約違反を認めると、被害者に対する救済などを勧告した「見解」などと呼ばれる決定が出される。これに判決と同じ意味での法的拘束力はないが、違反国による勧告の遵守を確保するためにフォローアップ手続が設けられている。

3 地域的人権条約の制度

今までにみた制度は対象地域が限定されず、普遍的である。これに対し、対象地域を限定した人権保障制度が欧州、南北アメリカ、およびアフリカに存在する。これらの制度は、加盟国による人権の遵守を監督する委員会や裁判所を設置するという点で概ね共通するものの、保障する人権の内容などにそれぞれ特色もある。

例えば、欧州では、欧州評議会が中心となって人権保障を進めてきた。その欧州人権条約の加盟国は46カ国であり（2022年からロシアが加盟国ではない）、条約により設立された欧州人権裁判所は個人からの提訴に応じて加盟国の条約違反を審理し、法的拘束力のある判決を下す。

第5節　現代における人権の重層的保障

本章は、国際人権法の実体的な特徴、その遵守を確保するための措置、および地域的な人権保障の枠組みを概観した。ここで紹介したほかにも、国際労働機関（ILO）などが人権保障に携わっている。人権は、各国憲法、地域的な人権条約、および国際人権条約などと、さまざまなレベルにおいて定められ、その遵守の確保も、国連、人権条約機関、地域的人権裁判所、および各国裁判所などによって重層的に行われる。人権がよく守られているかを判断するには、幅広い視野が必要である。

【参考文献】
阿部浩己ほか『テキストブック国際人権法（第3版）』日本評論社，2009年。

申惠丰『国際人権法（第2版）』信山社，2016年。
芹田健太郎ほか『ブリッジブック国際人権法（第2版）』信山社，2017年。
横田洋三編『新国際人権入門—SDGs時代における展開』法律文化社，2021年。
東澤靖『国際人権法講義』信山社，2022年。

（柳生一成）

コラム⑤　出入国管理及び難民認定法（入管法）

　難民条約およびその議定書は，「難民」とは「人種，宗教，国籍若しくは特定の社会的集団の構成員であること又は政治的意見を理由に迫害を受けるおそれがあるという十分に理由のある恐怖を有するために，国籍国の外にいる者であって，その国籍国の保護を受けることができないもの」などと定義する。ただし，これに該当するかを認定する手続は，各加盟国法に任せられている。

　日本は入管法によって難民条約・議定書を実施する。条約の定義に該当する者を難民と認定して受け入れているが，認定手続が厳格に過ぎて受け入れ数が少なく，難民の保護に欠けると人権 NGO などから批判されてきた。

　なお，例えば迫害に遭いつつも国籍国にとどまり，保護を受けられない者は国内避難民（IDP）と呼ばれ，難民の定義に該当せず，難民条約・議定書の適用対象外である。

（柳生一成）

コラム⑥　ビジネスと人権

　人権は第一に国家が保障すべきものであるが，国境を越えて活動する多国籍企業が増えた現在，様々な課題の解決に企業の協力が不可欠という認識が広まった。この「ビジネスと人権」と呼ばれる領域で重要な文書が，人権理事会で 2011 年に支持・採択された「ビジネスと人権に関する指導原則」である。これは，国家の人権保護義務，企業の人権尊重責任，苦情処理メカニズムなどの救済へのアクセスを中心とする。この文書は法的拘束力を持たないが，幅広く参照されている。

（柳生一成）

第31章

国際法2

第1節 国際法とは

　国際法とは，おもに国家間関係を規律する法といわれる。「おもに」という理由は，現代では，国際人権法（前章）のような，個人に関するルールなども多く生まれてきているからである。それとも関連するが，国際法が規律する分野は拡大してきた。現在の国際法は，外交，武力紛争，労働，貿易，金融，環境，海洋，宇宙，国際機構（組織）など多様な分野を規律する。各分野に独特の原則や概念が生まれてきたが，分野横断的に妥当する総論的なルールももちろん存在する。

　以下では，総論的なルールの後，各論的にいくつかの分野を取り上げる。

第2節 国際法総論

1　国家

　国際法の主体，つまり権利義務の担い手となるのは，国家，国際機構，および個人である。国際法上の国家と認められるには要件がある。一般的には，①永続的な住民，②領域，③実効的な政府，および④外交関係を結ぶ能力を有すること，が挙げられる。②の領域の取得には割譲，併合，先占，および添付（西之島が例）などの態様がある。国家は主権を持ち，領域に立法・執行・司法管轄権を行使する。国家は，他国の領土を侵犯してはいけない（領土保全原則）。

　上の要件を満たして成立した新国家を他国が国際法主体として承認する，国家承認という行為がある。

国家承認は外交関係の樹立とは区別される。なお，外交は，外交関係に関するウィーン条約などが規律している。そこには大使館や外交官の身体の不可侵といった外交特権のほかに，例えば，国は，自国へ派遣された外交官を受け入れがたいときは，その者を好ましからざる人物（ペルソナ・ノン・グラータ）とし，派遣国に召還，または任務終了を理由を示さずにいつでも要求できる（同条約9条）などが定められている。

2　国際法の制定過程および存在形式（法源）

国際法の主たる法源は，国際慣習法および条約である。法の一般原則は両者に対して補充的な位置づけである（国際司法裁判所規程38条参照）。

国際慣習法が成立するには，一般慣行と法的確信が必要とされる。一般慣行とは，反復・継続されて一般的となった諸国家の行動である。法的確信とは，国家がそれらの行動をするに際し，法的なものと認めるという主観的な意図である。

条約とは，「国家間において文書の形式により締結され，国際法により規律される国際的な合意」である。この定義に該当すれば，憲章や協定などの名称であっても条約である。国際慣習法が国際社会のすべての国家を拘束するのに対し，条約はその加盟国にしか拘束力を持たない。条約に関しては，条約法に関するウィーン条約（条約法条約）が締結，効力，および解釈などについて規律している。例えば，条約法条約53条は一般国際法の強行規範（ユス・コーゲンス）を認める。強行規範は，いかなる逸脱も許されない規範として，抵触する条約を無効とする。強行規範の例として，ジェノサイドや拷問の禁止が挙げられる。

3　国家の基本的権利義務

国家が負う国際法上の義務や権利は，その国が加盟国となっている条約などに応じて，各国家で異なる。それとは別に，国家として一般的に認められる権利義務が存在する。これには主権や，そこから導き出される国家平等原則や不干渉原則（国家は他の国家の国内管轄事項に命令的な介入をしてはならない）などがある。

4　国家責任

国際法に違反した国家は他国などから責任を追及される。これには，国家責任条文草案の内容が参照される。草案は条約のような法的拘束力を持たないが，現在の国際法の内容を示している。

国家に違法行為責任が生ずるには 2 つの要件が満たされなければならない。1 つは，国際法上，国家が遵守すべき義務に違反する行為を犯したことである。国家の行為とはいっても，実際には行政官など自然人によって行われる。したがって，国際法に違反する行為を行った者の行為が国家に帰属すると評価できなければならない（私人や国家機関の権限外の行為などが問題になる）。これが 2 つ目の要件である。

上の要件が満たされた場合であっても，違法性が阻却される場合がある。違法性阻却事由は，被害国の同意，自衛，対抗措置，不可抗力，遭難，および緊急避難がある。

違法行為をした国家は，違法行為の中止，再発防止の確約，および賠償の中から適切な行動をとらなくてはならない。賠償すなわち被害の回復は，金銭賠償のほかに，原状回復および精神的満足の形でも行われる。満足とは，物質的損害を伴わない領空侵犯など，被害が原状回復または金銭賠償により回復されない場合に行われる賠償方法で，公式の陳謝などである。

国家責任条文は，国家が強行規範の義務に対する重大な違反の状態を合法として承認してはならず，維持のための支援や援助も与えてはならない義務を定める（ロシアによるクリミアやウクライナ東部の併合に対して他国はこの義務を負うと考えられている）。

第3節　さまざまな分野に関する国際法

1　海洋法

どのような水域でどのような権利義務が国にあるかを定めるのが海洋法である。これには国連海洋法条約という包括的な条約が存在する。

海洋法条約は領海などの水域を定義しているが，その範囲を決定する起点となるのが基線である。通常基線は干潮時の海岸線である。

領海は，沿岸国が基線から 12 海里（1 海里は約 1.85km）の範囲内で設定でき

る。領海には沿岸国の主権が及ぶものの，外国船舶に無害通航権が認められる。

　沿岸国は，領海に接する水域で基線から24海里以内を接続水域とすることができる。沿岸国はそこで，領土または領海内における通関上，財政上，出入国管理上，または衛生上の法令の違反の防止と処罰に必要な規制に限って行うことができる。

　沿岸国はさらに，基線から200海里以内を排他的経済水域（EEZ）として設定できる。EEZ において沿岸国には，海底の上部水域並びに海底およびその下の天然資源の探査，開発，保存および管理のための権利，施設などの設置および利用，科学的調査，環境保護などの管轄権など（同条約56条）が認められる一方，他国にも航行および上空飛行の自由などが認められる。

　沿岸国は大陸棚を探査し，資源を開発する権利を行使できる。大陸棚とは，領海をこえて沿岸国の領土の自然の延長をたどって大陸縁辺部の外縁に至るまで，またはその外縁が基線から200海里以内の場合には，200海里までの海面下の区域の海底およびその下である。ある沿岸国の大陸棚と EEZ の範囲は重なることも多い。沿岸国から見て大陸棚の外側は深海底となる。深海底とその資源は「人類の共同の財産」である。

　いずれの国の EEZ，領海およびその内側に含まれない海洋の部分は，公海となる。公海の自由として，すべての国に航行や上空飛行の自由などが認められる（同条約87条）。公海において船舶は1つの国（旗国）の旗を掲げて航行し，その旗国の排他的管轄に服す（旗国主義）。

　複数国間で領海，排他的経済水域，および大陸棚に関する主張が重なる場合があるが，その境界の画定については国際司法裁判所（ICJ）を中心とする裁判所の判決の蓄積によって精緻化されてきた。

　漁業資源の保存管理には，国連海洋法条約を効果的に実施するために公海漁業実施協定などが結ばれている。

2　国際環境法
2-1　国際環境条約の特徴

　環境問題は，生物多様性の保護や海洋汚染など多様であり，それぞれに応じた条約が結ばれている。ここでは，それらに共通する特徴と，気候変動の制度を概観する。

国際環境法の特徴として，まず，1972年の国連人間環境会議以降の国際会議と，そこで採択された宣言の重要性がある。

1992年の環境と開発に関するリオ宣言には，持続可能な開発の原則（第4原則），共通だが差異ある責任（第7原則），予防的アプローチ（第15原則）などが書かれている。持続可能な開発は，将来世代のニーズを損なうことなく現在世代のニーズを満たすことである。共通だが差異ある責任は，先進国が環境にかける負荷やその技術と財源を考慮して，持続可能な開発の追求において，先進国に途上国とは異なる責任を認める。予防的アプローチとは，深刻なまたは回復が難しい損害が生ずるおそれがある場合，科学的に不確実であるからといって環境の悪化を防止する措置を延期する理由としてはならないとする原則である。

次に，条約の制定の手法として，「枠組条約」で条約の目的や一般原則を定め，後に「議定書」を追加する形で規制の詳細を定める，あるいは条約の締約国会議（COP）で規則の運用を定めたりする場合が多い。このような方式は科学の発展などに対応するためである。

2-2 気候変動

地球温暖化の防止については，気候変動枠組条約が1992年に採択された。1997年に京都議定書が採択され，先進国が負う温室効果ガスの排出削減量が定められた。その後の2020年以降の新たな対策につき，2015年にパリ協定が採択された。協定は温室効果ガスの各国削減量を明示せず，各国が自主目標を報告し，達成のための措置をとることとなった。

3　国際経済法

国際経済法は，貿易や投資，国際課税などに関する法である。

貿易に関しては，世界貿易機関（WTO）が大きな役割を果たしている。WTO協定は，貿易の自由化を目指し，モノを輸入する場合にかける関税などに関する規定にくわえ，サービス（GATS）や知的所有権（TRIPs）などに関する規定も含む。

WTOでは紛争解決機関が整備され，ある加盟国は，他国のWTO協定違反により自国の利益が侵害されたなどを理由に，一方的に小委員会に申立てがで

きる。小委員会の判断に対しては上級委員会に上訴が可能である（2024年7月現在機能停止中）。

　実体的なルールとしては，A国がB国の待遇を他の第三国に与えた待遇より不利にしない約束（最恵国待遇）や，国内において外国民を自国民よりも不利な待遇で扱ってはならない約束（内国民待遇）などが定められている。

　WTO加盟国は交渉を重ねて漸進的に貿易自由化を行ってきたが，各国の利害の多様化により，近年は交渉の妥結が困難である。現在は，自由貿易協定（FTA）や経済連携協定（EPA）を通じた一部の国家間・地域間での貿易自由化が盛んに行われている。それらは，WTO体制による貿易自由化を補完すると位置づけられている。

4　武力紛争法・国際人道法

　武力紛争に関するルールは，国家はいつ武力の行使（戦争）が許容されるかについてのルール（Jus ad bellum）と，武力紛争法（Jus in bello）の2つに大きく分かれる。

4-1　武力行使の許容性

　第二次世界大戦後に国連憲章で武力による威嚇または武力行使が違法化された（武力行使禁止原則）。その下では，国家は例外的に，国連の集団安全保障体制下において，または個別に自衛権の行使として，武力の行使を認められるに過ぎない（そのため，ロシアのウクライナ侵攻や中東における各国の武力行使など，国連の枠組み外の武力行使に関して，国家は自衛権に基づいて正当だと主張する）。

　国連の集団安全保障体制において，安全保障理事会（安保理）が主要な役割を担う。安保理は，平和に対する脅威，平和の破壊または侵略行為の存在を決定し，並びに，国際の平和および安全を維持または回復するために，勧告をし，または非軍事的措置および軍事的措置をとることができる。

　非軍事的措置とは「経済制裁」などであり，軍事的措置とは国連軍を組織して他国を侵略した国家に対応するものである。しかし，この本来の国連軍は歴史的に一度も組織されたことはなく，代わりに国連平和維持活動（PKO）や安保理が一部の国家（多国籍軍）に武力行使を許可・授権する方式が国連の実行によって確立されてきた。

4−2 国際人道法

武力紛争法（Jus in bello）は，現在，国際人道法とも言われる。これは，戦闘の手段・方法の規制に関するハーグ法と戦争の犠牲者保護を目的とするジュネーブ法に分かれる。戦闘の手段・方法の規制として，戦闘員・軍事目標と文民・民用物を区別し，前者のみを攻撃対象としなければならない軍事目標主義などがある（病院や学校への攻撃が非難されるのはこのためである）。

また，武力紛争は，国際的武力紛争と非国際的武力紛争（内戦）に区別され，両者では適用されるルールがやや異なっている。

5 国際刑事法

国際刑事法は，第二次世界大戦後のニュルンベルク裁判，東京裁判を端緒に発展した。冷戦終結後の1990年代に安保理決議によってルワンダ国際刑事裁判所，旧ユーゴ国際刑事裁判所が設置され，紛争中の大量虐殺などに責任を有する個人が処罰された。

これらの裁判所の任務は対象地域と時間が限定されていたのに対し，常設の国際刑事裁判所（ICC）が2002年に設立された。裁判所が管轄権を持つ犯罪は，集団殺害罪，人道に対する犯罪，戦争犯罪，侵略犯罪である。

ICCが事件を受理するのは，管轄権を有する加盟国が捜査・訴追をしていない，もしくはその意思もない場合または裁判中でない場合に限られる（補完性の原則）。

このように，個人が国際法で定義された罪を犯し，国際的に処罰される手続とは別に，複数の国家に関係する犯罪（人）に対して，各国の刑事法だけでは対応できない場合に，国家間の調整を行うルールもある。例えば逃亡犯罪人の引渡しである。この背景には，国の執行管轄権の行使（逮捕）などが，各国の領域を限界とする原則がある（属地主義）。

6 紛争の平和的解決

武力不行使原則の裏返しとして，国家は，紛争の平和的解決を義務づけられる。紛争の解決手法は多様であるが，第三国の関与の有無・程度と，司法的手続か否かの観点から表31−1のように分類できる。また，手続の結果に法的拘束力があるか否かついては，非裁判手続の結果としての紛争の解決案には法

表31－1　紛争解決手続の種類とその性質

性質	手続	第三者（国）の関与など	解決案の拘束力
非裁判手続	交渉	当事国のみ	－
	周旋	第三国が交渉場所などを提供	－
	仲介	第三国が解決案を提示	×
	審査	委員会（個人資格）が事実を認定	－
	調停	委員会（個人資格）が解決案を提示	×
裁判手続	仲裁裁判	設立や裁判官選任はアド・ホック	○
	司法裁判	常設の裁判所（ICJなど）	○

的拘束力が無いことが多い（当事国の合意次第である）。司法手続の結果の判決には拘束力がある。

司法手続の中で重要なICJに触れておくと，同裁判所には国際機構や個人は提訴できず，同裁判所が管轄権を行使して判断を下すためには紛争当事国の同意が必要である。

第4節　国際法の観点から国際社会の問題に取り組むには

国際法は，サイバー空間など新たな問題も含め，現在も多くの課題を抱えている。これらについて，国家や国際機構の取組みだけでは効果的に対処できないとの認識も醸成され，非政府組織（NGO）や企業などによる取組みも重要となってきた。その典型が，持続可能な開発目標（SDGs）であろう。SDGsのように，形式的法源には含まれないルールも視野に入れつつ，国際法にどのような規範が存在するか，また必要かを常に考える必要が生じている。

【参考文献】
佐藤哲夫ほか編『18歳からはじめる国際法』法律文化社，2025年。
中谷和弘ほか『国際法（第5版）』有斐閣，2024年。
岩沢雄司『国際法（第2版）』東京大学出版会，2023年。
柳原正治ほか編『プラクティス国際法講義（第4版）』信山社，2023年。

杉原高嶺『基本国際法（第 4 版)』有斐閣，2023 年。

（柳生一成）

索　引

【アルファベット】

ADR	250, 252
EU 法	38
GHQ	110, 111, 187
GHQ 草案（マッカーサー草案）	111
ICJ（国際司法裁判所）	95, 355, 359
ICC（国際刑事裁判所）	358
LGBTQ+	234
PFI（Private Financial Initiative）事業	164
SOGI	235
SOGIE	235
UNCITRAL（国際連合国際商取引委員会）	251
WTO（世界貿易機関）	356

【ア行】

悪意	77
芦田（修正）	111, 187, 190
安全保障理事会	185, 357
安楽死	309
イェリネック，ゲオルク・	122
違憲審査基準論	128
違憲判決	178
違憲立法審査権	57, 176
遺言自由の原則	195
遺産分割	243
意思表示	198
意思表示の瑕疵	199
一部露出説	307
一身的刑罰阻却事由	317
一般的意見	345
一般的自由説	131
一般法	72
伊藤博文	45, 48, 109
伊東巳代治	109
井上毅	109
違法収集証拠排除法則	326
違法性	299
遺留分制度	245
因果関係	297
盟湯	63
疑わしきは被告人の利益に	96
宴のあと事件	132
梅謙次郎	49
営業秘密	276
英米法（Common Law）	55
エクィティ（衡平法）	38
江藤新平	45, 49
欧州評議会	349
王政復古	43, 44
大津事件	170
オビタ・ディクタム	61, 99, 104
お雇い外国人	43, 45, 50, 109

【カ行】

会期	154
外交関係に関するウィーン条約	353
解散	163
会社更生（手続）	255
解除と登記	216
改定律例	47
書かれた理性	35
拡張解釈	79
確定期限	78
過失	226, 298, 302
過失相殺	225
家庭裁判所	321
金子堅太郎	109
カノン法	35, 36
株式会社	261
株主総会	262
仮刑律	47
仮差押え	253
仮処分	214
仮登記	214
環境と開発に関するリオ宣言	356
観護措置	324
慣習	28, 31
慣習刑法	61
慣習刑法の禁止	61
慣習法	31, 32, 59, 60
関税自主権	41, 48, 50
間接強制	204
間接適用説	125
間接民主制	117
管理可能性説	316
ギールケ，オットー・	28
議員定数不均衡	153
議院内閣制	108, 162
期間	78
期限	78
危険犯	317
規則	58

索　引　361

起訴便宜主義	325	刑事訴訟	96	公序良俗	32,62,198
起訴猶予	325	刑事訴訟法	320	硬性憲法	58,114
期待可能性	302	刑事法	57	公正取引委員会	161
基本権	121	刑事未成年者	301	構成要件	64
基本的人権	118	刑罰法規適正の原則	294	構成要件該当性	296
逆送	335	刑法の機能	293	交戦権	191
旧刑法	48	契約	202	公判手続	325
旧民法	49	契約自由の原則	195	抗弁事実	82
教育権	140	ケースメソッド	20,23	公法	56
教育を受ける権利	139	結果的加重犯	311	後法	72
強行規範（ユス・コーゲンス）		ゲルマン法	35,36,	勾留	324
	353	厳格審査基準	129	国際慣習法	353
強行法	56,72,73	原告適格	167	国際協調主義	71
教唆犯	304	検察官	321	国際刑事裁判所（ICC）	358
行政解釈	75	検察官起訴独占主義	325	国際司法裁判所（ICJ）	
行政救済法	163,166	建設的な対話	348		95,355,359
行政権	159	限定承認	244	国際連合	344
行政作用法	163,164	憲法	57,71	国内避難民	351
行政指導	165	憲法改正の発議	156	国民主権	115
行政上の不服申立て	166	憲法上の権利	121	国民の代表機関	148
強制処分	323	憲法尊重擁護義務	124	国務請求権	122
強制捜査	128	憲法調査会	112	国務大臣	160
行政組織法	163	憲法問題調査委員会	110	国連人権高等弁務官事務所	
共通だが差異ある責任	356	謙抑主義	295		347
共同正犯	303	権利義務の変動	198	国連平和維持活動（PKO）	
強迫	200	権利能力	195		357
共犯	303	権力分立（三権分立）		個人主義	116
共謀共同正犯	304		114,116,117,146	個人情報保護	165
寄与分制度	246	元老院	45,49,108	個人通報制度	348
緊急集会	155	故意（犯）	297,302	個人の尊重	131
緊急避難	299	行為能力	196	国会	146,154
近代自然権思想	119	合意は守られるべし	37	国会開設の詔	109
均等論	278	公共の福祉の原則		国会開設の勅諭	45
勤労の権利	140		128,131,135,136	国会議員の選挙	149
盟神探湯	63	拘禁刑	305	国会議員の定数	148
国の唯一の律法機関	146	後見	241	国会議員の特権	149
虞犯少年	330	合憲限定解釈	178	国会議員の任期	148
形式主義	209	交渉	251	国会単独立法の原則	147

国会中心立法の原則	146	自殺関与罪	308	縮小解釈	79
国家賠償	166	事実たる慣習	60	授権規範	70
国家平等原則	353	事実認定	81	出入国管理及び難民認定法	
国権の最高機関	147	私人間効力	124,125	（入管法）	351
個別的自衛権	186,190	自然権	120	自由権	122,126,345
コモン・ロー	36-38	事前変更の法理	37	自由心証主義	82,326
婚姻	237	自然法	120	主要事実	81
		思想及び良心の自由	126	準用	82
【サ行】		思想主義	209	傷害の意義	310
		思想能力	196	傷害の故意	311
最恵国待遇	357	持続可能な開発	356	証拠	326
罪刑法定主義	47,48,293	質権	218	商行為	265
債権	203	実行行為	297	上告	327
債権者の帰責事由	206	実体法	56	小前提	67,68
財産権	135,136	私的自治の原則	124,195	承諾	202
財産犯	315	私的独占	281	承諾（同意）殺人罪	308
最終見解	348	司法アクセス	97,179	象徴天皇制	115
裁判員	24	司法解釈	75	譲渡担保	220
裁判員制度	98,329	司法警察員	321	商人	265
裁判官	175	司法警察職員	321	少年院送致	337
裁判規範性	183	司法権	46,170	少年鑑別所	324
裁判所	321	司法権の独立	46,170	少年法	330
裁判所構成法	46	司法巡査	321	消費者	265
裁判制度	92	司法省	44,49	消費者契約	266
裁判の公開	179	司法職務定制	45	消費貸借	65
再犯防止	340	市民法	35	情報公開	165
裁判を受ける権利	179	社会規範	28	情報公開・個人情報保護審査会	
歳費特権	149	社会権	122,138,139		165
債務者の帰責事由	205	社会主義国家（共産主義国家）		証明責任	250
債務不履行	204,224		38	条約	59,71
詐欺	200	社債	264	条約国会議（COP）	356
先取特権	217	シャドーレポート	348	条約の承認	157
錯誤	199	衆議院の優越	155	条約法に関するウィーン条約	
三権分立	44,117	集団安全保障体制	185,357	（条約法条約）	353
三審制	93	集団的自衛権	186,189,190	条理	62
参政権	121,122	十二表法	34	条例	59,71
自衛権	187	自由貿易協定（FTA）	357	職員令	44
自衛隊	188,190	自由保障機能	293	触法少年	330
事件性	172				

索　引　363

処分権主義	249	世界人権宣言	121,344	太政官	44,45
所有権	207	世界貿易機関（WTO）	356	大審院	45,46
所有権絶対の法則	195	責任主義	295	泰西主義	42,48
使用者		窃盗罪	315	大前提	67
141,142,145,283,284,287		善意	77	代替執行	204
自力救済の禁止	247	先願主義	273	大統領制	162
人格的利益説	131	選挙区制度	150	大日本帝国憲法	46,108,110
新株発行	263	選挙権	149	逮捕	324
親権	240	漸次立憲政体樹立の詔		代理	201
人権	118		45,108	大陸法（Civil Law）	55
人権理事会	347	全部露出説	307	代理権	200
審査基準	129	前法	72	諾成契約	202
親子	239	先例	61	弾劾裁判	170
心神耗弱	301	先例拘束主義	38	単純承認	244
心神喪失	301	総括所見	348	弾正台	44
人身に対する権利	132	総合判定説（三徴候説）	308	治外法権	41,50
親族	236	捜査の端緒	323	知的財産	271
人的担保	217,221	総辞職	161	地方公共団体	59
新法優先の原則	82	総選挙	150	嫡出子	239
新律綱領	47	相続	241	嫡出でない子（非嫡出子）	
心裡留保	199	相続と登記	216		240
推定	78	相続人の欠格事由	242	中間省略登記	214
推定相続人の廃除	243	相続放棄	244	仲裁	251
枢密院	109,111	相当因果関係説	297	調停	251
請求原因事実	82	双務契約	203	直接強制	203
請求権代位	231	遡及処罰の禁止	294	直接適用	346
制限規範	70	属人主義	89	直接民主制	117
制限行為能力	196	属地主義	89	著作権	272
精神的自由	126	租税法	61	通常国会	154
正戦論	185	損害賠償責任	202,205	通常選挙	150
生存権	121,138,139	尊厳死	309	通謀虚偽表示	199
制定法	65,66,70	損失補償	166	抵当権	218
政体書	44	尊属	237	適正手続	180
正当防衛	299			手続的正義	256
成年後見人	197	【タ行】		手続法	56
成年被後見人	197	代言人	45	手続保障	256
成文憲法	114	対抗要件主義	210	電子記録債権	268
成文法	54,55,57,60	胎児の権利能力	195	伝聞法則	326

364

当為（Sollen）の法則	28
登記	215
当事者自治の原則	82
当事者主義	248
同時傷害の特例	311
統治行為論	173
道徳	32
特定少年	321
特別国会	154
特別の寄与	246
特別法	72
特別報告者	347
特別法優先の法則	82
（独立）行政委員会	161
特許権	272
特許請求の範囲	278
富井政章	49
取消し	200, 215
取消訴訟	166
取締役	262

【ナ行】

内閣	45
内閣官房	160
内閣信任・不信任決議	156
内閣総理大臣	160
内閣府	160
軟性憲法	58, 114
難民	351
二院制	148
二重譲渡	210
二重の基準	129
日米修好通商条約	41
日米和親条約	41
日本国憲法	111, 112
日本国憲法の改正手続に関する法律	112
任意処分	323

任意法	56, 72, 73
根抵当権	219
根保証契約	222
脳死説	308

【ハ行】

陪審制	94
排他的経済水域（EEZ）	355
破産	255
発明	274
パリ不戦条約	185
判決	327
万国公法	41
犯罪少年	330
反対解釈	80
パンデクテン	37, 49, 194
パンデクテンの現代的慣用	37
万民法	35
判例	55, 61, 99, 100
判例による法創造	99
判例法主義	37, 104
被疑者	320
被告人	320
ビジネスと人権	351
ビジネスと人権に関する指導原理	351
被選挙権	149
卑属	237
卑俗ローマ法	36
人の始期	307
人の終期	308
被保佐人	197
被補助人	197
表見代理	202
表現の自由	127
平等原則	133
比例代表選挙	150

不確定期限	78
不干渉原則	353
不完全履行	204
不公正な取引方法	281
不信任決議案	161
不逮捕特権	149
普通法（ユス・コムーネ）	36
物権	207
物権変動	208
物権法定主義	208
物的担保	217
不同意性交等罪	314
不動産登記制度	212
不当な取引制限	281
不平等条約	41, 42, 48, 50
部分社会論	173
不文法	54, 59
普遍的定期審査（UPR）	347
不法行為責任	224
不法領得の意思	316
プライバシー権	132
フランス民法典（コード・シビル）	37
武力行使禁止原則	185, 357
文民	160
文理解釈	76
ヘイトスピーチ	346, 348
平和主義	116, 182
平和的生存権	182
ペルソナ・ノン・グラータ	353
変更適用	82
弁護人	326
片務的最恵国待遇	41
弁論主義	249
ボアソナード	43, 48, 49
防衛権	122
法益保護機能	293

索　引　365

包括的権利	122,130	保守主義	120	約定解除	205
法規	67	補助人	197	約定担保物権	218
法源	57	穂積陳重	49	八幡製鉄事件	124
暴行罪における「暴行」	312	穂積八束	49	有償契約	203
方式主義	273	ホロコースト	344	有体性説	316
幇助犯	304	本人訴訟	94	有権解釈	75
法実証主義	120			有責性	301
法人	123	【マ行】		雄弁術	20
法治主義	117,164	マグナ・カルタ	119	ユスティニアヌス法典	35
法定解除	205	マッカーサー	110	要件事実	82
法的三段論法	66,67,69	マッカーサー・ノート（マッカーサー三原則）	110,111	要物契約	203
法典論争	49			予算の議決	157
法と経済学	84	松本烝治	110	予防的アプローチ	356
法の一般理論	54	未成年者	196		
法の行為規範性	29	三菱樹脂事件	125	【ラ行】	
法の実効性	86	みなす	26,78	履行責任	202
法の支配	116	民事再生	255	履行の強制	203
法の妥当性	86	民事執行	252	履行不能	204
法の下の平等	133	民事法	57	離婚	238
法は家庭に入らず	317	民事保全	253	立憲主義	109,113,114
法務官法	35	民衆訴訟	96	立証責任	249,250
法律案の議決	156	民定憲法	115	立法	146
法律行為	198	民法の三大原則	194	立法解釈	75
法律効果	64	無害通行権	355	立法論	83
法律主義	294	無権代理	201	略式命令	325
法律上の利益	167	無効	200	留置権	217
法律による行政の原理	164	無償契約	203	両院協議会	158
法律の留保	120	無方式主義	273	領海	90
法律不遡及の原則（効力不遡及の原則）	88	明法寮	45	領空	90
		命令	58	領事裁判権	41
法律要件	64	免責特権	149	領土	90
傍論	61,104	申込み	202	臨時国会	154
補完性の原則	358	目的手段審査	129	類推解釈	80
補強法則	326	目的論的解釈	81	類推適用	82
保険契約	230	持分会社	261	レイシオ・デシデンダイ	61,99,104
保険者	230	【ヤ行】		歴史的解釈	81
保護処分	337				
保佐人	197	約束手形	268	歴史法学	28

労働基準法	141, 283, 284
労働基本権	142, 143
労働協約	141, 286
労働組合	141–145
労働契約	145, 285–287
労働契約法	141, 283, 284
労働者	141, 142, 144, 283–286, 288
労働法	283
労働三法	142
ローマ法	34–37
ローマ法の継受	36
ロエスラー（ロエスレル）	109
ロック，ジョン・	119
論理解釈	79

【ワ行】

ワイマール（ヴァイマル）憲法	38
枠組条約	356

著者紹介

【編著者】

松嶋隆弘（まつしま・たかひろ）
日本大学教授，弁護士
第1章，第2章，第6章，第7章，コラム①・②担当

鬼頭俊泰（きとう・としやす）
日本大学教授
第8章担当

松井丈晴（まつい・たけはる）
日本大学講師
第13章，第25章担当

【著者】

荒川　卓（あらかわ・すぐる）
日本大学通信教育学部インストラクター（日本法制史），新潟県立新井高等学校常勤講師
第6章，第7章担当

氏家　仁（うじいえ・ひとし）
海上保安大学校准教授
第14章，第28章，第29章，コラム④担当

大矢武史（おおや・たけし）
日本大学講師
第 26 章，第 27 章担当

胡　光輝（こ・こうき）
常葉大学教授
第 19 章担当

児玉圭司（こだま・けいじ）
神戸大学教授
第 5 章，第 11 章担当

中岡　淳（なかおか・じゅん）
帝京大学助教
第 12 章，第 17 章担当

長島光一（ながしま・こういち）
帝京大学准教授
第 10 章，第 16 章，第 22 章担当

堀野裕子（ほりの・ひろこ）
情報経営イノベーション専門職大学准教授
第 9 章，第 21 章担当

槇　裕輔（まき・ゆうすけ）
国士舘大学・東京国際大学講師
第 3 章，第 4 章担当

松田真治（まつだ・まさはる）
関西学院大学准教授
第20章，第23章担当

松本幸治（まつもと・こうじ）
高岡法科大学専任講師
第18章担当

宮下義樹（みやした・よしき）
洗足学園音楽大学講師
第24章担当

柳生一成（やぎゅう・かずしげ）
広島修道大学教授
第15章，第30章，第31章，コラム③・⑤・⑥担当

■スタンダード法学　改訂版

- ■発　行──2025年5月1日初版第1刷
- ■編著者──松嶋隆弘／鬼頭俊泰／松井丈晴
- ■著　者──荒川　卓／氏家　仁／大矢武史／胡　光輝
  　　　　　　児玉圭司／中岡　淳／長島光一／堀野裕子
  　　　　　　槇　裕輔／松田真治／松本幸治／宮下義樹
  　　　　　　柳生一成
- ■発行者──中山元春　〒101-0048東京都千代田区神田司町2-5
  　　　　　　　　　　　電話03-3293-0556　FAX03-3293-0557
- ■発行所──株式会社芦書房　http://www.ashi.co.jp
- ■印　刷──モリモト印刷
- ■製　本──モリモト印刷

©2025 Takahiro Matsusima, Toshiyasu Kito, Takeharu Matsui

本書の一部あるいは全部の無断複写，複製
（コピー）は法律で認められた場合をのぞき
著作者・出版社の権利の侵害になります。

ISBN978-4-7556-1338-8 C0032